Autonomia Partidária

Autonomia Partidária

UMA TEORIA GERAL

2021

Ezikelly Barros

ALMEDINA

AUTONOMIA PARTIDÁRIA
UMA TEORIA GERAL

AUTOR: Ezikelly Barros

DIRETOR ALMEDINA BRASIL: Rodrigo Mentz
EDITORA JURÍDICA: Manuella Santos de Castro
EDITOR DE DESENVOLVIMENTO: Aurélio Cesar Nogueira
ASSISTENTES EDITORIAIS: Isabela Leite e Larissa Nogueira

DIAGRAMAÇÃO: Almedina
DESIGN DE CAPA: Roberta Bassanetto

ISBN: 9786556271774
Março, 2021

Dados Internacionais de Catalogação na Publicação (CIP)
(Câmara Brasileira do Livro, SP, Brasil)

Barros, Ezikelly
Autonomia partidária : uma teoria geral /
Ezikelly Barros. -- São Paulo : Almedina, 2021.

ISBN 978-65-5627-177-4

1. Brasil. Tribunal Superior Eleitoral
2. Constituição – 1988 – Brasil 3. Jurisprudência -
Brasil 4. Partidos políticos – Brasil 5. Poder
judiciário – Brasil I. Título.

20-51747 CDU-342

Índices para catálogo sistemático:

1. Autonomia partidária : Direito constitucional 342

Cibele Maria Dias – Bibliotecária – CRB-8/9427

Este livro segue as regras do novo Acordo Ortográfico da Língua Portuguesa (1990).

EDITORA: Almedina Brasil
Rua José Maria Lisboa, 860, Conj.131 e 132, Jardim Paulista | 01423-001 São Paulo | Brasil
editora@almedina.com.br
www.almedina.com.br

"Não há democracia sem o império da Lei, e não há legitimidade sem o império da Justiça."

José Sarney

Dedico esta obra ao meu saudoso pai, Dr. Eziquio Barros Filho, pelo amor incondicional, pelo exemplo de homem público que foi, cuja história de militância estudantil nos idos dos anos 60 e a trajetória político-partidária acabaram por despertar em mim um enorme apreço pela política e pela literatura, além de me conduzir a sempre lutar por uma sociedade mais justa, inclusiva, solidária e livre, caminhos que invariavelmente me guiaram até aqui, na elaboração de uma obra que almeja contribuir para o aprimoramento de instituições essenciais para a consolidação da democracia brasileira.

AGRADECIMENTOS

Durante a elaboração da presente obra – oriunda da minha Dissertação de Mestrado em Direito Constitucional –, contei com a colaboração, direta e indireta, de diversas pessoas e instituições, às quais não posso deixar de oferecer os meus mais profundos agradecimentos.

Inicialmente, devo especial gratidão ao meu orientador, Prof. Dr. Gilmar Mendes, por toda a atenção a mim dispensada – sempre que nos encontrávamos, no IDP ou nas Cortes (TSE e STF), indagava-me sobre o andamento da "nossa dissertação" – pela generosidade em sempre ceder o seu escasso tempo para dirimir todas as minhas dúvidas, por respeitar a minha liberdade acadêmica para o desenvolvimento desta pesquisa e, sobretudo, por compartilhar o seu denso conhecimento, durante as aulas e as inúmeras reuniões para a orientação, elementos que se fizeram essenciais para a concepção desta obra. Igualmente, agradeço ao meu coorientador, Prof. Dr. Sérgio Antônio Ferreira Victor, que nos auxiliou durante toda essa jornada.

Ao sempre Presidente José Sarney, meu querido amigo e mentor intelectual, com quem mantive longos diálogos sobre a história dos partidos políticos no Brasil – notadamente sobre os bastidores da formação da chapa presidencial que, ao lado de Tancredo Neves, venceu a disputa no Colégio Eleitoral de 1985 e a bem-sucedida transição democrática para a promulgação da Constituição Federal de 1988 –, pela recomendação de inúmeros livros e documentos históricos que subsidiaram esta pesquisa e, em especial, pelo apoio incondicional a todos os meus projetos profissionais e acadêmicos.

Ao Prof. Dr. Tarcisio Vieira de Carvalho Neto, por todo o incentivo ao longo dessa minha trajetória acadêmica – guiando-me com grande entusiasmo desde a minha aprovação na seleção no mestrado até a etapa final na banca de defesa da dissertação –, que, somado ao compartilhamento do seu vasto conhecimento e à percepção aguçada sobre os partidos políticos e o direito eleitoral, foi imprescindível para o meu amadurecimento intelectual.

Aos professores que tanto me honraram com o aceite do convite para a composição da banca examinadora de defesa da dissertação, Prof. Dr. Alexandre de Moraes e Prof. Dr. Georges Abboud, assim como ao Prof. Dr. Jorge Lavocat Galvão, quem participou da banca de qualificação, todos grandes referenciais na minha trajetória acadêmica, cuja leitura atenta dos meus escritos e as valorosas sugestões foram fundamentais para o refinamento desta obra.

Aos Ministros Sérgio Silveira Banhos e Admar Gonzaga Neto, representantes da advocacia no Tribunal Superior Eleitoral (TSE), os quais sempre mantiveram as portas de seus gabinetes abertas para me receber e debater sobre a temática partidária, inclusive tendo me auxiliado na complementação da pesquisa de mestrado que embasou esta obra.

Aos servidores da Suprema Corte, Beatriz Bastide Horbach, Adisson Leal e, em especial, José dos Santos Carvalho Filho, que me deram um suporte incomensurável no desenvolvimento e na conclusão da dissertação de mestrado da qual a obra se originou. Aos servidores do TSE, Eilzon Almeida, Edmilson Rufino, José Wilton Freire e Fernando de Alencastro, sem os quais a pesquisa sobre os registros dos partidos políticos e da jurisprudência da Corte, nas últimas três décadas, tornar-se-ia um caminho bem mais difícil de percorrer.

Ao Instituto Brasileiro de Ensino, Desenvolvimento e Pesquisa (IDP), em nome do Coordenador-Geral, Prof. Dr. João Bachur, pela paciência e compreensão com todos os meus pleitos durante o mestrado. A todos os professores da instituição, em nome da querida Prof.ª Dra. Marilda Silveira, que, além de contribuir com diversas orientações acerca da metodologia científica a ser aplicada na pesquisa empreendida, ao longo desses dois anos e meio, deu-me grandes lições – dentro e fora da sala de aula – sobre a vida e o Estado Democrático de Direito.

Ao Instituto Brasileiro de Direito Eleitoral (Ibrade), em especial ao Presidente Henrique Neves da Silva, por ter prestado todos os esclarecimentos que se fizeram necessários para melhor compreensão da jurisprudência que ajudou a construir, enquanto de Ministro da Corte, e que inspirou a escolha dessa temática. A todos (as) advogados (as) militantes no TSE, aos quais me permito homenagear em nome do advogado Thiago Boverio, que, com os relatos da sua vasta experiência na advocacia partidária, muito contribuiu para a materialização desta obra.

À Academia Brasileira de Direito Eleitoral e Político (Abradep), instituição da qual eu tenho a honra de ser membro-fundadora, agradeço em nome de todos os acadêmicos cujos escritos influenciaram diretamente a elaboração desta obra: Frederico Franco Alvim, Bruno Rangel, Daniel Falcão, José Jairo Gomes, Guilherme Barcelos, Ana Claudia Santano, Rodrigo Martiniano, Walber de Moura Agra e, mormente, a nossa Coordenadora-Geral Adjunta Prof.ª Dra. Vânia Siciliano Aieta.

Ao Instituto de Direito Partidário e Político (Pluris), em nome do nosso Presidente, Fabrício Medeiros, que – ao lado dos confrades Sidney Neves, Herman Barbosa, Rafael Carneiro, Ruben Mariz, Cristiane Britto, Rafael Mota, Miguel Fiod, Gustavo Kanffer, André Maimoni, Gabriela Rollemberg, Márcio Silva, Renato Galuppo, Flávio Jardim, Flávio Nogueira, Carlos Eduardo Frazão e José Rollemberg –propiciou-me vivenciar os anseios e as dificuldades enfrentadas pelos partidos políticos, de todos os espectros ideológicos, com relação ao exercício da sua autonomia constitucional.

Aos amigos que tornaram essa caminhada mais leve, em especial, à Cynthia Portella e à Alana Diniz, pelo apoio incondicional em todos os aspectos da minha vida, e ao Gabriel Cruz, grande incentivador da minha vida acadêmica, com quem mantive longos e profundos debates teóricos durante a escrita desta obra. Aos meus companheiros de Mestrado, amizades que levarei para sempre comigo: Samuel Fonteles, Monique Carvalho, Rodrigo Cyrineu, Kayo César, Nathalia Peppi, Marcos Vinicius Faria, Laís Porto, Eduardo Mundim, Mariana Oliveira, Leonardo Fonseca, Priscila Campêlo, Mariana Moutella, Fernando Torreão, Fernando Mello, José Guimarães, Fernando Mosna, Ariel Uriatan e Pedro Henrique Sales.

Por fim, e não menos importante, agradeço a toda a minha família, em especial a minha mãe, Iracy Barros, por ser meu alicerce e por compreender que a minha ausência dos compromissos familiares, nas comemorações e na dor do luto pela nossa perda, foi necessária para a concretização deste sonho, sobretudo para que eu pudesse prestar esta última homenagem ao meu amado pai, Dr. Eziquio Barros Filho, *in memoriam*, a quem dedico esta obra.

APRESENTAÇÃO

Embora se afirme o caráter privado do partido sob a Constituição Federal de 1988, é certo que o seu papel confere-lhe características especiais e diferenciadas, que não se deixam confundir com uma simples instituição privada. Isso porque, em nosso modelo constitucional, os partidos políticos são os corpos intermediários entre a sociedade o Estado. Nesse sentido, para que se assegure o pleno funcionamento da democracia representativa, essa função de mediação deve sempre observar o princípio da autonomia partidária.

Contudo, não se pode deixar de considerar que os partidos políticos brasileiros, como um tipo especial de associação privada, têm sua autonomia limitada pelos direitos fundamentais de seus membros. A relevante função pública exercida pelas agremiações partidárias impõe a sua submissão aos princípios constitucionais, especialmente às normas que asseguram direitos e garantias fundamentais.

O presente estudo, fruto de dissertação de mestrado defendida por **Ezikelly Barros**, a qual tive a satisfação de orientar no Programa de Pós-Graduação *stricto sensu* em Direito Constitucional da Escola de Direito de Brasília (EDB) do Instituto Brasileiro de Ensino, Desenvolvimento e Pesquisa (IDP), investiga detalhadamente as controvérsias acerca dessas balizas para o exercício da autonomia pelos partidos, bem como para a realização do controle de constitucionalidade das suas questões *interna corporis* pelo Poder Judiciário.

A autora analisa os aspectos históricos que justificaram a positivação do princípio da autonomia partidária, no art. 17, § 1º, da Constituição Federal de 1988, por meio da análise de documentos relevantes, tais como a legislação eleitoral-partidária de 1932 à 1985 e o parecer da proposta de emenda constitucional que extinguiu o AI-5, além de verticalizada pesquisa da gênese dessa norma nos anais da Assembleia Nacional Constituinte de 1987-1988.

Ademais, realiza uma escorreita apresentação dos principais aspectos jurídicos da autonomia partidária, com a delimitação do conceito, a sua definição enquanto direito fundamental de liberdade intrapartidária e os limites para a regulamentação pela legislação infraconstitucional, o que certamente servirá de ponto de partida para todos aqueles que se debruçarem sobre os problemas jurídicos suscitados ao longo da obra.

A autora também faz uma análise minuciosa, quantitativa e qualitativa, da jurisprudência conjunta da Suprema Corte e do Tribunal Superior Eleitoral a respeito do tema, considerando como recorte temporal os 32 anos de vigência da Constituição de 1988, apontando os quatro graus de interpretação da autonomia partidária de acordo com o entendimento dessas Cortes, bem como demonstra – a partir do fenômeno do *backlash* – como se deu o diálogo institucional entre o Poder Judiciário e o Poder Legislativo.

No último capítulo dessa obra, realiza-se uma reconstrução teórica sobre os contornos constitucionais para a interpretação judicial do princípio da autonomia partidária, destacando os limites implícitos e explícitos para o exercício desse direito fundamental pelos partidos políticos, além de elucidar que, a despeito da natureza jurídica de direito privado, os direitos fundamentais incidem nas questões *interna corporis* ou intrapartidárias.

Por outro lado, à luz da ordem jurídico-constitucional pátria, estabelece também quais são os limites para intervenção do Poder Judiciário nas questões *interna corporis* dos partidos políticos, ao determinar qual é a barreira constitucional para a intervenção judicial nos atos intrapartidários, denominada pela autora de "discricionariedade partidária".

Por fim, a obra trata especificamente do controle de constitucionalidade dos estatutos dos partidos políticos, no âmbito administrativo e judicial, trazendo relevantes propostas de aprimoramento desse controle na esfera administrativa, quando da homologação dos estatutos partidários realizada pelo TSE, assim como para o refinamento do controle jurisdicional efetivado pela Justiça Eleitoral e Justiça Comum.

Trata-se, portanto, de grande contribuição para o estudo do direito constitucional, partidário e eleitoral, que enseja um esmiuçado e profícuo debate sobre o princípio da autonomia partidária. Por certo, esta importante obra enriquecerá essa discussão.

Desejo a todos agradável e proveitosa leitura.

Gilmar Ferreira Mendes
Ministro do Supremo Tribunal Federal
Doutor em Direito pela Universidade de Münster (Alemanha)
Professor de Direito Constitucional do Instituto Brasileiro de Ensino, Desenvolvimento e Pesquisa (IDP)

PREFÁCIO

O princípio constitucional da autonomia partidária confere aos partidos políticos ampla liberdade de organização, estruturação e funcionamento. Trata-se de princípio positivado no art. 17, § 1º, da Constituição de 1988, que cria uma reserva estatutária indevassável e instrumentaliza a participação política independente dos partidos no processo democrático. Essa autonomia é, certamente, condição *sine qua non* da democracia representativa, que reclama um espaço público robusto e dinâmico, em que as agremiações possam organizar suas questões *interna corporis* sem restrições de cunho autoritário.

Nos últimos anos, o Supremo Tribunal Federal tem produzido vasta jurisprudência a respeito da regulamentação interna dos partidos políticos, especialmente à luz das inovações trazidas pela legislação. A título de exemplo, na ADI 5.311, a Corte reconheceu a constitucionalidade das normas que fortalecem o controle quantitativo e qualitativo dos partidos, impedindo a proliferação de agremiações sem expressão política e das "legendas de aluguel".[1] A seu turno, na ADI 5.398, o STF assegurou, em sede de medida cautelar, o direito subjetivo à desfiliação partidária sem perda de mandato na hipótese de criação de novo partido registrado no TSE até a entrada em vigor da Lei n. 13.165/2015.[2]

No tocante à representatividade política do parlamentar, a Suprema Corte já assentou, no julgamento da ADI 5.105, a inconstitucionalidade de normas previstas na Lei n. 12.875/2013 que inviabilizavam o funcionamento e

[1] BRASIL. STF. ADI 5.311, Tribunal Pleno, Rel.ª Min.ª Cármen Lúcia, DJe de 6/7/2020.

[2] BRASIL. STF. ADI 5398 MC-Ref. Tribunal Pleno, Rel. Min. Roberto Barroso, DJe de 20/11/2018.

o desenvolvimento das novas agremiações partidárias, no que concerne ao acesso aos recursos do fundo partidário e ao direito de antena, sob o rótulo falacioso de fortalecimento dos partidos políticos brasileiros.

Na condição de relator da ADI 5.105, destaquei que a formulação de mecanismos normativos que dificultam o funcionamento de agremiações já existentes não encontra guarida na Lei Maior. Nos termos do acórdão, nessas hipóteses "torna-se legítima a atuação do Supremo Tribunal Federal, no intuito de impedir a obstrução dos canais de participação política e, por via de consequência, fiscalizar os pressupostos ao adequado funcionamento da democracia".[3]

Nesse contexto de crescente judicialização do direito eleitoral e partidário, a presente obra da Advogada e Pesquisadora **Ezikelly Barros** aborda de maneira aprofundada temática de importância ímpar para a democracia brasileira. Isso se dá a partir de uma conjugação entre teoria e prática, analisando problemas atuais com o objetivo de fornecer conceitos, pressupostos e parâmetros para a compreensão e a resolução de questões complexas envolvendo a autonomia partidária e o controle de constitucionalidade dos Estatutos dos Partidos Políticos.

Ao enfrentar tema atual com notável refino, sempre alinhada à jurisprudência dos tribunais superiores e sem perder de vista a clareza e a objetividade da exposição, a autora lança novas luzes e perspectivas ao princípio da autonomia partidária, inspirando a comunidade jurídica a pensar criticamente o instituto. Decerto, a presente obra ingressará na literatura jurídica preenchendo lacunas teóricas e metodológicas, sendo referência indispensável tanto no campo acadêmico como na práxis judicial.

Luiz Fux
Ministro Presidente do Supremo Tribunal Federal
Ex-Ministro Presidente do Tribunal Superior Eleitoral
Doutor em Direito e Professor Titular da Universidade do Estado do Rio de Janeiro (Uerj)

[3] BRASIL. STF. ADI 5.105, Tribunal Pleno, Rel. Min. Luiz Fux, DJe de 16/03/2016.

LISTA DE ABREVIATURAS E SIGLAS

AIB – Aliança Integralista Brasileira
AC – Ato Acomplementar
ADC – Ação Declaratória de Constitucionalidade
ADI – Ação Direta de Inconstitucionalidade
ADPF – Ação por Descumprimento de Preceito Fundamental
AI – Ato Institucional
ANC – Assembleia Nacional Constituinte
ANL – Aliança Nacional Libertadora
CE – Código Eleitoral
CF/88 – Constituição Federal de 1988
CNPJ – Cadastro Nacional de Pessoa Jurídica
CPI – Comissão Parlamentar de Inquérito
DEM – Partido Democratas
EC – Emenda Constitucional
FP – Fundo Partidário
FEFC – Fundo Especial de Financiamento de Campanha
PGE – Procurador-Geral Eleitoral
LGA – Lei Geral de Anistia
LEC – Liga Eleitoral Católica
LE – Lei ddas Eleições
LOPP – Lei Orgânica dos Partidos Políticos
LPP – Lei dos Partidos Políticos de 1995
LSN – Lei de Segurança Nacional
MPE – Ministério Público Eleitoral

MS	–	Mandado de Segurança
OAB	–	Ordem dos Advogados do Brasil,
PCB	–	Partido Comunista Brasileiro
PCdoB	–	Partido Comunista do Brasil
PDC	–	Partido Democrata Cristão
PDT	–	Partido Democrático Trabalhista
PEC	–	Proposta de Emenda à Constituição
PFL	–	Partido da Frente Liberal
PL	–	Partido Libertador
PMB	–	Partido da Mulher Brasileira
PMN	–	Partido da Mobilização Nacional
PRTB	–	Partido Renovador Trabalhista Brasileiro
PSD	–	Partido Social Democrático
PSDC	–	Partido Social Democrata Cristão
PSDB	–	Partido da Social Democracia Brasileira
PSB	–	Partido Socialista Brasileiro
PT	–	Partido dos Trabalhadores
PTB	–	Partido Trabalhista Brasileiro
PTN	–	Partido Trabalhista Nacional
RE	–	Recurso Extraordinário
RESPE	–	Recurso Especial Eleitoral
STF	–	Supremo Tribunal Federal
STJ	–	Superior Tribunal de Justiça
TRE	–	Tribunal Regional Eleitoral
TSE	–	Tribunal Superior Eleitoral
UBC	–	União Brasileira de Compositores
UDN	–	União Democrática Nacional

SUMÁRIO

INTRODUÇÃO

Na contemporaneidade, os partidos políticos são considerados os verdadeiros "guardiões da democracia",[4] porquanto desempenham o importante papel de canal essencial de comunicação entre o povo e o Estado. Não foi por outra razão que o Poder Constituinte Originário concedeu a essas agremiações um capítulo próprio na Constituição Federal da República Federativa do Brasil de 1988, assegurando uma série de direitos e garantias fundamentais para o exercício desse mister, entre os quais se insere o princípio constitucional da autonomia partidária, previsto no §1º do art. 17 da Magna Carta.

No contexto brasileiro, o assento constitucional dado a esse direito ou garantia fundamental dos partidos políticos se justifica por todas as tentativas, nos períodos mais autoritários de nossa recente história, de controlar – e, nos momentos mais críticos, até mesmo de extinguir – esses verdadeiros corpos intermediários entre os anseios sociais e o Poder Estatal. Com efeito, assegurar a liberdade interna dessas greis significa garantir a liberdade política de todos os segmentos da sociedade brasileira, representada atualmente por 33 agremiações partidárias com estatutos registrados no Tribunal Superior Eleitoral (TSE).

No entanto, no decorrer das três últimas décadas de interpretação desse importante princípio constitucional pelo Poder Judiciário, verifica-se uma nova tensão entre o desejo dos partidos de ampla liberdade interna e a sua limitação pelo Estado, isto é, entre o exercício da autonomia partidária pelas

[4] LEVITSKY, Steven; ZIBLATT, Daniel. **Como as democracias morrem**. 1. ed. Rio de Janeiro: Zahar, 2018, p. 44.

greis e a sua mitigação por meio da interpretação realizada pelo TSE e pelo Supremo Tribunal Federal (STF), sendo necessário, conforme será demonstrado ao longo desta obra, reafirmar essa autonomia por meio de inúmeras alterações legislativas.

Assim, a presente obra tem por objetivo analisar o princípio constitucional da autonomia partidária em todas as suas dimensões, desde as suas origens até a sua concretização por meio da interpretação do Poder Judiciário, a fim de identificar se há limites – e quais são – ao seu exercício, bem como estabelecer as circunstâncias que autorizam a interferência judicial na esfera *interna corporis* das greis, no que diz respeito à realização do controle de constitucionalidade dos atos intrapartidários e, mormente, dos estatutos dos partidos políticos.

Além de analisar as balizas constitucionais para o exercício da autonomia partidária pelas agremiações – a fim de legitimar o controle de constitucionalidade dos atos e dos estatutos partidários realizado pelo Poder Judiciário –, entendo como de fundamental importância também estabelecer quais são os limites para a intervenção judicial nas denominadas questões *interna corporis*, de modo que essa liberdade interna seja preservada em relação às escolhas político-partidárias, evitando-se que esse importante princípio constitucional dos partidos seja completamente esvaziado.

Ademais, a relevância e a atualidade do tema são evidenciadas pela crescente judicialização de questões envolvendo atos intrapartidários e normas estatutárias, até mesmo ante iniciativas da própria Justiça Eleitoral, a exemplo da regulamentação do prazo de duração dos Órgãos ou Comissões Provisórias,[5] episódio que causou forte reação do Poder Legislativo e culminou na aprovação

[5] No final de 2015, o Ministro Henrique Neves da Silva, do TSE, apresentou uma proposta de alteração do art. 39, Resolução-TSE n. 23.465/2015 (que disciplina a criação, a organização, a fusão, a incorporação e a extinção de partidos políticos), determinando que "as anotações relativas aos órgãos provisórios têm validade de 120 dias", ou seja, que decorridos mais de 120 dias da data de criação das Comissões Provisórias – órgãos partidários compostos pela livre nomeação das instâncias partidárias superiores, isto é, sem que haja um processo eleitoral interno com a participação dos seus filiados –, os partidos políticos deveriam realizar eleições para a composição da diretoria dos Órgãos Permanentes.

da Emenda Constitucional n. 97/2017[6] e da Lei n. 13.831/2019,[7] as quais, por sua vez, tornaram-se objeto das Ações Diretas de Inconstitucionalidade n. 5875[8] e n. 6230,[9] ambas ajuizadas pela Procuradoria-Geral da República na Suprema Corte.

O relevo científico também se demonstra pela multidisciplinaridade do fenômeno objeto do presente estudo, qual seja, o controle de constitucionalidade judicial e administrativo dos estatutos dos partidos políticos, uma vez que a matéria se situa entre a ciência política e o direito constitucional, administrativo, eleitoral e partidário.

A abordagem metodológica será realizada da seguinte forma: pela análise histórica dos fatos, políticos e jurídicos, os quais antecederam a positivação desse princípio constitucional; por meio de documentos históricos, da legislação da época e de livros de ciência política; por meio da análise jurisprudencial, do TSE e do STF, nos últimos 32 anos de Constituição Cidadã (1988-2020); e, por fim, com base na doutrina pátria e estrangeira sobre a temática do direito constitucional e do direito eleitoral-partidário.

A obra é dividida em quatro capítulos que buscam responder à principal problemática: considerando a positivação do princípio constitucional da autonomia partidária na Constituição Federal de 1988 – que assegura aos partidos políticos ampla liberdade para a regulamentação das questões *interna corporis* –, é possível que o Poder Judiciário efetue o controle de constitucionalidade dos atos intrapartidários, mormente, se cabe ao TSE realizar o controle de constitucionalidade, administrativo e jurisdicional, dos estatutos partidários? Caso a resposta a essa indagação seja afirmativa, em qual extensão?

No primeiro capítulo, apresento um relato acerca do surgimento dos partidos políticos nas principais democracias ocidentais e, posteriormente, uma necessária retrospectiva histórica da formação dessas agremiações no Brasil,

[6] A EC n. 97/2017, que alterou o §1º do art. 17 da CF/88, dispõe: "é assegurada aos partidos políticos autonomia para (...) estabelecer regras sobre escolha, formação e duração de seus órgãos permanentes e provisórios (...)".

[7] BRASIL. Lei n. 13.831, de 17 de maio de 2019. Altera a Lei n. 9.096, de 19 de setembro de 1995 (Lei dos Partidos Políticos), a fim de assegurar autonomia aos partidos políticos para definir o prazo de duração dos mandatos dos membros dos seus órgãos partidários permanentes ou provisórios; e dá outras providências.

[8] BRASIL. STF. **ADI n. 5875**, Relator Ministro Luiz Fux. (julgamento pendente)

[9] BRASIL. STF. **ADI n. 6230**. Relator Ministro Ricardo Lewandowski. (julgamento pendente)

com ênfase na Era Vargas e no Regime Militar, sob a perspectiva da evolução da legislação eleitoral-partidária – desde a criação do Código Eleitoral de 1932 até a realização da Assembleia Nacional Constituinte de 1987-1988 –, com o objetivo de esclarecer as circunstâncias políticas que justificaram a concepção do princípio da autonomia partidária na Magna Carta de 1988.

No segundo capítulo, analiso a redação originária do princípio da autonomia partidária positivado na Constituição Federal de 1988, as duas alterações dessa redação, que foram promovidas pelo constituinte derivado, bem como os seus principais aspectos jurídicos: o conceito de autonomia partidária, esclarecendo se esse princípio se trata de direito ou garantia fundamental e quais são as limitações constitucionais para a sua regulamentação pelo legislador ordinário, a fim de assegurar maior efetividade na sua concretização.

No capítulo terceiro, procedo à análise da jurisprudência de todos os casos nos quais o princípio da autonomia partidária foi evocado perante o TSE e o STF, utilizando como recorte os últimos 32 anos de Constituição Cidadã (1988-2020), para compreender como se deu a concretização desse princípio perante esses órgãos do Poder Judiciário, quais foram os limites estabelecidos para o seu exercício e em que medida essas decisões influenciam as sucessivas alterações legislativas acerca dessa temática.

No quarto e último capítulo, à luz da doutrina pátria e estrangeira, delimito as balizas constitucionais que devem ser observadas pelos partidos políticos no exercício dessa liberdade interna, além de utilizar como referencial teórico a teoria da eficácia dos direitos fundamentais nas relações privadas para justificar a incidência dos direitos fundamentais nas relações *interna corporis* ou intrapartidárias, mormente para assegurar os direitos e as garantias fundamentais dos seus respectivos filiados ou de órgãos de hierarquia inferior.

Enfim, averiguo em que medida o princípio constitucional da autonomia partidária impõe um obstáculo para a intervenção do Poder Judiciário nas questões *interna corporis* dessas agremiações partidárias. Finalmente, com base nas premissas teóricas desenvolvidas ao longo desse último capítulo, examino se é legítimo e em quais circunstâncias o TSE poderá efetuar o controle de constitucionalidade, judicial e administrativo, dos estatutos dos partidos políticos.

1.
As Origens do Princípio da Autonomia Partidária

> Que relevância têm hoje os antecedentes? Por que remontar às origens? A resposta é que o passado constitui o mapa original, a planta das fundações. Com o decorrer do tempo o edifício cresce, e as fundações ficam encobertas. É por isso que, de tempos em tempos, é bom voltar a olhar a planta original.
>
> Giovanni Sartori[10]

Os partidos políticos são considerados fundamentais para o funcionamento das democracias contemporâneas, pois são instituições que desempenham o significativo papel de "gestão da democracia",[11] razão pela qual possuem destaque na maioria das Constituições democráticas. No Brasil, que é um estado de partidos, a Magna Carta de 1988 conferiu às agremiações partidárias um capítulo próprio, no Título referente aos Direitos e Garantias Fundamentais, imputando-lhes deveres e assegurando-lhes direitos e garantias para a sua criação, organização, funcionamento e extinção, entre os quais se destaca o princípio da autonomia partidária.

[10] SARTORI, Giovanni. **Partidos e sistemas partidários**. Tradução de Waltensir Dutra. Rio de Janeiro: Zahar; Brasília: Universidade de Brasília, 1982, p. 45.

[11] MAIR, Peter. Os partidos políticos e a democracia: análise social. **Revista do Instituto de Ciências Sociais da Universidade de Lisboa**, Lisboa, v. 38, n. 167, p. 277-293, 2003.

Contudo, para compreender o real significado desse importante princípio de estatura constitucional faz-se necessário rememorar todo o processo histórico pelo qual os partidos políticos atravessaram, ainda que de forma breve – revisitando as suas origens e o processo de constitucionalização nas principais democracias ocidentais –, e, de maneira mais aprofundada, identificar as circunstâncias político-partidárias que justificaram a positivação da autonomia partidária no §1º do art. 17 da Constituição Federal de 1988.

1.1 O Surgimento dos Partidos Políticos nas Democracias Contemporâneas

O surgimento dos partidos políticos na sua acepção atual – enquanto grupos de opinião estruturalmente organizados, com princípios programáticos bem definidos, de caráter permanente e com o objetivo de alcançar o poder e nele permanecer – é relativamente recente, ocorreu no século XIX, e está intrinsecamente ligado à ideia de democracia indireta ou representativa, na qual a representação política se efetiva por meio de eleições livres para a conquista pacífica do poder.

Nesse contexto, os partidos políticos surgem nas democracias contemporâneas como instrumentos fundamentais para a "racionalização do poder"[12]. Assim, foi atribuído a esses "corpos intermediários" – entre o Estado e os cidadãos – o relevante "papel de extrair uma vontade geral da multidão de vontades particulares" para, por meio dos seus programas partidários, fornecer as soluções políticas para atender à toda a sociedade.[13]

Além disso, as agremiações partidárias foram incumbidas de desempenhar um papel eleitoral, visto que essas greis se tornaram responsáveis pela seleção prévia dos candidatos que serão apresentados – como representantes da ideologia e do programa partidário – ao corpo de eleitores. Por fim, às greis

[12] KELSEN, Hans. **A democracia**. 2. ed. São Paulo: Martins Fontes, 2000, p. 39.

[13] FERREIRA FILHO, Manoel Gonçalves. **Os partidos políticos nas constituições democráticas**: O Estatuto Constitucional dos Partidos Políticos no Brasil, na Itália, na Alemanha e na França. Estudos sociais e políticos n. 26. Edições da Revista Brasileira de Estudos Políticos (RBEP). Belo Horizonte: Imprensa da Universidade de Minas Gerais, 1966, p. 52-56.

coube também a "função de dar corpo à oposição" e de limitar o poder: apresentando alternativas políticas, formulando críticas e fiscalizando o governo.[14]

Conforme preceitua Norberto Bobbio:

> Partidos [políticos] surgem quando o sistema político alcançou um certo grau de autonomia estrutural, de complexidade interna e de divisão de trabalho que permitam, por um lado, um processo de tomada de decisões políticas em que participem as diversas partes do sistema e, por outro, que entre essas partes, se incluam, por princípio ou de fato, os representantes daqueles a quem as decisões políticas se referem.[15]

A denominação "partidos" foi dada, por historiadores, a vários agrupamentos políticos – desde a história greco-romana[16] até as divisões inglesas do século XVI[17] – que não possuíam o mesmo sentido encontrado nas democracias modernas. A despeito da similitude semântica, esses grupos eram meras facções, ou seja, grupos de opinião compostos por indivíduos que partilhavam da mesma crença ou ideia, sem organização e de breve duração, diferente dos atuais partidos, que são estruturalmente organizados e têm caráter permanente.

[14] FERREIRA FILHO, Manoel Gonçalves. *Op. cit.*, p. 57.

[15] BOBBIO, Norberto *et al.* **Dicionário de política**. Brasília: UnB, 1986, p. 899.

[16] O uso da denominação "partido" para se referir a facções é esclarecida por Afonso Arinos: "(...) Quando, por exemplo, os tradutores da "Constituição de Atenas, de Aristóteles, escrevem "partido democrático" ou "partido popular", por oposição a "partidos dos ricos" ou "dos nobres", estão, evidentemente, levados pela política contemporânea, empregando uma linguagem aproximativa ou figurativa. Verifica-se, com efeito, no texto aristotélico que se tratava de classes sociais, e não de partidos políticos. (...) A nobreza e a população, eis, em Roma ou em Athenas, os grupos que os historiadores chamam partidos. É claro que se tratava de classes sociais. (...)". FRANCO, Afonso Arinos de Melo. **História e teoria do partido político no direito constitucional brasileiro**. Rio de Janeiro: 1948, p. 5-7.

[17] Embora denominados de "partido nacional" e "partido da coroa", "(...) A palavra "partido" aparece aplicada àquele período da história inglesa com o mesmo valor aproximativo com que é utilizada pelos que escrevem sobre a Grécia ou Roma". FRANCO, Afonso Arinos de Melo. **História e teoria do partido político no direito constitucional brasileiro**. Rio de Janeiro: 1948, p. 8.

Contudo, não se pode olvidar que as facções inglesas que surgiram no final do reinado de Carlos II da Inglaterra (1680), denominadas *Tories* (Conservadores) e os *Whigs* (Liberais),[18] foram as precursoras daqueles que, mais tarde, se tornariam o Partido Conservador e o Partido Liberal.

Na França, as primeiras facções surgiram no final do século XVIII, durante a Revolução Francesa (1789), como clubes ou associações da sociedade civil. A "Sociedade dos Amigos da Constituição", que reunia profissionais liberais e pequenos comerciantes, sob a liderança de Robespierre, transformou-se no "Clube dos Jacobinos". Em contraposição, surgiu o "Clube dos Girondinos", facção composta pela alta burguesia francesa.[19]

Essas facções políticas, inglesas e francesas, consideradas grupos empenhados em praticar danos e atos terríveis, eram vistas com desconfiança pelo *establishment*. Todavia, a compreensão de que o dissenso e a diversidade não são incompatíveis nem perturbam a ordem política deu início a um processo de transição, lenta e gradual, da "intolerância para a tolerância".[20] Com efeito, por ser considerado depreciativo, o termo "facção" foi substituído pela denominação "partidos".[21]

Na França, o fenômeno partidário teve início após a Restauração (1814-1830), por ocasião da instalação do parlamentarismo,[22] mas o processo de constitucionalização ocorreu somente durante o Governo de Napoleão Bonaparte, no qual surgiram o Partido Conservador e o Partido Liberal. Na Alemanha, em 1948, as agremiações partidárias surgiram nos moldes genuinamente ingleses, seguindo as linhas do Partido Conservador e do Partido Liberal.[23]

Porém, foi do outro lado do Atlântico, nos Estados Unidos da América (EUA), que as agremiações partidárias ganharam maior importância na formação do Estado. Afinal, segundo a sua acepção moderna, os partidos políticos

[18] BONAVIDES, Paulo. **Ciência política**. São Paulo: Malheiros, 2010, p. 400.

[19] FRANCO, Afonso Arinos de Melo. **História e teoria do partido político no direito constitucional brasileiro**. Rio de Janeiro: 1948, p. 14.

[20] SARTORI, Giovanni. **Partidos e sistemas partidários**. Tradução de Waltensir Dutra. Rio de Janeiro: Zahar; Brasília: Universidade de Brasília, 1982, p. 33-34.

[21] *Ibidem*, p. 23-24.

[22] FRANCO, Afonso Arinos de Melo. **História e teoria do partido político no direito constitucional brasileiro**. Rio de Janeiro: 1948, p. 14.

[23] SAMPAIO, F. P. Os partidos políticos e a partidocracia. **Diké – Revista Jurídica do Curso de Direito da Uesc**, Ilhéus: Universidade Estadual de Santa Cruz – Uesc, 2002, p. 59.

estão estruturalmente ligados à realização de eleições e, desde os primórdios, a democracia estadunidense foi baseada no sistema representativo.[24]

A gênese das agremiações partidárias na América foi a Convenção da Filadélfia de 1787, evento central para a elaboração da Constituição Americana, ocasião na qual se organizaram as forças políticas que viriam a compor os futuros partidos políticos.[25] Contudo, a despeito da ativa participação na fundação do Estado – após a Revolução Americana de 1776 –, essas greis padeciam da mesma desconfiança com as quais eram vistas as facções da Europa Ocidental.

James Madison, considerado um dos pais fundadores (*Founding Fathers*) da Constituição Americana, referia-se aos partidos políticos como facções igualmente detestáveis[26] e, em um dos artigos dos Federalistas, chegou até mesmo a propor dois processos para remediar os seus supostos malefícios – "um, pela remoção de suas causas; outro, pelo controle dos seus efeitos".[27] O filósofo francês Alexis de Tocqueville – que visitou a América entre 1831 e 1832 – assim também se referia às greis em sua obra clássica:

> Os partidos são um mal inerente aos governos livres; não têm, porém, em todos os tempos, o mesmo caráter e os mesmos instintos. Verificam-se épocas em que as nações se sentem atormentadas por males tão grandes que a ideia de uma modificação total na sua condição política apresenta-se ao seu pensamento. Há outras em que o mal-estar é mais profundo ainda em que a própria condição social é comprometida. É a época de grandes revoluções e grandes partidos. Entre esses séculos de desordem e de miséria, encontra-se outras épocas em que

[24] MIRANDA, Jorge. **Actas dos VIII Cursos Internacionais de Verão de Cascais (9 a 14 de julho de 2001)**. Cascais: Câmara Municipal de Cascais, v. 3, p. 7-22, 2002, p. 8-9.

[25] Bem como é possível verificar que "a atuação dos partidos na vida política já se faz sentir em 1796, na luta eleitoral entre Adams (e Hamilton do Federalista) e Jefferson (e Madison do Republicano)". FRANCO, Afonso Arinos de Melo. **História e teoria do partido político no direito constitucional brasileiro**. Rio de Janeiro: 1948, p. 10.

[26] CHACON, Vamireh. **História dos partidos brasileiros**: discurso e práxis dos seus programas. Brasília: Universidade de Brasília, 1981, p. 31.

[27] MADISON, James. O Federalista n. 10. *In*: HAMILTON; Alexander; JAY, John; MADISON, James. **O Federalista.** Tradução Ricardo Rodrigues Gama. 3. ed. 2. tir. Campinas: Russell Editores, 2010, p. 76.

> as sociedades repousam e a raça humana parece retomar fôlego. (...) Seja qual for a razão, ocorrem épocas em que as modificações que se operam na constituição política e no estado social dos povos são tão lentas e tão insensíveis que os homens julgam ter chegado a um estado final; o espírito humano julga-se então firmemente assentado sobre certas bases e não dirige os seus olhares para além de certo horizonte. É a época das intrigas e dos pequenos partidos.[28]

Para Tocqueville, os "Grandes Partidos" são aqueles com "traços de maior nobreza", ou seja, mais ligados a "princípios do que às consequências; às generalidades e não aos casos particulares; às ideias, e não aos homens" e que, apesar de "às vezes perturbá-la salutarmente", modificam e salvam a sociedade. Por sua vez, os "Pequenos Partidos" são aqueles que sempre agitam e perturbam a sociedade sem nenhum proveito para ela, "uns a dilaceram, outros a depravam".[29]

No entanto, não obstante a resistência dos *Founding Fathers* e de grandes teóricos da época, os partidos políticos estadunidenses resistiram a seis sistemas partidários[30] desde 1796, senão vejamos:

Sistema Partidário	**1º 1796-1830**	**2º 1830-1860**	**3º 1860-1896**	**4º 1896-1932**	**5º 1932-1980**	**6º 1980-2019**
Partidos Políticos	Federalists; Republicans	Whigs; Democrats	Republicans; Democrats	Republicans; Democrats	Republicans; Democrats	Republicans; Democrats

No Brasil, essas instituições políticas surgiram no final do Período Colonial, por volta de 1821-1822, denominadas como o Partido Português (posteriormente substituído pelo Partido Restaurador ou "Os Caramurus"), o Partido Brasileiro e o Partido Liberal Radical.[31] Porém, a despeito da nomenclatura

[28] TOCQUEVILLE, Alexis de. **A democracia na América**. 2. ed. Belo Horizonte: Itatiaia; São Paulo: USP, 1987, p. 136.

[29] *Ibidem.*

[30] KOLLMAN, Ken. **The american political system**. 2. ed. New York: W. W. Norton & Companhy, Inc., 2014, p. 426.

[31] FERREIRA NETO, Edgard Leite. **Os partidos políticos no Brasil**. São Paulo: Contexto, 1988, p. 27.

"partidos", esta ainda se assemelhava àquela atribuída às "facções" predominantes nas principais democracias ocidentais, ou seja, grupos de opinião ou corrente ideológica sem qualquer constituição formal ou caráter permanente.

Durante o Período Imperial, mesmo diante da omissão constitucional acerca da existência de partidos[32], foram criadas três agremiações partidárias, que se perpetuaram até a Primeira República (1889-1930):[33] o Partido Conservador, o Partido Liberal (1838) e o Partido Republicano (1870).[34] Após a Revolução de 1930, apesar de a Constituição de 1934 ter sido a primeira a mencionar a sua existência no país,[35] a constitucionalização dos partidos políticos no Brasil só veio a ocorrer anos mais tarde, com o advento da Constituição de 1946,[36] tema que será aprofundado no próximo tópico.

1.2 A Origem do Princípio da Autonomia Partidária no Contexto Brasileiro

O princípio da autonomia partidária, positivado na Carta Política de 1988, foi uma importante vitória democrática, conquistada após dois longos períodos de indevida intervenção estatal no âmbito interno dos partidos políticos brasileiros. A origem desse princípio está intrinsecamente ligada aos acontecimentos políticos que ocorreram no Brasil após a Revolução de 1930

[32] ZIMMER JÚNIOR, Aloísio. **O Estado Brasileiro e seus Partidos Políticos**: do Brasil Colônia à redemocratização. Porto Alegre: Livraria do Advogado, 2014, p. 85-86.

[33] CHACON, Vamireh. **História dos partidos brasileiros**: discurso e práxis dos seus programas. Brasília: Universidade de Brasília, 1981, 58-114.

[34] SAMPAIO, F. P. Os partidos políticos e a partidocracia. **Diké – Revista Jurídica do Curso de Direito da Uesc**, Ilhéus: Universidade Estadual de Santa Cruz – Uesc, 2002, p. 60.

[35] BRASIL. Constituição (1934). Art. 170, 9º – funcionário que se valer da sua autoridade **em favor de Partido Político, ou exercer pressão partidária** sobre os seus subordinados, será punido com a perda do cargo, quando provado o abuso, em processo judiciário. (grifo nosso)

[36] BRASIL. Constituição (1946). Art. 141, §13 – É vedada a organização, o registro ou o funcionamento de qualquer Partido Político ou associação, cujo programa ou ação contrarie o regime democrático, baseado na pluralidade dos Partidos e na garantia dos direitos fundamentais do homem"; (...) Art. 134: "O sufrágio é universal e, direto; o voto é secreto; e fica assegurada a representação proporcional dos Partidos Políticos nacionais, na forma que a lei estabelecer. (...).

(Era Vargas) e, sobretudo, durante os 21 anos de repressão política vivenciados pela sociedade brasileira após o Golpe Militar de 1964.

Afinal, conforme preleciona Daniel-Louis Seiler:

> Todas as vezes que, na história, morre uma democracia liberal, sob os golpes de alguns militares fanfarrões ou daqueles dos poucos guerrilheiros padecendo do mau rousseauniano, a primeira decisão dos novos senhores é abolir os partidos para uns, o pluralismo para outros.[37]

Assim, para melhor compreender a relevância e o real alcance desse princípio de estatura constitucional para a democracia representativa brasileira, mormente para assegurar-lhe maior efetividade na resolução de casos concretos, a serem apreciados pelo Poder Judiciário, é imprescindível revolver todos os eventos históricos que justificaram a sua positivação na Constituição Federal de 1988, conforme demonstrarei a seguir.

1.2.1 A Era Vargas: Do Governo Provisório à Redemocratização (1930-1954)

Após a realização das eleições de 1930, o candidato do *establishment* ao cargo de Presidente da República do Brasil – Júlio Prestes –, que, segundo os resultados oficiais, havia derrotado o líder oposicionista Getúlio Vargas, não conseguira tomar posse. A oposição, que não aceitou o resultado da eleição, lançou um Manifesto denunciando "fraudes e compressões" que teriam sido praticadas pelas mesas eleitorais para alterar o resultado daquele pleito em favor do candidato da situação. O levante varguista obteve o apoio da Aliança Liberal e de um grupo de jovens oficiais revolucionários (Tenentistas), que se insurgiram contra o governo.[38]

Esses revolucionários – oriundos do Sul, do Norte e do Oeste – marcharam rumo à Capital Federal para destituir o então Presidente da República, Washington Luís (1926-1930). Após o êxito da Revolução de 1930, foi criada uma Junta Militar, que governou o país até a transmissão do comando do

[37] SEILER, Daniel-Louis. **Os partidos políticos**. Tradução de Renata Maria Parreira Cordeiro. Brasília: Universidade de Brasília; São Paulo: Imprensa Oficial do Estado, 2000, p. 6.

[38] SKIDMORE, Thomas E. **Brasil**: de Getúlio a Castelo. 7. ed. Rio de Janeiro: Paz e Terra, 1982, p. 21-25.

Governo Provisório ao candidato derrotado Getúlio Vargas, líder civil de um movimento armado de oposição, sucessão que deu início à Segunda República (1930-1937) no Brasil.[39]

Como o Governo Provisório de Getúlio Vargas (1930-1934) havia sido respaldado pela Revolução de 1930 – fruto da união de diversos grupos heterogêneos que tinham, entre as suas principais reivindicações, a reformulação do sistema político nacional para dar cabo às fraudes eleitorais[40] –, uma das primeiras medidas implementadas por Vargas, a fim de atender aos anseios dos revoltosos, foi a criação do primeiro Código Eleitoral brasileiro (Decreto n. 21.076/1932),[41] baseado nos ideais de Joaquim Francisco de Assis Brasil[42].

O Código Eleitoral de 1932 instituiu, de forma pioneira, o sufrágio feminino, garantiu o sufrágio secreto e conferiu à uma justiça especializada, denominada de Justiça Eleitoral, as atribuições administrativas e judiciais para realizar: o alistamento eleitoral, a apuração dos votos, o reconhecimento e a proclamação dos eleitos. Além disso, o códex adotou os sistemas majoritários e proporcional, este último por meio dos quocientes eleitoral e partidário.[43]

O Código de Assis Brasil foi a primeira legislação a regulamentar os partidos políticos no Brasil, até então vistos como facções ou meras associações com ideais políticos, passando a admitir três espécies: os permanentes,

39 SKIDMORE, Thomas E. *Op. cit.*, p. 21-25.

40 "A Revolução de 1930 que tinha como um dos seus principais enfoques a reforma do sistema eleitoral, considerando que boa parte da indignação dos revoltosos era a aparente fraude eleitoral que impedira a vitória de Getúlio Vargas". ZIMMER JÚNIOR, Aloísio. **O Estado Brasileiro e seus Partidos Políticos**: do Brasil Colônia à redemocratização. Porto Alegre: Livraria do Advogado, 2014, p. 94.

41 BRASIL. Legislação Informatizada – Decreto n. 21.076, de 24 de fevereiro de 1932 – publicação original. Decreta o Código Eleitoral. Disponível em: http://www2.camara.leg.br/legin/fed/decret/1930-1939/decreto-21076-24-fevereiro-1932-507583-publicacaooriginal-1-pe.html. Acesso em: 20 nov. 2018.

42 Ao proferir discurso, na Assembleia Nacional Constituinte de 1933-1934, Assis Brasil afirmou que o Brasil foi "o primeiro país do mundo que fez um Código Eleitoral". HOLLANDA. Cristina Buarque de. **Joaquim Francisco de Assis Brasil**: uma antologia política. 1ª ed. Rio de Janeiro: 7Letras, 2011. p. 409-420.

43 LEAL, Victor Nunes. **Coronelismo, enxada e voto**: o município e o regime representativo no Brasil. 7ª edição. São Paulo: Companhia das Letras, 2012. p. 215-216.

os provisórios e as associações de classe. Essas últimas seriam equiparadas às agremiações partidárias, desde que legitimamente constituídas.[44]

Ademais, o Código Eleitoral de 1932 manteve a natureza de pessoa jurídica de direito privado dos partidos políticos, considerando que essas greis são oriundas de agrupamentos da sociedade civil, cuja personalidade jurídica se adquiria tão somente com o registro perante o cartório competente para o registro civil de pessoas jurídicas.[45]

Logo após houve uma eclosão de partidos em todos os estados da Federação brasileira. Como naquele momento o discurso liberal transmutava-se também em social, essas greis passaram a receber os múltiplos rótulos de "Liberal", "Popular", "Progressista", "Nacionalista", "Nacional", "Socialista", "Nacional Socialista" e, mormente, "Social". Todavia, apesar da coincidência das nomenclaturas, não dispunham de qualquer vínculo organizacional que as conectasse, uma vez que possuíam caráter eminentemente estadual.[46]

A bem da verdade, a despeito do reconhecimento legal, naquele momento os partidos políticos brasileiros ainda se assemelhavam àquelas facções do início do século XIX, isto é, eram meros agrupamentos políticos que funcionavam a serviço das oligarquias regionais, sem dispor de uma organização em estrutura centralizada que favorecesse um contato permanente com suas bases sociais. Ademais, o Código Eleitoral permitia a existência de candidatos avulsos ou independentes, que poderiam disputar cargos eletivos sem qualquer vinculação partidária.[47]

[44] BRASIL. Código Eleitoral (Decreto n. 21.076/1932). Art. 99 – Consideram-se partidos políticos para os efeitos deste decreto: 1) os que adquirirem personalidade jurídica, mediante inscrição no registro a que se refere o art. 18 do Código Civil; 2) os que, não a tendo adquirido, se apresentarem para os mesmos fins, em caráter provisório, com um mínimo de quinhentos eleitores; 3) as associações de classe legalmente constituídas.

[45] REIS, Palhares Moreira. O partido político e a Lei de 1995. *In*: REIS, Palhares Moreira. **Cinco estudos sobre partidos políticos**. Recife: UFPE – Editora Universitária, 1999, p. 96.

[46] CHACON, Vamireh. **História dos partidos brasileiros**: discurso e práxis dos seus programas. Brasília: Universidade de Brasília, 1981, p. 118-119.

[47] BRASIL. Código Eleitoral (Decreto n. 21.076/1932). Art. 58, 1º – *É permitido a qualquer partido, aliança de partidos, ou grupo de cem eleitores, no mínimo, registrar, no Tribunal Regional, até cinco dias antes da eleição, a lista de seus candidatos, encimada por uma legenda. Parágrafo único.* **Considera-se avulso o candidato que não conste de lista registrada.** (grifo nosso)

Nas primeiras eleições realizadas sob a égide do Código Eleitoral, em 3.5.1933, para a composição da Assembleia Nacional Constituinte, os grandes vencedores foram os candidatos apoiados pela Liga Eleitoral Católica (LEC), uma espécie de superpartido, que se sobrepôs àqueles fragmentos de agremiações partidárias. A LEC, com entusiasmado apoio de D. Leme, inaugurou uma eficaz "fórmula extrapartidária" para influenciar na política brasileira, ao reunir candidatos católicos de diferentes partidos em torno dos princípios sociais da Igreja Católica.[48]

O "setor dito revolucionário do estamento", que se incomodou profundamente com o sucesso eleitoral da LEC, articulou uma alteração da legislação eleitoral que impossibilitava a composição dessas chapas eleitorais mistas, para inviabilizar o seu fortalecimento nas próximas eleições. Naquela ocasião, em face dos protestos de Alceu Amoroso Lima, o varguista Osvaldo Aranha retrucou: "essa lei foi feita expressamente contra vocês. A LEC estava se metendo demais na vida dos partidos, escudada em privilégios não partidários". Contudo, as eleições não foram realizadas "por este e outros motivos".[49]

A reação do estamento diante do fortalecimento da LEC foi apenas uma mostra das aspirações autoritárias que estavam por vir, foi o prenúncio do *modus operandi* que, mais tarde, atingiria também os outros grupos de pressão [os partidos políticos] que viessem a desagradar o *establishment*, qual seja, o uso deliberado de sucessivas alterações da legislação eleitoral-partidária como instrumento de enfraquecimento ou aniquilação da oposição para favorecer a implementação de medidas autoritárias pelo governo de ocasião.

A recém-instalada Assembleia Nacional Constituinte recebeu um anteprojeto de Constituição elaborado pela "Comissão Itamaraty", um grupo de notáveis nomeado pelo Ministro da Justiça de Vargas, o qual foi analisado por uma segunda comissão – composta por 26 integrantes de cada bancada estadual e grupos classistas – que, por sua vez, apresentou um "substitutivo" que foi votado pelo plenário. O texto final da Carta reproduziu as contradições

[48] De acordo com Chacon, a "fórmula extrapartidária" da LEC teria dois objetivos: "1. instituir, congregar, alistar o eleitorado católico; 2. assegurar aos candidatos de diferentes partidos a sua aprovação pela igreja católica e, portanto, o voto dos fiéis, mediante a aceitação, por parte dos mesmos candidatos, dos princípios sociais católicos e o compromisso de defendê-los na Assembleia Constituinte". CHACON, Vamireh. *Op. cit.*, p. 121.

[49] *Ibidem*. p. 121-123.

política da época, ao incorporar princípios da democracia liberal e "aspirações tenentistas".[50] Logo após a promulgação da novel Constituição, em 16.7.1934, coube à Assembleia Constituinte eleger o futuro Presidente do Brasil, para o exercício de um mandato de quatro anos.[51] Nos termos estabelecidos pelas disposições transitórias da Carta, a votação foi realizada por meio de escrutínio secreto, cujas cédulas de votos foram depositadas em uma "caixa negra de madeira" para a posterior apuração. No final, daquela eleição indireta, Getúlio Vargas fora eleito por 175 votos contra os 72 conferidos aos candidatos oposicionistas. Na solenidade de posse, ao transmitir a si próprio o cargo de Presidente da República, asseverou:[52]

> Nunca me seduzi pelas regalias do poder. Aceitando a indicação do meu nome pela Constituinte, curvei-me o dever de completar o programa esboçado nesses três últimos anos, pois outro propósito não poderia ter quem sabe das agruras e inquietudes peculiares à vida pública.[53]

A despeito de a escolha do Presidente Getúlio Vargas ter sido realizada pelo voto indireto – para assegurar-lhe a eleição e conferir legitimidade ao seu governo – a Magna Carta reestabeleceu as eleições diretas para todos os cargos. Além disso, a Constituição de 1934 foi a primeira constituição brasileira a fazer menção à existência dos partidos políticos, ao dispor sobre a proibição do favorecimento de servidor público às agremiações.[54]

Durante a vigência do Governo Constitucional Varguista, porém, a radicalização ideológica persistiu, culminando no surgimento de dois importantes partidos políticos: a Ação Integralista Brasileira (AIB) ou "Fascismo Caboclo"

[50] NETO, Lira. **Getúlio**: Do Governo Provisório à ditadura do Estado Novo (1930-1945). 1ª ed. v. 2. São Paulo: Companhia das Letras, 2013. p. 177-189.

[51] BRASIL. Constituição (1934). Art. 1º – Promulgada esta Constituição a Assembléia Nacional Constituinte elegerá, no dia imediato, o Presidente da República para o primeiro quadriênio constitucional. (disposições transitórias)

[52] NETO, Lira. *Op. cit.*, p. 189-190.

[53] *Ibidem*, p. 190.

[54] BRASIL. Constituição (1934). Art. 170, 9º – funcionário que se valer da sua autoridade **em favor de Partido Político, ou exercer pressão partidária** sobre os seus subordinados, será punido com a perda do cargo, quando provado o abuso, em processo judiciário. (grifo nosso)

– que, sob a liderança de Plínio Salgado, defendia a implementação de Estado Totalitário – e, em oposição, sobreveio a Aliança Nacional Libertadora (ANL), que, sob a liderança de comunistas, defendia um governo popular-democrático. Apesar das significativas diferenças, ambas as agremiações eram nacionalistas, antiliberais, autoritárias e não respeitavam os direitos das minorias.[55]

No ano de 1935, o Presidente Vargas sancionou o segundo Código Eleitoral (a Lei n. 48/1935),[56] para regulamentar as eleições gerais de 1938. Apesar de manter algumas das conquistas do Código Eleitoral anterior, Vargas instituiu expressivas modificações, tais como a redução da idade mínima do eleitor, de 21 para 18 anos, o voto obrigatório para as mulheres no exercício de função pública remunerada e uma restrição à candidatura avulsa ou independente, com a exigência de um número mínimo de apoiamento de eleitores.[57]

Contudo, como hoje se sabe, aquelas eleições gerais de 1938 – que seriam realizadas em âmbito federal, estadual e municipal – acabariam frustradas pelo golpe de Estado que estava sendo articulado pelo governo de Getúlio Vargas.

Para criar um ambiente propício ao golpe, uma das estratégias mais eficazes utilizadas pelo Presidente Vargas foi a manipulação das forças políticas – jogar um extremo contra o outro – a fim de incutir, no imaginário da sociedade brasileira, um profundo temor com a efetivação da abertura política.

[55] A Ação Integralista Brasileira (AIB) buscava implantar o "totalitarismo, o Estado sem oposição; um anticomunismo radical; um ultranacionalismo; e o corporativismo em que o Estado controlaria as corporações profissionais". Por outro lado, a Aliança Nacional Libertadora (ANL), alinhada à ideologia da esquerda, era bastante "heterogênea, liderada por comunistas e visava a reforma agrária; o não-pagamento da dívida externa, a nacionalização de empresas estrangeiras; e um governo popular e democrático." TAKAYANAGI, Fabiano Yuji. A democracia representativa no Brasil. **Revista da Faculdade de Direito da Universidade de São Paulo**, v. 102, p. 1095-1122, jan./dez. 2007, p. 1107.

[56] BRASIL. Legislação Informatizada – LEI N. 48, DE 4 DE MAIO DE 1935 – Publicação Original. Modifica o Código Eleitoral. Disponível em: http://www2.camara.leg.br/legin/fed/lei/1930-1939/lei-48-4-maio-1935-398002-publicacaooriginal-1-pl.html. Acesso em: 16 dez. 2018.

[57] BRASIL. Código Eleitoral (Lei n. 48, de 4.5.1935). Art. 84 – Sómente poderão concorrer ás eleições candidatos registrados por partidos ou allianças de partidos, **ou mediante requerimento de eleitores**: cincoenta, nas eleições municipaes, e duzentos nas estaduaes ou federaes; § 1º A cada assignatura deve ser apposto o numero do titulo do eleitor; § 2º Nenhum eleitor, sob a pena do artigo 183, n. 3, póde assignar mais de um requerimento." (grifo nosso)

O Congresso Nacional, apreensivo com a suposta "ameaça bolchevista" alardeada pelos aliados do governo, apoiou o pedido do Poder Executivo[58] para que fosse decretado o estado de guerra no país[59] e, via de consequência, tornasse legítima a concentração dos Poderes da República nas mãos do Presidente Getúlio Vargas.

Assim, quando o Plano Cohen – uma farsa orquestrada pelo governo para legitimar uma "contrarrevolução"[60] – foi revelado à nação brasileira, através do programa radiofônico "Hora do Brasil", o espantalho da "subversão"[61] serviu para que o Presidente Vargas conquistasse o apoio popular e de lideranças nacionais para determinar o fechamento do Congresso Nacional. A fragilidade estrutural dos partidos políticos, à época, possibilitou que Vargas também os responsabilizasse, sem nenhum temor de reação, para justificar o golpe:[62]

> Tanto os velhos partidos como os novos em que os velhos se transformaram sob novos rótulos, nada exprimiam ideologicamente, metendo-se à sombra de ambições pessoais ou de predomínios localistas, a serviço de grupos empenhados na partilha dos despojos e nas combinações oportunistas de objetivos subalternos. (discurso proferido em 10.11.1937).[63]

Ao outorgar uma nova Constituição, em 10.11.1937, Getúlio Vargas consolidou o seu golpe: instaurou o Estado Novo. A "Constituição dos Estados

[58] SKIDMORE, Thomas E. **Brasil**: de Getúlio a Castelo. 7. ed. Rio de Janeiro: Paz e Terra, 1982, p. 42-43.

[59] BRASIL. Decreto nº 2.005, de 2 de outubro de 1937. Art. 1º – É equiparada ao **estado de guerra**, pelo prazo de noventa dias e em todo o território nacional, a comoção intestina grave articulada no país, com a finalidade de subverter as instituições políticas e sociais. (grifo nosso)

[60] O Plano Cohen, assim denominado em alusão ao líder comunista húngaro Bela Cohen, foi um documento fabricado pelos integralistas e entregue pelo Capitão Olímpio Mourão Filho ao General Góis Monteiro, Chefe de Estado-Maior do Exército, que supostamente revelara uma trama comunista – falsamente atribuído à Internacional Comunista e ao Partido Comunista Brasileiro – para a derrubada do Governo Vargas e, posteriormente, implementar uma Revolução Comunista no país. Levado ao conhecimento do Presidente Vargas, a farsa do Plano Cohen foi o pretexto perfeito para justificar o golpe de 1937. *Ibidem*, p. 50.

[61] *Ibid.*, p. 136.

[62] CHACON, Vamireh. *Op. cit.*, p. 135.

[63] *Ibidem.*

Unidos do Brasil", alcunhada de forma pejorativa de "Polaca",[64] supostamente atendia às "legítimas aspirações do povo brasileiro à paz política e social, profundamente perturbada por conhecidos fatores de desordem, resultantes da crescente agravação dos dissídios partidários".[65] A Justiça Eleitoral, criada pelo Código Eleitoral de 1932, fora extinta pelo novel texto constitucional.

Algumas semanas após esse inflamado discurso antipartidário, com o amplo apoio da sociedade civil e dos militares, o agora ditador Getúlio Vargas assinou o Decreto-Lei n. 37 (de 2.12.1937). O seu preâmbulo trazia a síntese do sentimento de desconfiança com a qual eram vistas as agremiações partidárias naquele momento.[66] Por meio desse decreto, Vargas extinguiu todos os partidos políticos no Brasil,[67] infligiu pena de prisão e multa para

[64] A denominação "Polaca" era uma clara referência à Constituição imposta pelo ditador Marechal Józef Piłsudski à Polônia. NETO, Lira. **Getúlio**: da volta pela consagração popular ao suicídio (1945-1954). 1. ed. v. 3. São Paulo: Companhia das Letras, 2014, p. 317-318.

[65] BRASIL. Legislação Informatizada – Constituição dos Estados Unidos do Brasil, de 10 de novembro de 1937 – Publicação Original. Dá nova redação a Constituição. Disponível em: http://www.planalto.gov.br/ccivil_03/constituicao/constituicao37.htm. Acesso em: 16 set. 2019.

[66] BRASIL. Decreto-Lei n. 37, de 2 de dezembro de 1937 – "CONSIDERANDO que, ao promulgar-se a Constituição em vigor, se teve em vista, além de outros objectivos, instituir um regime de paz social e de ação política construtiva; CONSIDERANDO que o sistema eleitoral então vigente, inadequado às condições da vida nacional e baseado em artificiosas combinações de caráter jurídico e formal, fomentava a proliferação de partidos, com o fito único e exclusivo de dar às candidaturas e cargos eletivos aparência de legitimidade; CONSIDERANDO que a multiplicidade de arregimentações partidárias, com objetivos meramente eleitorais, ao invés de atuar como fator de esclarecimento e disciplina da opinião, serviu para criar uma atmosfera de excitação e desassossego permanentes, nocivos à tranquilidade pública e sem correspondência nos reais sentimentos do povo brasileiro; CONSIDERANDO, além disso, que os partidos políticos até então existentes não possuiam conteúdo programático nacional ou **esposavam ideologias e doutrinas contrárias aos postulados do novo regime**, pretendendo a transformação radical da ordem social, alterando a estrutura e ameaçando as tradições do povo brasileiro, em desacôrdo com as circunstâncias reais da sociedade política e civil; CONSIDERANDO que o novo regime, fundado em nome da Nação para atender às suas aspirações e necessidades, deve estar em contato direto com o povo, sôbre posto às lutas partidárias de qualquer ordem, independendo da consulta de agrupamentos, partidos ou organizações, ostensiva ou disfarçadamente destinados à conquista do poder público; DECRETA: Art. 1º Ficam dissolvidos, nesta data, **todos os partidos políticos**. (...)". (grifo nosso)

[67] BRASIL. Decreto-Lei n. 37, de 2 de dezembro de 1937. Art. 1º. – Ficam dissolvidos, nesta data, todos os partidos políticos. § 1º – São considerados partidos políticos, para os efeitos desta Lei, tôdas as arregimentações partidarias registadas nos extintos Tribunal Superior e

a hipótese de descumprimento, atribuiu ao Tribunal de Segurança Nacional a competência para o julgamento, bem como estabeleceu que fosse aplicado o rito sumaríssimo ao processo.[68]

A intenção do Estado-Novista era, evidentemente, "minar o sistema representativo e nada colocar no lugar".[69] À época, um dos principais interlocutores da Ditadura de Getúlio Vargas, o então Ministro da Justiça Francisco Campos, disse:

> É, aliás, resultado infalível das democracias de partidos, que nada mais são virtualmente do que a guerra civil organizada e codificada. Não pode existir disciplina e trabalho construtivo num sistema que, na escala de valores políticos, subordina os superiores aos inferiores e o interesse do Estado às competições de grupos.[70]

Algum tempo depois, a AIB – movimento radical de direita que acreditava que seria beneficiado com a instauração do novo regime, transmutando-se "no grande partido nacional monopolista" – foi suprimida tal qual os comunistas e radicais de esquerda.[71] O ditador brasileiro, na contramão do modelo adotado pelos fascistas europeus, não baseou o seu regime autocrático em nenhum "movimento do Estado-Novo" ou em "quadros governamentais" da sociedade; no Estado-Novista, não exista sequer o "partido do governo".[72]

Tribunais Regionais da Justiça Eleitoral, assim como as que, embora não registadas em 10 de novembro do corrente ano, já tivessem requerido o seu registo. § 2º – São, igualmente, atingidas pela medida constante dêste artigo as milícias cívicas e organizações auxiliares dos partidos políticos, sejam quais forem os seus fins e denominações.

[68] BRASIL. Decreto-Lei n. 37, de 2 de dezembro de 1937. Art. 6º – As contravenções a esta lei **serão punidas com pena de prisão de dois a quatro meses e, multa de cinco a dez contos de réis.** O julgamento será da competência do Tribunal de Segurança Nacional e o processo, a ser organizado no regimento interno do mesmo Tribunal, seguirá o rito sumaríssimo." (grifo nosso)

[69] ZIMMER JÚNIOR, Aloísio. **O Estado Brasileiro e seus Partidos Políticos**: do Brasil Colônia à redemocratização. Porto Alegre: Livraria do Advogado, 2014, p. 134.

[70] CAMPOS, Francisco. **O estado nacional**: sua estrutura, seu conteúdo ideológico. Brasília: Conselho Editorial do Senado Federal, 2001, p. 43. (Coleção biblioteca básica brasileira)

[71] NETO, Lira. **Getúlio**: da volta pela consagração popular ao suicídio (1945-1954). 1. ed. v. 3. São Paulo: Companhia das Letras, 2014, p. 318.

[72] SKIDMORE, Thomas E. **Brasil**: de Getúlio a Castelo. 7. ed. Rio de Janeiro: Paz e Terra, 1982, p. 52-53.

Durante sua forma "não diluída", que compreende o período de 1937 a 1943, o Estado Novo tornou-se um estado sem partidos. O regime autocrático do ditador Getúlio Vargas constituiu um verdadeiro hiato no desenvolvimento das agremiações partidárias no país, tanto as classistas quanto as ideológicas, que haviam se iniciado logo após a Revolução de 1930.[73]

No ano de 1943, diante das circunstâncias da política – a perda de apoio popular e dos militares –, o ditador Vargas foi compelido a iniciar uma reabertura política para a transição democrática. Assim, permitiu a restauração do sistema de partidos, passando a estimular o surgimento de agremiações consideradas "de dentro" ou "situacionistas", ligadas ao governo e aos defensores do *status quo*, e não criou embaraços para as greis consideradas "de fora" ou "oposicionistas", aqueles grupos que, mesmo tendo apoiado o golpe, haviam sido excluídos do poder, tais como os constitucionalistas liberais.[74]

Os partidos políticos "de dentro" eram formados por três grupos: o primeiro era composto por políticos tradicionais e burocratas que se beneficiavam do Governo. Do segundo grupo faziam parte os grandes proprietários de terras e industriais que haviam prosperado durante o Estado Novo. Esses dois primeiros grupos o integravam o seu "partido *par excellence:* o Partido Social Democrático (PSD)". O terceiro grupo era formado pelos trabalhadores urbanos, aos quais Vargas dedicou uma legislação de previdência social e organização sindical paternalista, reunidos no Partido Trabalhista Brasileiro (PTB).[75]

Por outro lado, tanto a denominada União Democrática Nacional (UDN) – que surgiu de movimento antivarguista, responsável por reivindicar a reabertura política, gestado a partir do Manifesto dos Mineiros [76] – quanto o Partido Comunista Brasileiro (PCB), que Vargas retirou da clandestinidade em 1945 ao anunciar a Lei de Anistia Geral (LGA), eram os partidos políticos considerados "de fora" do Governo Vargas.

[73] SKIDMORE, Thomas E. *Op. cit.*, p. 52-53.

[74] *Ibidem*. p. 80-89.

[75] *Ibid.*

[76] ZIMMER JÚNIOR, Aloísio. **Estado Brasileiro e seus Partidos Políticos**: do Brasil Colônia à redemocratização. Porto Alegre: Livraria do Advogado, 2014, p. 136.

No ano de 1945, dando sequência aos atos preparatórios para a transição democrática, o autocrata Getúlio Vargas decreta a Lei Constitucional n. 9/1945,[77] por intermédio da qual foram reestabelecidas as eleições diretas para os cargos de Presidente da República e de Governador de Estado.[78] Em seguida, em 28.5.1945, para regulamentar o alistamento eleitoral e as eleições, Vargas decreta o terceiro Código Eleitoral (Decreto-Lei n. 7.586/1945).[79]

A "Lei Agamenon" – denominação dada ao terceiro Código em alusão ao então Ministro da Justiça Agamenon Magalhães[80] – reestabeleceu o funcionamento da Justiça Eleitoral, extinta após o golpe, e, rompeu com a tradição regionalista ao exigir o caráter nacional dos partidos.[81] Como critério para concessão de registro provisório, estabeleceu a apresentação de listas, com pelo menos dez mil assinaturas de eleitores, distribuídas em pelo menos

[77] BRASIL. Legislação Informatizada – Lei Constitucional n. 9, de 28 de fevereiro de 1945 – Publicação Original. Dá nova redação a artigos da Constituição. Disponível em: http://www2.camara.leg.br/legin/fed/leicon/1940-1949/leiconstitucional-9-28-fevereiro-1945--365005-publicacaooriginal-1-pe.html. Acesso em: 15 dez. 2018.

[78] BRASIL. Lei Constitucional n. 9, de 2 de fevereiro de 1945. Art. 4º – Dentro de noventa dias contados desta data serão fixadas em lei, na forma do art. 180 da Constituição, as datas das eleições para o segundo período presidencial e Governadores dos Estados, assim como das primeiras eleições para o Parlamento e as Assembléias Legislativas. Considerar-se-ão eleitos e habilitados a exercer o mandato, independentemente de outro reconhecimento, os cidadãos diplomados pelos órgãos incumbidos de apurar a eleição. O Presidente eleito tomará posse, trinta dias depois de lhe ser comunicado o resultado da eleição, perante o órgão incumbido de proclamá-lo. O Parlamento instalar-se-á sessenta dias após a sua eleição. (data das eleições: 2.12.1945).

[79] BRASIL. Legislação Informatizada – Decreto-Lei n. 7.586, de 10 de novembro de 1937 – Publicação Original. Regula o alistamento eleitoral e as eleições em todo o país. Disponível em: http://www.planalto.gov.br/ccivil_03/Decreto-Lei/1937-1946/Del7586.htm. Acesso em: 16 set. 2019.

[80] O Ministro da Justiça, Agamenon Magalhães, fora nomeado por Getúlio Vargas com a incumbência de elaborar o novo Código Eleitoral que regulamentaria as eleições de 1945. A Comissão de notáveis – designada por Agamenon para essa finalidade –, apesar de manter parâmetros gerais do Código Eleitoral de 1932, acresentou-lhe inovações que conferem ao Decreto-Lei a característica de "vetor político imediato" da transição para o regime democrático. SOUZA, Maria do Carmo Campello de. **Estado e partidos políticos no Brasil**: 1930-1964. 3. ed. São Paulo: Alfa Omega, 1990, p. 112-114.

[81] BRASIL. Código Eleitoral (Decreto-Lei n. 7.586/1945). Art. 110. §1º – Só podem ser admitidos a registro os partidos políticos de âmbito nacional.

cinco estados da Federação, com não menos do que quinhentos eleitores em cada um deles.[82]

A exigência da nacionalização dos partidos, às vésperas de um processo eleitoral organizado pela "máquina estatal Getulista", foi interpretada pela oposição como mais uma manobra para Vargas se perpetuar no poder, afinal, naquele momento, a maioria das greis se encontrava em processo inicial de estruturação, com as bases restritas a um ou dois estados. A UDN, por exemplo, teve que se associar com outros três partidos para atender às exigências da lei. O PSD (partido do Governo), por outro lado, dispunha das interventorias como mecanismo que assegurava a sua articulação nacional.[83] Essa circunstância acabou por contribuir para o atual "amorfismo ideológico e programático" que corrói o sistema partidário brasileiro.[84]

Além disso, com o objetivo de assegurar uma vantagem eleitoral para os remanescentes da Ditatura Vargas, nas eleições vindouras para composição da Assembleia Nacional Constituinte de 1946, a "Lei Agamenon" criou mais dois estratagemas: as "sobras" e o "alistamento *ex officio*". O mecanismo das "sobras eleitorais" destinava ao partido mais votado no pleito – e não aos candidatos individualmente mais votados – as vagas remanescentes do sistema proporcional, em evidente prejuízo da oposição e benefício do *establishment*.[85]

[82] BRASIL. Código Eleitoral (Decreto-Lei n. 7.586/1945). Art. 109 – Tôda associação de, pelo menos, dez mil eleitores, de cinco ou mais circunscrições eleitorais, que tiver adquirido personalidade jurídica nos têrmos do Código Civil, será considerada partido político nacional.

[83] SOUZA, Maria do Carmo Campello de. *Op. cit.*, p. 115.

[84] Segundo Mello Franco, foram essas "circunstâncias que nos impuseram o método impróprio de considerar a estruturação partidária, não segundo o seu objetivo final, mas de acordo apenas com o fim imediato, em tarefas improvisadas *au jour le jour*, ao sabor das flutuações do governo". MELLO FRANCO, Virgílio de. **A campanha da U.D.N.** Rio de Janeiro: Zelio Valverde, 1946, p. 32.

[85] A propósito, Mello Franco asseverou: "Entre outras disposições novas, que o acomodaram ao interesse da ditadura, fez figurar no Decreto n. 7.586 de 28 de maio de 1945 o artigo 48, que atribui à maioria os lugares para os quais não fossem eleitos deputados pelo quociente partidário. (...) Já agora, passadas as eleições, (...) pode-se situar bem o alcance da máquina eleitoral forjada pela ditadura. A lei eleitoral, montada pelo Ministro da Justiça, com desprezo a todas as outras emendas oferecidas pela UDN, serviu cem por cento aos interesses da quadrilha que se apossara do país em 1937". MELLO FRANCO, Virgílio de. **A campanha da U.D.N.** Rio de Janeiro: Zelio Valverde, 1946, p. 27-28.

O "alistamento *ex officio*", por sua vez, permitia que os empregadores e as agências governamentais preparassem as listas para o registro de bloco de eleitores. Por meio desse expediente – de evidente caráter clientelista e urbano – Getúlio Vargas expandiu seu eleitorado para os centros industrializados em detrimento da oposição ao seu governo. Com efeito, nas eleições de 1945, o "alistamento *ex officio*" correspondeu a 23% da votação nacional.[86]

A despeito de assegurar o monopólio do lançamento das candidaturas aos partidos políticos,[87] a "Lei Agamenon" passou a permitir o registro das candidaturas múltiplas, possibilitando que o mesmo candidato disputasse, concomitantemente, os cargos de Presidente da República, Senador da República ou Deputado de um ou mais estados.[88] Por fim, o referido decreto-lei vedou a concessão de registro à agremiação partidária contrária ao princípio democrático e aos direitos fundamentais previstos na Constituição.[89]

No entanto, os gestos cada vez mais enigmáticos de Getúlio Vargas – à medida que o pleito presidencial de 1945 se aproximava – levaram a oposição a temer a articulação de um novo golpe e acabaram por precipitar o fim do Estado Novo.

O primeiro desses gestos foi o comparecimento de Getúlio Vargas a um comício do movimento denominado "Queremismo" – com os *slogans* "Queremos Getúlio" e "Constituinte com Getúlio" –,[90] que reivindicava a continuidade do seu governo. Naquele evento, apesar de negar a aspiração de reeleição, Vargas se colocou à disposição da população brasileira e advertiu-a de que havia "forças reacionárias poderosas" contrárias a uma nova Assembleia Nacional Constituinte.[91]

[86] SOUZA, Maria do Carmo Campello de. **Estado e partidos políticos no Brasil**: 1930-1964. 3. ed. São Paulo: Alfa Omega, 1990, p. 121.

[87] BRASIL. Código Eleitoral (Decreto-Lei n. 7.586/1945). Art. 39 – Somente podem concorrer às eleicões candidatos registrados por partidos ou alianças de partidos".

[88] SOUZA, Maria do Carmo Campello de. *Op. cit.*, p. 118-119.

[89] BRASIL. Código Eleitoral (Decreto-Lei n. 7.586/1945). Art. 114 – O Tribunal negará registro ao partido cujo programa contrarie os princípios democráticos, ou os direitos fundamentais do homem; definidos na Constituição".

[90] FLEISCHER, David Verge. Dimensões do recrutamento partidário. *In*: FLEISCHER, David V. (org.). **Os partidos políticos no Brasil**. Brasília: Universidade de Brasília, 1981, v.1, p. 57. (Cadernos da UnB)

[91] SKIDMORE, Thomas E. **Brasil**: de Getúlio a Castelo. 7. ed. Rio de Janeiro: Paz e Terra, 1982, p. 76.

Além do crescimento do "Queremismo" – movimento que poderia assegurar-lhe um novo mandato –, Getúlio Vargas decidiu antecipar a data das eleições municipais e estaduais, aumentando os temores da oposição de manipulação do pleito presidencial. Por fim, Vargas afrontou os militares, ao informar que substituiria o Chefe de Polícia do Distrito Federal pelo seu irmão. O então Ministro da Guerra, General Góes Monteiro, mobilizou o apoio das forças armadas em prol da deposição de Vargas do cargo de Presidente da República.[92]

Com a deposição de Getúlio Vargas, em 29.10.1945, o Ministro Presidente do Supremo Tribunal Federal assumiu, interinamente, a Presidência do Brasil e as eleições foram regularmente realizadas em 2.12.1945. Apesar de o fim do Estado Novo ter causado mudanças profundas no sistema político pátrio, a destituição do Ditador não representou o seu banimento do poder, pois, ainda naquele pleito, Vargas fora eleito Senador da República em dois estados e Deputado Federal em sete estados.[93] Além disso, o General Eurico Gaspar Dutra (PSD) fora eleito Presidente da República com o apoio de Getúlio.[94]

Iniciada a Terceira República (1945-1964) com a eleição do Presidente Dutra, por meio do sufrágio direto, enfim, a nação brasileira vivenciou a sua primeira experiência com a democracia representativa. Ainda que as eleições para o cargo de Presidente da República tenham sido realizadas pelo voto direto desde a República Velha[95], o seu resultado não era considerado confiável, haja vista as inúmeras suspeitas de fraudes eleitorais. Ademais, o pleito

[92] SKIDMORE, Thomas E. *Op. cit.*, p. 76-78.

[93] Naquele pleito, Vargas fora eleito para o Senado Federal no Rio Grande do Sul (com 461.913 votos) e em Minas Gerais (com 32.012 votos). Para o cargo de Deputado Federal, Vargas fora eleito no Distrito Federal (com 116.712 votos), em São Paulo (com 119.055 votos), no Rio Grande do Sul (com 11.291 votos), na Bahia (com 10.032 votos), no Rio de Janeiro (com 20.745 votos) e no Paraná (com 8.648 votos). SOUZA, Maria do Carmo Campello de. **Estado e partidos políticos no Brasil**: 1930-1964. 3. ed. São Paulo: Alfa Omega, 1990, p. 119.

[94] SKIDMORE, Thomas E. *Op. cit.*, p. 76-78.

[95] BRASIL. Constituição (1891). Art. 47 – O Presidente e o Vice-Presidente da República serão eleitos por sufrágio direto da Nação e maioria absoluta de votos.

de 1945 foi o primeiro no qual as mulheres puderam votar para Presidente[96] no Brasil.

Antes da promulgação da novel Constituição,[97] porém, o Decreto-Lei n. 9.258/1946 incrementou o caráter nacional dos partidos,[98] concebido pela "Lei Agamenon", ao impor uma série de requisitos relativos à dispersão e ao número mínimo de filiados[99]. Com o advento da Constituição de 1946, finalmente, os partidos políticos foram constitucionalizados no Brasil.

Com efeito, a Carta Magna de 1946 estabeleceu a competência da Justiça Eleitoral para o registro e cassação dos partidos políticos,[100] a representação proporcional das agremiações partidárias nas Comissões do Congresso Nacional[101] e conferiu-lhes a legitimidade para representar contra as infrações cometidas por parlamentares,[102] bem como vedou a cobrança de tributos de bens e servidos dos partidos[103] e permitiu-lhes possuir empresas jornalísticas.[104]

[96] BRASIL. Lei Constitucional n. 9, de 28.2.1945. Art. 117 – São eleitores os brasileiros de um e de outro sexo, maiores de dezoito anos, que se alistarem na forma da lei e estiverem no gozo dos direitos políticos.

[97] Embora tenha sido um importante avanço para a implantação da democracia representativa no Brasil, se comparada ao nosso modelo atual, a Constituição Federal de 1946 padecia de várias limitações, tais como o sufrágio de analfabetos. SCHMITT, Rogério. **Partidos políticos no Brasil**: 1945-2000. 3. ed. Rio de Janeiro: Zahar, 2005, p. 8.

[98] BRASIL. Decreto-Lei n. 9.258, de 14 de maio de 1946, Art. 21 – Tôda associação de pelo menos, 50 mil eleitores, distribuídos por cinco ou mais circunscrições eleitorais, e a nenhuma podendo pertencer menos de mil que tiver adquirido personalidade jurídica nos têrmos do Código Civil será considerada partido político nacional.

[99] Posteriormente, o caráter nacional foi regulamentado pelo Código Eleitoral de 1950 (Lei n. 1.164, de 24.7.1950).

[100] BRASIL. Constituição (1946). Art. 119, I – o registro e a cassação de registro dos Partidos Políticos;

[101] BRASIL. Constituição (1946). Art. 40, Parágrafo único – Na constituição das Comissões, assegurar-se-á, tanto quanto possível, a representação proporcional dos Partidos nacionais que participem da respectiva Câmara [do Congresso Nacional].

[102] BRASIL. Constituição (1946). Art. 48, §1 – A infração do disposto neste artigo, ou a falta, sem licença, às sessões, por mais de seis meses consecutivos, importa perda do mandato, declarada pela Câmara a que pertença o Deputado ou Senador, mediante provocação de qualquer dos seus membros ou **representação documentada de Partido Político** ou do Procurador-Geral da República. (grifo nosso)

[103] BRASIL. Constituição (1946). Art. 31, inc. V – **lançar impostos sobre**: b) templos de qualquer culto **bens e serviços de Partidos Políticos**, instituições de educação e de assistência social, desde que as suas rendas sejam aplicadas integralmente no País para os respectivos fins; (grifo nosso)

Ademais, o novel texto constitucional consagrou a exigência do caráter nacional dos partidos políticos,[105] prevista em lei, fenômeno que se repetiu nas Constituições posteriores, e vedou o registro de agremiações partidárias que contrariassem o pluralismo partidário, o regime democrático e a "garantia dos direitos fundamentais do homem".[106]

O sistema partidário brasileiro, observado ao final do Estado Novo, estava fragmentado em torno de três grandes partidos (PSD, PTB e UDN), ao redor dos quais havia uma dezena de "partidos satélites", que, do ponto de vista ideológico, hegemonizavam as três posições clássicas do espectro: esquerda, direita e centro. O PSD e o PTB, considerados governistas, tinham raízes profundas na Ditadura Vargas, e a UND possuía uma base composta pelos antigos constitucionalistas liberais e pelos oposicionistas.[107]

A Presidência de Eurico Gaspar Dutra (1946-1951) obteve "relativa estabilidade" em razão de o seu governo gozar de maioria no Congresso Nacional, notadamente pela coalizão conservadora denominada de "Acordo Interpartidário" – que incluía até mesmo setores da UDN (oposição) –, um arranjo político considerado a base para a institucionalização do "Presidencialismo de Coalizão". Apesar de gozar de boa relação com o Poder Legislativo, o Presidente Dutra apoiou o fechamento do Partido Comunista do Brasil (PCB), um gesto político que desagradou tanto o Congresso Nacional quanto a sociedade civil.[108]

[104] BRASIL. Constituição (1946). Art. 160 – É vedada a propriedade de empresas jornalísticas, sejam políticas ou simplesmente noticiosas, assim como a de radiodifusão, a sociedades anônimas por ações ao portador e a estrangeiros. Nem esses, nem pessoas Jurídicas, **excetuados os Partidos Políticos nacionais**, poderão ser acionistas de sociedades anônimas proprietárias dessas empresas. A brasileiros (art. 129, nº s I e II) caberá, exclusivamente, a responsabilidade principal delas e a sua orientação intelectual e administrativa. (grifo nosso)

[105] BRASIL. Constituição (1946). Art. 134 – O sufrágio é universal e, direto; o voto é secreto; e **fica assegurada a representação proporcional dos Partidos Políticos nacionais**, na forma que a lei estabelecer. (grifo nosso)

[106] BRASIL. Constituição (1946). Art. 141, § 13 – *É vedada a organização, o registro ou o funcionamento de qualquer Partido Político ou associação, cujo programa ou ação contrarie o regime democrático, baseado na pluralidade dos Partidos e na garantia dos direitos fundamentais do homem.*

[107] SCHMITT, Rogério. **Partidos políticos no Brasil**: 1945-2000. 3. ed. Rio de Janeiro: Zahar, 2005, p. 25-26.

[108] ABRANCHES, Sérgio. **Presidencialismo de coalizão**: raízes e evolução do modelo político brasileiro. 1. ed. São Paulo: Companhia das Letras, 2018, p. 44.

No final do governo, Dutra sancionou o quarto Código Eleitoral (Lei n. 1.164/1950),[109] cuja modificação mais significativa foi a alteração da natureza jurídica dos partidos para pessoas jurídicas de direito público.[110] Essa alteração constituiu um grave retrocesso para a democracia brasileira, na medida em que as greis se afastaram da sua função precípua, qual seja, a de corpos intermediários entre a sociedade e o Estado, para se tornar parte do estamento. A estatização dessas organizações políticas – para o enfraquecimento ou até mesmo de aniquilação da oposição – pavimentou o caminho de volta ao autoritarismo anos mais tarde.

Nas eleições de 1950, com a significativa margem de 48% dos votos válidos, Getúlio Vargas foi eleito Presidente da República. Voltou "pelos braços do povo"[111] e dos partidos políticos, que haviam sido estrategicamente arquitetados para se tornarem dependentes da estrutura que propiciara no seu governo anterior.[112] O segundo Governo Vargas (1951-1954) foi tumultuado desde o princípio. Como as greis que compunham a sua coligação eleitoral – o PTB e o PSP – elegeram menos de 25% de parlamentares para a Câmara dos Deputados, o Presidente Vargas precisava compor com o PSD (que elegeu 37%) a fim de conquistar a maioria necessária para assegurar a governabilidade.[113]

A tentativa de composição de Getúlio Vargas com o PSD, para minimizar as forças da UDN (oposição radical) – que dispunha de 27% do total de assentos na Câmara Baixa –, porém, encontrou dificuldades. Além de desconfiarem do Vice-Presidente, Café Filho, os líderes mais conservadores do PSD se ressentiam pelo distanciamento de Vargas com relação à grei. Mesmo diante desse contexto político-partidário, sempre condicionado às conveniências de

[109] BRASIL. Legislação Informatizada – Lei n. 1.164, de 24 de julho de 1950 – Publicação Original. Institui o Código Eleitoral. Disponível em: http://www.planalto.gov.br/ccivil_03/LEIS/1950-1969/L1164.htm. Acesso em: 16 set. 2019.

[110] BRASIL. Código Eleitoral (Lei n. 1.164, de 24.7.1950). Art. 132. – Os partidos políticos são pessoas jurídicas de direito público interno.

[111] ABRANCHES, Sérgio. **Presidencialismo de coalizão**: raízes e evolução do modelo político brasileiro. 1. ed. São Paulo: Companhia das Letras, 2018, p. 45.

[112] Getúlio Vargas foi candidato à Presidência da República pela coligação do PTB/PSP, com amplo apoio de grande parte dos membros do PSD, a despeito de a agremiação dispor de candidatura própria – o Deputado Federal mineiro Cristiano Machado –, fato que deu origem ao termo "cristianização" no anedotário partidário. SCHMITT, Rogério. **Partidos políticos no Brasil**: 1945-2000. 3. ed. Rio de Janeiro: Zahar, 2005, p. 15.

[113] ABRANCHES, Sérgio. *Op. cit.*, p. 45-46.

ocasião das agremiações, que tornava bastante precário o seu "Presidencialismo de Coalizão", o Presidente Vargas ainda conquistou importantes vitórias no Poder Legislativo.[114]

No ano de 1952, porém, houve um recrudescimento das tensões políticas anti-Vargas. Além da crise econômica que assolava o país, a criação da Petrobras e a celebração de um acordo militar com os Estados Unidos da América causaram rupturas irreversíveis ao frágil "Presidencialismo de Coalizão" de Vargas, bem como potencializaram a resistência dos militares. Esse isolamento político de Getúlio Vargas levou a uma "conspiração civil-militar" contra o seu governo.[115]

A animosidade em relação ao Governo Vargas só aumentou em 1953. A realização de greves – contra a inflação e a favor de aumentos salariais – levou os movimentos sindicais a romper com o PTB (partido do governo). A oposição (UDN), inflamada pela oratória de Carlos Lacerda, conseguiu emplacar uma Comissão Parlamentar de Inquérito (CPI) para investigar o escândalo de empréstimos ao jornal governista. Por fim, a tardia reforma ministerial para solucionar o impasse das greves, com a nomeação de João Goulart para o Ministério do Trabalho, aumentou a desconfiança do patronato e dos militares.[116]

A crise do Presidente Vargas com o Congresso Nacional chegou a um pedido de *impeachment* por crime de responsabilidade, que somente não evoluiu pela resistência do PSD ao seu Vice. Contudo, a manutenção de Goulart no Ministério do Trabalho – um notório simpatizante do comunismo e considerado braço do sindicalismo – incendiava a oposição dos militares ao Governo. Ainda assim, em meio ao clima de instabilidade e pressões políticas, com rumores de golpes e conspirações, recusando-se a renunciar à presidência, Vargas afirmava: "só morto sairei do catete!".[117]

Ante a resistência de Vargas, a UND (oposição) divulgou um Manifesto – com a assinatura de vinte e sete generais – exigindo a sua renúncia. A união da oposição com os militares evidenciou que a deposição do Presidente da República era iminente. Ainda naquela madrugada, em 24.8.1954,

[114] ABRANCHES, Sérgio. *Op. cit.*, p. 45-46.

[115] *Ibidem*. p. 46-47.

[116] *Ibid.*, p. 45-47.

[117] *Ibid.*, p. 46-47.

Getúlio Vargas suicidou-se.[118] Na carta-testamento endereçada ao povo brasileiro, transmitida pelas rádios para toda a nação, o Presidente Vargas arrematou: "Eu vos dei a minha vida. Agora vos ofereço a minha morte. Nada receio. Serenamente dou o primeiro passo no caminho da eternidade e saio da vida para entrar na história".[119]

1.2.2 O Regime Militar: Do Golpe à Redemocratização (1964-1985)

Após um breve período de estabilidade democrática (1945-1964), no qual foram realizadas quatro eleições presidenciais, seis eleições para o Congresso Nacional e pleitos regulares nos estados e municípios,[120] uma nova crise político-social e econômica levou à deposição do Presidente do Brasil.[121] João Goulart (PTB) – popularmente conhecido como Jango – havia se tornado o Presidente da República após a renúncia do Presidente eleito, Jânio Quadros (PTN),[122] em 1961. Essa nova ruptura institucional deu início à Quarta República (1964-1985).

A despeito de se tratar de um golpe de estado clássico, o movimento deflagrado pelos militares naquele fatídico 31 de março de 1964 – com o amplo apoio da sociedade civil e dos meios de comunicação[123] – se autoproclamou

[118] ABRANCHES, Sérgio. *Op. cit.*, p. 45-47.

[119] De acordo com Lira Neto, a carta de Getúlio não deveria ser lida como uma mensagem de suicídio, "mas como o último manifesto de um chefe de governo que morreria na luta com os militares que possivelmente invadissem o palácio". NETO, Lira. **Getúlio**: da volta pela consagração popular ao suicídio (1945-1954). 1. ed. v. 3. São Paulo: Companhia das Letras, 2014, p. 346-347.

[120] SCHMITT, Rogério. **Partidos políticos no Brasil**: 1945-2000. 3. ed. Rio de Janeiro: Zahar, 2005, p. 8.

[121] GASPARI, Elio. **A ditadura envergonhada**. São Paulo: Companhia das Letras, 2002. p. 45-121.

[122] Nas eleições de 1960, Jânio Quadros foi eleito Presidente do Brasil pelo Partido Trabalhista Nacional (PTN), em aliança composta pela União Democrática Nacional (UDN), pelo Partido Democrata Cristão (PDC), pelo Partido Libertador (PL) e por uma dissidência do Partido Socialista Brasileiro (PSB). Porém, Jânio não conseguira eleger o seu vice. O Vice João Goulart (Jango) – ex-Ministro do Trabalho no Governo Vargas – era do Partido Trabalhista Brasileiro (PTB). Disponível em: http://www.fgv.br/cpdoc/acervo/dicionarios/verbete-tematico/partido-trabalhista-nacional-ptn. Acesso em: 10 set. 2019.

[123] GASPARI, Elio. **A ditadura envergonhada**. São Paulo: Companhia das Letras, 2002. p. 45-125.

uma "Revolução Vitoriosa". O então General Costa e Silva, responsável por editar o Ato Institucional n. 1, estabeleceu o "conceito do movimento civil e militar" da "revolução" para dar aparência de legitimidade ao golpe.[124]

É importante ressaltar que o resgate histórico desse conceito de "revolução" que se atribuiu à época ao golpe militar de 1964 faz-se absolutamente necessário em tempos de crise da democracia liberal – sobretudo diante da ascensão mundial de líderes populistas autoritários pelas vias eleitorais –, para advertir que as autocracias não costumam anunciar a sua chegada como tal, ao contrário utilizam sempre o verniz de defesa da ordem democrática.

Desse modo, por meio do AI n. 1, os Comandantes-Chefes do Exército, da Marinha e da Aeronáutica anunciaram à nação que estavam a assumir o comando do Brasil e que outorgavam para si o exercício do Poder Constituinte. Não obstante a Constituição de 1946 tenha sido mantida, a pretexto de restaurar "a ordem econômica e financeira e tomar as urgentes medidas destinadas a drenar o bolsão comunista", os militares introduziram limitações ao exercício dos poderes do Presidente da República e do Congresso Nacional.[125]

[124] "É indispensável fixar o conceito do movimento civil e militar que acaba de abrir ao Brasil uma nova perspectiva sobre o seu futuro. **O que houve e continuará a haver neste momento**, não só no espírito e no comportamento das classes armadas, como na opinião pública nacional, é uma autêntica revolução. A revolução se distingue de outros movimentos armados pelo fato de que nela se traduz, não o interesse e a vontade de um grupo, mas o interesse e a vontade da Nação. A **revolução vitoriosa** se investe no exercício do Poder Constituinte. Este se manifesta pela eleição popular ou pela revolução. Esta é a forma mais expressiva e mais radical do Poder Constituinte. Assim, a revolução vitoriosa, como Poder Constituinte, se legitima por si mesma. Ela destitui o governo anterior e tem a capacidade de constituir o novo governo. Nela se contém a força normativa, inerente ao Poder Constituinte. Ela edita normas jurídicas sem que nisto seja limitada pela normatividade anterior à sua vitória. Os Chefes da revolução vitoriosa, graças à ação das Forças Armadas e ao apoio inequívoco da Nação, representam o Povo e em seu nome exercem o Poder Constituinte, de que o Povo é o único titular. (...)". BRASIL. Legislação Informatizada – Ato Institucional n. 1, de 9 de abril de 1964. Publicação Original. Dispõe sobre a manutenção da Constituição Federal de 1946 e as Constituições Estaduais e respectivas Emendas, com as modificações introduzidas pelo Poder Constituinte originário da Revolução Vitoriosa. Disponível em: http://www.planalto.gov.br/ccivil_03/AIT/ait-01-64.htm. Acesso em: 29 dez. 2018. (grifo nosso)

[125] BRASIL. Legislação Informatizada – Ato Institucional n. 1, de 9 de abril de 1964. Publicação Original. Dispõe sobre a manutenção da Constituição Federal de 1946 e as Constituições Estaduais e respectivas Emendas, com as modificações introduzidas pelo Poder Constituinte originário da Revolução Vitoriosa. Disponível em: http://www.planalto.gov.br/ccivil_03/AIT/ait-01-64.htm. Acesso em: 29 dez. 2018.

A deflagração do golpe de 1964 marcou o início do Regime Militar, no Brasil, um período caracterizado pela repressão política e pela supressão dos direitos e garantias individuais. Após a instalação de uma autocracia, como era de se esperar, os partidos políticos se tornaram alvo do regime.[126] Contudo, diferente do que ocorreu no Estado Novo (1937-1945), o sistema partidário não foi aniquilado imediatamente pelos militares.

O Marechal-Presidente Castello Branco, eleito indiretamente pelo Congresso Nacional,[127] criou o quinto Código Eleitoral[128] – ainda vigente – e a primeira Lei Orgânica dos Partidos Políticos (LOPP).[129] A LOPP manteve a natureza jurídica de direito público interno[130] dos partidos, instituiu a criação do Fundo Partidário[131] e criou a controversa figura do "Observador da Justiça Eleitoral",[132] um membro externo designado pela Corte Eleitoral para tomar

[126] Quando do golpe de estado de 1964, havia 14 partidos no Brasil, sendo que 13 partidos políticos estavam em funcionamento legal – todos com registro eleitoral definitivamente concedido pelo TSE – e o 14º, o Partido Comunista Brasileiro (PCB), que atuava na clandestinidade desde 1947. SCHMITT, Rogério. **Partidos políticos no Brasil**: 1945-2000. 3. ed. Rio de Janeiro: Zahar, 2005, p. 13.

[127] "No dia 11 de abril [de 1964], depois de um conciábulo de governadores e generais destinados a evitar a coroação de [general] Costa e Silva, o general Humberto de Alencar Castello Branco foi eleito Presidente da República pelo Congresso Nacional, como mandava a Constituição. Prometeu 'entregar, ao iniciar-se o ano de 1966, ao meu sucessor legitimamente eleito pelo povo em eleições livres, uma nação coesa'. Em 1967 entregou uma nação dividida a um sucessor eleito por 295 pessoas.". GASPARI, Elio. **A ditadura envergonhada**. São Paulo: Companhia das Letras, 2002, p. 125.

[128] BRASIL. Legislação Informatizada – Lei n. 4.737, de 15 de julho de 1965. Publicação Original. Código Eleitoral. Disponível em: https://www.planalto.gov.br/ccivil_03/Leis/L4737.htm. Acesso em: 29 dez. 2018.

[129] BRASIL. Legislação Informatizada – Lei n. 4.740/65, de 19 de julho de 1965. Publicação Original. Lei Orgânica dos Partidos Políticos. Disponível em: http://www.planalto.gov.br/ccivil_03/leis/1950-1969/L4740.htm. Acesso em: 29 dez. 2018.

[130] BRASIL. LOPP (Lei n. 4.740/1965). Art. 2º – Os partidos políticos, pessoas jurídicas de direito público interno, destinam-se a assegurar, no interesse do regime democrático, a autenticidade do sistema representativo.

[131] BRASIL. LOPP (Lei n. 4.740/1965). Art. 60 – É criado o fundo especial de assistência financeira aos partidos políticos, que será constituído: I – das multas e penalidades aplicadas nos termos do Código Eleitoral e leis conexas: II – dos recursos financeiros que lhe forem destinados por lei, em caráter permanente ou eventual; III – de doações particulares, inclusive com a finalidade de manter o instituto a que se refere o art. 75, inciso V.

[132] BRASIL. LOPP (Lei 4.740/1965). Art. 39 – §3º – O Tribunal Regional Eleitoral designará membro efetivo do Ministério Público para acompanhar os trabalhos da convenção, na

assento nas convenções partidárias, uma evidente intimidação do *establishment* às greis. Foi nessas condições que as agremiações partidárias continuaram em atividade no país.[133]

A ruptura entre os partidos políticos e o novo regime ocorreu somente após uma significativa derrota imposta aos militares nas eleições estaduais de 1965. A eleição direta de onze governadores opositores aos candidatos do estamento, com a perda dos importantes estados da Guanabara (atual Rio de Janeiro) e Minas Gerais – ambos apoiados por uma coalização partidária de centro-esquerda –, foi considerada pelos militares "uma perigosa arregimentação de forças anti-revolucionárias".[134]

Assim, em evidente retaliação ao sucesso eleitoral da oposição nas urnas, e invocando o espantalho de sempre – impedir a devolução do poder "às esquerdas, ao populismo e a políticos corruptos"[135] –, o Marechal-Presidente Castello Branco, em 27.10.1965, edita o Ato Institucional n. 2,[136] por meio do qual deu fim ao Sistema Pluripartidário, ao extinguir todos os partidos em funcionamento,[137] e iniciou um novo ciclo de supressões de direitos políticos.[138]

qualidade de observador, o qual deverá ter assento na mesa diretora, sem, contudo, tomar parte em discussão ou formular pronunciamento sobre qualquer matéria, ainda que solicitado.

[133] Dois dos partidos políticos em funcionamento já haviam, inclusive, escolhido seus respectivos candidatos para a eleição presidencial programada para outubro de 1965: A UDN havia lançado a candidatura do jornalista Carlos Lacerda, e o PSD a candidatura do político mineiro Juscelino Kubitschek. LAMOUNIER, Bolívar; MENEGUELLO, Rachel. **Partidos políticos e consolidação democrática**: o caso brasileiro. Brasília: Brasiliense, 1986, p. 63.

[134] *Ibidem*, p. 64.

[135] LAMOUNIER, Bolívar; MENEGUELLO, Rachel. *Op. cit.*, p. 63-64.

[136] BRASIL. Legislação Informatizada – Ato Institucional n. 2, de 27 de outubro de 1965. Publicação Original. Mantém a Constituição Federal de 1946, as Constituições Estaduais e respectivas Emendas, com as alterações introduzidas pelo Poder Constituinte originário da Revolução de 31.03.1964, e dá outras providências. Disponível em: http://www.planalto.gov.br/ccivil_03/AIT/ait-02-65.htm. Acesso em: 29 dez. 2018.

[137] BRASIL. Ato Institucional n. 2, de 27.10.1965. Art. 18 – Ficam extintos os atuais Partidos Políticos e cancelados os respectivos registros. Parágrafo único – Para a organização dos novos Partidos são mantidas as exigências da [LOPP] Lei n. 4.740, de 15 de julho de 1965, e suas modificações.

[138] BRASIL. Ato Institucional n. 2, de 27.10.1965. Art. 16 – A suspensão de direitos políticos, com base neste Ato e no art. 10 e seu Parágrafo único do Ato Institucional, de 9 de abril de 1964, além do disposto no art. 337 do Código Eleitoral e no art. 6º da Lei Orgânica dos Partidos Políticos, acarreta simultaneamente: I – a cessação de privilégio de foro por prerrogativa de função; II – a suspensão do direito de votar e de ser votado nas eleições sindicais; III – a

Em seguida, em 20.11.1965, por meio do Ato Complementar n. 4, os militares implementaram artificialmente o Sistema Bipartidário no Brasil.[139] Ainda que, em tese, o referido AC-4 permitisse a criação de várias organizações – que funcionariam provisoriamente como partidos até que estes fossem constituídos –, a cláusula de barreira ou desempenho imposta, com o rigoroso requisito de apoiamento mínimo de 120 Deputados Federais e 20 Senadores,[140] tornou diminuto o espaço político para a formação de múltiplas agremiações.

Sendo assim, as agremiações partidárias extintas se reorganizaram em dois grupos: a Aliança Renovadora Nacional (ARENA) e o Movimento Democrático Brasileiro (MDB). A ARENA, que era alinhada com os militares governistas, foi composta por ex-membros da UND e do PSD. Por sua vez, o MDB, a oposição consentida pelo *establishment*, era formado pelos políticos contrários ao Regime Militar, ex-membros do PSD e do PTB.[141]

Apesar de possuir uma base composta por políticos de centro-esquerda e liberal-democratas, o MDB era frequentemente descrito pelos militares como "tolerável" ou "quase-subversivo", mas com "lideranças civis mais dóceis".[142] Contudo, como a recém-criada ARENA ainda não transmitia confiança, o Marechal-Presidente Castello Branco passou a determinar cassações de mandatos eletivos que alteravam o quadro eleitoral em seu favor.[143]

Deste modo, o Regime Militar aprimorou o engenhoso ardil Varguista para minimizar as suas prováveis derrotas eleitorais: as sucessivas alterações

proibição de atividade ou manifestação sobre assunto de natureza política; IV – a aplicação, quando necessária à preservação da ordem política e social, das seguintes medidas de segurança: a) liberdade vigiada; b) proibição de freqüentar determinados lugares; c) domicílio determinado.

139 BRASIL. Ato Complementar n. 4, de 20.11.1965, Publicação Original. "Dispõe sobre a criação, por membros do Congresso Nacional, de organizações que terão atribuições de partidos políticos, enquanto estes não se constituem, e dá outras providências". Disponível em: http://www2.camara.leg.br/legin/fed/atocom/1960-1969/atocomplementar-4-20-novembro-1965-351199-publicacaooriginal-1-pe.html. Acesso em 29 dez. 2018.

140 Ato Complementar n. 4, de 20.11.1965, Art. 1º – Aos membros efetivos do Congresso Nacional, **em número não inferior a 120 deputados e 20 senadores**, caberá a iniciativa de promover a criação, dentro do prazo de 45 dias, de organizações que terão, nos termos do presente Ato, atribuições de partidos políticos enquanto estes não se constituírem. (grifo nosso)

141 ZIMMER JÚNIOR, Aloísio. **O Estado Brasileiro e seus Partidos Políticos**: do Brasil Colônia à redemocratização. Porto Alegre: Livraria do Advogado, 2014, p. 101.

142 LAMOUNIER, Bolívar; MENEGUELLO, Rachel. *Op. cit.*, p. 67.

143 ZIMMER JÚNIOR, Aloísio. *Op. cit.* p. 101.

na lei eleitoral-partidária. Nas eleições diretas de 1967, por exemplo, foi editado o Ato Complementar n. 26[144] para permitir o registro de candidatos em sublegendas,[145] com o objetivo de acomodar na ARENA o maior número de aliados, porém a oposição (MDB) também fez uso do mecanismo com eficiência.

Conservando a essência da LOPP, a novel Constituição de 1967[146] estabeleceu o conjunto de princípios que regeriam a organização, o funcionamento e a extinção dos partidos. Quanto ao sistema partidário, apesar de prever o pluripartidarismo como regime representativo,[147] o texto revelava o nítido propósito dos militares na manutenção do bipartidarismo artificial, pois continha a imposição de cláusula de barreira ou desempenho[148] que não poderia ser alcançada por nenhuma organização partidária além daquelas duas existentes e controladas pelo regime: ARENA e MDB.

Além disso, a Constituição de 1967 concebeu o Colégio Eleitoral,[149] um órgão colegiado composto pelos membros do Congresso Nacional e pelos delegados indicados pelos Estados,[150] destinado a eleger indiretamente o

[144] BRASIL. Legislação Informatizada – Ato Complementar n. 26, de 29.11.1966. Dispõe sôbre o registro de candidatos em sublegendas. Publicação Original. Disponível em: http://www2.camara.leg.br/legin/fed/atocom/1960-1969/atocomplementar-26-29-novembro-1966--363338-publicacaooriginal-1-pe.html. Acesso em: 29 dez. 2018.

[145] Sublegenda é uma espécie de partido menor que visa impedir a desagregação partidária nos estados e municípios. Assim, eram consideradas sublegendas as listas autônomas de candidatos, concorrendo à mesma eleição, dentro da organização partidária registrada na forma do art. 1º, Parágrafo único, da Lei n. 5.453/1968.

[146] BRASIL. Constituição Federal (1967). Art. 149 – A organização, o funcionamento e a extinção dos Partidos Políticos serão regulados em lei federal, observados os seguintes princípios: (...).

[147] BRASIL. Constituição Federal (1967). Art. 149, I – regime representativo e democrático, baseado na pluralidade de Partidos e na garantia dos direitos fundamentais do homem.

[148] BRASIL. Constituição Federal (1967). Art. 149, VII – exigência de dez por cento do eleitorado que haja votado na última eleição geral para a Câmara dos Deputados, distribuídos em dois terços dos Estados, com o mínimo de sete por cento em cada um deles, bem assim dez por cento de Deputados, em, pelo menos, um terço dos Estados, e dez por cento de Senadores;

[149] BRASIL. Constituição Federal (1967). Art. 74. – O Presidente será eleito, entre os brasileiros maiores de trinta e cinco anos e no exercício dos direitos políticos, **pelo sufrágio de um colégio eleitoral**, e sessão pública e mediante votação nominal. (grifo nosso)

[150] BRASIL. Constituição Federal (1967). Art. 74, §2º – Cada Assembléia indicará três delegados, dentre seus membros, e mais um por quinhentos mil eleitores inscritos no Estado, não podendo nenhuma representação ter menos de quatro delegados.

Presidente da República e o seu Vice. A sua criação tinha por objetivo garantir, ao Regime Militar, o controle sobre a sucessão presidencial.

No ano seguinte, em 13.12.1968, o Marechal-Presidente Costa e Silva – igualmente eleito de forma indireta[151] – alterou a Constituição, por meio do Ato Institucional n. 5,[152] para autorizar o regime a determinar a suspensão dos direitos políticos de qualquer cidadão pelo prazo de 10 anos, a cassação de mandatos eletivos, a suspensão do *habeas corpus* e o fechamento do Congresso Nacional. Essas medidas autoritárias, que representaram um grave retrocesso para a democracia brasileira, tornaram praticamente impossível o surgimento de novas lideranças políticas em oposição aos militares. Era o início dos "anos de chumbo"[153].

O famigerado AI-5 marcou o recrudescimento do Regime Militar ao implantar um novo "Leviatã" – uma espécie de "estado hobbesiano, que absorvia todo e qualquer outro poder" –, nos moldes apresentados pelo General Golbery do Couto e Silva nos seus escritos dos anos de 1950.[154] Esse ato foi utilizado como um verdadeiro instrumento legal de perseguição à oposição do Regime Militar. Durante seus dez anos de vigência, foram cassados os mandatos eletivos de 113 membros do Congresso Nacional, de 190 de deputados das Assembleias Legislativas, de 38 Vereadores e de 30 Prefeitos.[155]

[151] GASPARI, Elio. **A ditadura envergonhada**. São Paulo: Companhia das Letras, 2002, p. 260-272.

[152] BRASIL. Legislação Informatizada – Ato Institucional n. 5, em 13 de dezembro de 1968, editado pelo General-Presidente Costa e Silva. São mantidas a Constituição de 24 de janeiro de 1967 e as Constituições Estaduais. O Presidente da República poderá decretar a intervenção nos estados e municípios, sem as limitações previstas na Constituição, suspender os direitos políticos de quaisquer cidadãos pelo prazo de dez anos e cassar mandatos eletivos federais, estaduais e municipais, e dá outras providências. Disponível em: http://www.planalto.gov.br/ccivil_03/AIT/ait-05-68.htm. Acesso em: 29 dez. 2018.

[153] GASPARI, Elio. **A ditadura escancarada**. São Paulo: Companhia das Letras, 2002. p. 13.

[154] MOREIRA ALVES, Maria Helena. **Estado e oposição no Brasil**: 1945-1984. 2. ed. Petrópolis: Vozes, 1984, p. 135.

[155] De acordo com Moreira Alves, mais de 1.607 civis (burocratas, advogados, engenheiros, professores e políticos) foram punidos com base no AI-5, mas os expurgos com fundamento no ato também foram estendidos, em maior ou menor medida, para 6.592 militares, com o objetivo de conter os focos de oposição dentro das forças armadas. *Ibidem*, p. 134-135.

O golpe fatal contra a oposição, contudo, foi desferido com a edição do Decreto-Lei de Segurança Nacional (Decreto-Lei n. 898/1969). A LSN permitia ao *establishment* determinar os atos que se constituiriam crime contra a segurança nacional a pretexto de prevenir e reprimir a "guerra revolucionária ou subversiva".[156] Assim, o regime possuía base legal para reprimir qualquer grupo ou cidadão que oferecesse oposição, criminalizando com pena de prisão,[157] de dois a cinco anos, qualquer tentativa de organização ou reorganização, de fato ou de direito, de partidos políticos dissolvidos por força de lei ou de decisão judicial.

Esses dois atos (AI-5 e LSN) de recrudescimento do Regime Militar, que agora se tornava uma "ditadura escancarada",[158] tornaram inviável qualquer tentativa de reagrupamento de forças populares de oposição ou resistência ao autoritarismo do *establishment*. Assim, a sociedade brasileira – por força da lei e das armas – passou a ter a Ditadura Militar como sua única representante legítima, não sendo permitida a nenhuma outra organização da sociedade civil se colocar como um canal de comunicação de suas reivindicações, papel este que, nas democracias contemporâneas, deve exercido pelos partidos políticos.

Ademais, a Constituição de 1967 sofreu uma alteração estrutural pela Emenda Constitucional n. 1 de 1969,[159] concebida pela Junta Militar[160] em

[156] BRASIL. Decreto-Lei n. 898, 29 de setembro de 1969. Publicação Original. Define os crimes contra a segurança nacional, a ordem política e social, estabelece seu processo e julgamento e dá outras providências. Disponível em: http://www.planalto.gov.br/ccivil_03/Decreto-Lei/1965-1988/Del0898.htm. Acesso em: 29 dez. 2018.

[157] BRASIL. Lei de Segurança Nacional (Decreto-Lei n. 898/1969). Art. 43 – Reorganizar ou tentar reorganizar de fato ou de direito, ainda que sob falso nome ou forma simulada, partido político ou associação, dissolvidos por fôrça de disposição legal ou de decisão judicial, ou que exerça atividades prejudiciais ou perigosas à segurança nacional, ou fazê-lo funcionar, nas mesmas condições, quando legalmente suspenso: Pena: reclusão, de 2 a 5 anos.

[158] GASPARI, Elio. **A ditadura escancarada**. São Paulo: Companhia das Letras, 2002, p. 13.

[159] BRASIL. Constituição (1967). Emenda Constitucional n. 1, de 1969. Publicação Original. Edita o novo texto da Constituição Federal de 24 de janeiro de 1967. Disponível em: http://www2.camara.leg.br/legin/fed/emecon/1960-1969/emendaconstitucional-1-17-outubro-1969--364989-publicacaooriginal-1-pl.html. Acesso em: 1 jan. 2019.

[160] A Junta Militar que substituiu o General-Presidente Costa e Silva, em 31.8.1969, formada por três ministros militares – General Aurélio de Lira Tavares (ministro do Exército); Almirante Augusto Rademaker (ministro da Marinha) e o Brigadeiro Márcio de Sousa Melo (ministro da Aeronáutica) – governou o Brasil até a eleição do General Médici. GASPARI, Elio. **A ditadura escancarada**. São Paulo: Companhia das Letras, 2002, p. 81-134.

razão do "recesso" do Congresso Nacional,[161] que a tornou conhecida como a "Constituição de 1969". A referida emenda instituiu a "fidelidade partidária" ao dispor sobre a perda do mandato eletivo daquele que "por atitudes ou pelo voto se opuser às diretrizes legitimamente estabelecidas pelos órgãos de direção partidária ou deixar o partido sob cuja legenda foi eleito".[162] Essa medida visava impor e garantir a unidade política no bloco de apoio à Ditadura: a ARENA.

A criação do instituto da "fidelidade partidária" foi uma resposta da Ditadura à crise política que teve início na Câmara dos Deputados, no final de 1968, quando os inúmeros parlamentares da ARENA (governo) uniram-se à oposição (MDB) para negar uma licença solicitada pelos militares – por meio do Procurador-Geral da República – para processar o Deputado Márcio Moreira Alves[163], que culminou na edição do AI-5 e, em seguida, no fechamento do Congresso Nacional.[164] Contudo, a fidelidade acabou servindo aos

[161] BRASIL. Ato Complementar n. 38, de 13.12.1968. Art. 1º – Nos têrmos do art. 2º e seus parágrafos, do Ato Institucional nº 5, de 13 de dezembro de 1968, fica decretado o recesso do Congresso Nacional, a partir desta data.

[162] BRASIL. EC n.1, de 17.10.1969. Art. 35 – Perderá o mandato o deputado ou senador: (...) V – que praticar atos de infidelidade partidária, segundo o previsto no Parágrafo único do artigo 152. (...); Art. 152, V – disciplina partidária; (...) Parágrafo único: Perderá o mandato no Senado Federal, na Câmara dos Deputados, nas Assembleias Legislativas e nas Câmaras Municipais quem, por atitudes ou pelo voto, se opuser às diretrizes legitimamente estabelecidas pelos órgãos de direção partidária ou deixar o partido sob cuja legenda foi eleito. A perda do mandato será decretada pela Justiça Eleitoral, mediante representação do partido, assegurado o direito de ampla defesa.

[163] O Deputado Márcio Moreira Alves (MDB) proferiu inúmeros discursos, da tribuna da Câmara dos Deputados, contrários à Ditadura Militar. O emedebista pediu aos brasileiros que boicotassem o desfile militar de 7 de setembro de 1968, chamando o exército de "valhacouto de torturadores", e, após a violenta invasão militar na Universidade de Brasília (UnB) – na qual centenas de estudantes e professores foram presos –, subiu novamente à tribuna para acusar os militares de promover os torturadores "algozes de estudantes", conclamando por um novo boicote, sobretudo, por parte das "mulheres parlamentares da ARENA" e das "moças que dançam com cadetes e namoram jovens oficiais". Como os militares da "linha dura" já planejavam eliminar da política os "autênticos", parlamentares considerados agressivos ao regime, os pronunciamentos serviram de pretexto para a edição do famigerado AI-5. RECONDO, Felipe. **Tanques e togas**: o STF e a ditadura militar. São Paulo: Companhia das Letras, 2018, (Coleção Arquivos da Repressão no Brasil), p. 125-127.

[164] DELGADO, Tarcísio. **A história de um rebelde**: 40 anos (1966-2006). Brasília: Fundação Ulysses Guimarães, 2006, p. 85.

interesses do MDB, na medida em que também assegurou a unidade da grei nos momentos de crise.

No que concerne à criação e ao funcionamento dos partidos políticos, apesar da manutenção artificial do bipartidarismo, a EC n. 1/1969 tornou mais branda a cláusula de barreira ou desempenho – prevista originalmente na Constituição de 1967 –, posto que reduziu de 10 para 5% o apoiamento mínimo do eleitorado que havia votado no último pleito, distribuído em 7 estados da Federação (não mais em 2/3) e não exigiu um número mínimo de apoiamento de Senadores e Deputados.[165]

Após a promulgação da "Constituição de 1969" – alcunha da EC n. 1/1969 – a Junta Militar suspendeu o "recesso" do Congresso Nacional para que o general Emílio Garrastazú Medici fosse confirmado no cargo de Presidente da República.[166] Apesar de o Colégio Eleitoral ter sido mantido pelo novo texto constitucional, os militares optaram pela votação apenas dos congressistas,[167] isto é, sem a participação dos delegados naquela eleição presidencial.

A segunda Lei Orgânica dos Partidos Políticos (LOPP)[168] – incorporando os princípios estabelecidos na Constituição – sobreveio com a finalidade de fortalecer os diretórios em detrimento das convenções partidárias,[169] além de regulamentar a regra da "fidelidade partidária".[170]

[165] BRASIL. EC n. 1/1969. Art. 152, VII – exigência de cinco por cento do eleitorado que haja votado na última eleição geral para a Câmara dos Deputados, distribuídos, pelo menos, em sete Estados, com o mínimo de sete por cento em cada um dêles;

[166] GASPARI, Elio. **A ditadura escancarada**. São Paulo: Companhia das Letras, 2002. p. 123-132.

[167] BRASIL. Ato Institucional n. 16, de 14.10.1969. Art. 4º – A eleição do Presidente e do Vice-Presidente da República, de que trata este Ato, será realizada no dia 25 do corrente mês de outubro, pelos membros do Congresso Nacional, em sessão pública e votação nominal.

[168] BRASIL. Lei n. 5.682, de 21 de julho de 1971. Lei Orgânica dos Partidos Políticos. Publicação Original. Disponível em: http://www.planalto.gov.br/ccivil_03/LEIS/1970-1979/L5682.htm. Acesso em: 1 jan. 2019.

[169] BRASIL. LOPP (Lei n. 5.682/1971). Art. 28 ao Art. 60. (...).

[170] BRASIL. LOPP (Lei n. 5.682/1971). Art. 72 – O Senador, Deputado Federal, Deputado Estadual ou Vereador que, por atitude ou pelo voto, se opuser às diretrizes legitimamente estabelecidas pelos órgãos de direção partidária ou deixar o Partido sob cuja legenda fôr eleito, perderá o mandato. Parágrafo único. Equipara-se a renúncia, para efeito de convocação do respectivo suplente, a perda de mandato a que se refere *êste* artigo.

Com efeito, a lei estabelecia que o controle partidário fosse exercido de cima para baixo, e não o inverso, afinal, aos militares interessava a centralização do controle das greis. Quanto à criação e ao funcionamento das agremiações, a nova LOPP determinava que o parâmetro constitucional de "apoiamento" fosse o resultado da última eleição, da qual somente participaram a ARENA e o MDB, acentuando a manutenção do bipartidarismo artificial.

As várias tentativas de deslegitimação da oposição consentida (MDB), por meio de sucessivas alterações da legislação eleitoral-partidária, contudo, fracassaram perante o eleitorado, em especial pelas condições socioeconômicas adversas que o país enfrentava, compelindo o Governo do Geisel a dar início ao processo de reabertura democrática.

Nesse sentido, a eleição de 1974 acabou adquirindo um caráter plebiscitário, com a destinação de votos de protesto à Ditadura Militar no partido de oposição consentida (MDB), o qual, ainda que não tenha conseguido derrotar o partido do governo (ARENA), aumentou a sua representação no Congresso Nacional. Na Câmara dos Deputados, o MDB aumentou a sua participação em 44% e, no Senado Federal, elegeu 16 das 22 cadeiras senatoriais em disputa (1/3 de renovação da Câmara Alta).[171]

Com receio de mais uma vitória da oposição (MDB) – aquela concebida para jamais alcançar o poder –, a Ditatura Militar optou por realizar mais uma alteração na lei eleitoral-partidária antes das eleições de 1976. Apesar de manter o sistema bipartidário, o General-Presidente Ernesto Geisel remeteu ao Congresso Nacional um projeto de lei que buscava cercear o debate político e a livre manifestação de pensamento da oposição durante a campanha eleitoral. Assim que esse fato chegou ao conhecimento do MDB, em nota assinada pelo seu Presidente Ulysses Guimarães, o partido protestou contra o casuísmo da lei:

> O anunciado projeto que desfigura a campanha política no rádio e na televisão é obscurantista. **Seria o projeto anticampanha, contra a informação, supressão do diálogo e do debate.** A vingar, consagrará contra o fluxo da história, vale dizer, da evolução. (...) **O projeto,**

[171] LAMOUNIER, Bolívar; MENEGUELLO, Rachel. **Partidos políticos e consolidação democrática**: o caso brasileiro. Brasília: Brasiliense, 1986, p. 68-69.

> **se vingar, será revanchista, inaceitável legislação *ad hominem*, seu endereço é tentar 'segurar' o MDB. A legislação eleitoral não pode ser estatuto da ARENA.** Obscurantista, velhista, revanchista e saudosista confiemos que esse monstrengo seja abortado, pois, afinal, é de se esperar do patriotismo dos homens públicos deste país que não desprezem a 'força das coisas', como advertia o General De Gaulle.[172]

Mesmo sob os protestos da oposição, a temida "Lei Falcão"[173] – assim denominada em alusão ao então Ministro da Justiça Armando Falcão – foi aprovada.[174] Essa lei, que alterou o Código Eleitoral, limitava a propaganda eleitoral dos candidatos à menção ao nome, número, fotografia, currículo, legenda pela qual concorriam, horário e local dos comícios. Com efeito, a campanha eleitoral foi reduzida a "um virtual silêncio, negando-se à oposição o emprego de seu principal recurso: o debate e a argumentação".[175]

A despeito do esforço hercúleo da Ditadura Militar, na tentativa de aniquilar as chances de vitória da oposição (MDB), o partido do governo (ARENA) não obteve o resultado almejado nas eleições municipais de 1976. A ARENA (governo) obteve 35% dos votos válidos (15,200 milhões), apenas 5% à frente do MDB (oposição), que obteve 30 % dos votos válidos (12,700 milhões). Essa vitória apertada do governo parecia confirmar o prognóstico do SNI acerca da probabilidade de vitória da oposição, sobretudo nos grandes centros, se não houvessem implementado as amarras eleitorais da Lei Falcão.[176]

Assim, para evitar mais surpresas indesejadas nas eleições vindouras de 1978, o Governo decidiu alterar, novamente, as regras do jogo eleitoral-partidário. Como a ARENA não dispunha de 2/3 de votos necessários para

[172] DELGADO, Tarcísio. *Op. cit.*, p. 130-132.

[173] BRASIL. Legislação Informatizada – Lei n. 6.339, de 1º de julho de 1976. Dá nova redação ao art. 250 da Lei n. 4.737, de 15 de julho de 1965, alterado pelo art. 50, da Lei n. 4.961, de 4 de maio de 1966, e ao art. 118 da Lei n. 5.682, de 21 de julho de 1971. Disponível em: http://www.planalto.gov.br/ccivil_03/Leis/1970-1979/L6339.htm. Acesso em: 1 jan. 2019.

[174] Após uma sessão tumultuada, que durou cerca de 7 horas, a Lei Falcão foi aprovada com os votos de 186 Deputados Federais e 36 Senadores filiados à ARENA (partido do governo). KINZO, Maria D'Alva G. **Oposição e autoritarismo**: gênese e história do MDB (1966-1979). São Paulo: Vértice – Editora Revista dos Tribunais, 1988, p. 174.

[175] MOREIRA ALVES, Maria Helena. **Estado e oposição no Brasil**: 1945-1984. 2. ed. Petrópolis: Vozes, 1984, p. 190.

[176] *Ibidem*, p. 191.

emendar a Constituição, com base no AI-5, o General-Presidente Geisel decretou o "recesso temporário" do Congresso Nacional[177] para aprovar a Emenda Constitucional n. 8/1977,[178] o Decreto-Lei n. 1.538/1977[179] e o Decreto-Lei n. 1.541/1977.[180]

O "Pacote de Abril" – composto pela EC n. 8/1977 e pelos Decretos-Lei – foi um conjunto de medidas que visava assegurar vantagem eleitoral para a ARENA (governo), ampliando as chances dos candidatos dos militares, sobretudo para a preservação da maioria governista no Poder Legislativo. Considerando a derrota no pleito de 1974, no qual a oposição (MDB) conquistou 16 das 22 cadeiras senatoriais em disputa, foram instituídas a eleição indireta para o Senado Federal,[181] cujos eleitos foram denominados pejorativamente de "Senadores Biônicos",[182] e a formação de até 3 sublegendas para as eleições diretas aos cargos de Senador e Prefeito.[183]

[177] BRASIL. Ato Complementar n. 102 (de 1º de abril de 1977). Art. 1º. Nos termos do artigo 2º e seus parágrafos do Ato Institucional n. 5, de 13 de dezembro de 1968, fica decretado o recesso do Congresso Nacional.

[178] BRASIL. Legislação Informatizada – Emenda Constitucional n. 8, de 14 de abril de 1977. Altera artigos da Constituição Federal, incluindo-se em seu Título V os artigos 208, 209 e 210. Disponível em: http://www.planalto.gov.br/ccivil_03/Constituicao/Emendas/Emc_anterior1988/emc08-77.htm. Acesso em: 15 jan. 2019.

[179] BRASIL. Legislação Informatizada – Decreto-Lei n. 1.538, de 14 de abril de 1977. Altera a redação do artigo 250 da Lei n. 4.737, de 15 de julho de 1965, modificada pela Lei n. 6.339, de 1º de julho de 1976, e dá outras providências. Disponível em: http://www.planalto.gov.br/ccivil_03/Decreto-Lei/1965-1988/Del1538.htm#art1. Acesso em: 15 jan. 2019.

[180] BRASIL. Legislação Informatizada – Decreto-Lei n. 1.541, de 14 de abril de 1977. Institui sublegendas para as eleições de senador e prefeito e dá outras previdências. Disponível em: http://www.planalto.gov.br/ccivil_03/Decreto-Lei/1965-1988/Del1541.htm. Acesso em: 15 jan. 2019.

[181] BRASIL. EC n. 8 (de 14.4.1977). Art. 41, § 2º – Na renovação do terço e, para o preenchimento de uma das vagas, na renovação por dois terços, a eleição far-se-á pelo voto direto e secreto, segundo o princípio majoritário. O preenchimento da outra vaga na renovação por dois terços, far-se-á mediante eleição, pelo sufrágio do colégio eleitoral constituído, nos termos do § 2º do artigo 13, para a eleição do Governador de Estado, conforme disposto em lei.

[182] A criação do "Senador Biônico" acabou garantindo à ARENA (governo) 22 das 21 cadeiras em disputa.

[183] BRASIL. Decreto-Lei n. 1.541 (de 14.4.1977). Art. 1º – Os partidos políticos poderão instituir até três sublegendas nas eleições diretas para senador e prefeito. Parágrafo único. Sublegendas são listas autônomas de candidatos concorrendo a um mesmo cargo em eleição, dentro do partido político a que são filiados.

A instituição das sublegendas – que permitia a recomposição das bases eleitorais governistas e a sua aglutinação na mesma grei (ARENA) – revelou-se danosa para o sistema partidário brasileiro, na medida em que relegou às agremiações um papel meramente cartorário, com o deslocamento do protagonismo dos programas eleitorais para aqueles apresentados pelos candidatos, individualmente, em detrimento de um programa unitário do partido político, que representa parcela de grupo representativo da sociedade civil.

Além disso, por meio do "Pacote de Abril", o General-Presidente Geisel aumentou a representação na Câmara dos Deputados, nos estados onde o partido do governo (ARENA) possuía um melhor desempenho eleitoral,[184] determinou as eleições indiretas para o cargo de Governador, ampliando o Colégio Eleitoral,[185] aumentou o tempo de mandato presidencial de 5 para 6 anos[186] e estendeu a aplicação da "Lei Falcão" (que restringiu a propaganda eleitoral no pleito municipal de 1976) para as eleições de 1978.[187]

Os rigorosos limites estabelecidos pela legislação levaram o MDB a buscar o apoio das organizações sociais que lutavam contra a Ditadura Militar, para que esses demais entes da sociedade civil também aderissem à campanha de seus candidatos. Nesse aspecto, a restrição imposta acabou por unir o MDB (oposição) aos movimentos de base, conferindo maior legitimidade à oposição, uma consequência inimaginável pelo *establishment*.

Destarte, apesar dos casuísmos impostos pela legislação eleitoral-partidária, por meio do "Pacote de Abril", o MDB conseguiu consolidar-se como expressiva força política de oposição à Ditadura Militar, agregando numa

[184] SCHMITT, Rogério. **Partidos políticos no Brasil**: 1945-2000. 3. ed. Rio de Janeiro: Zahar, 2005, p. 46.

[185] BRASIL. EC n. 8 (de 14.4.1977). Art. 13. § 2º – A eleição do Governador e do Vice-Governador de Estado, para mandato de quatro anos, far-se-á pelo sufrágio de um colégio eleitoral, em sessão pública e mediante votação nominal, obedecidas as seguintes normas: [...]

[186] BRASIL. EC n. 8 (de 14.4.1977). Art. 75. § 3º – O mandato do Presidente da República é de seis anos.

[187] BRASIL. Decreto-Lei n. 1.538 (de 14 de abril de 1977). Art. 1º – (...) Art. 250. Nas eleições gerais de âmbito estadual e municipal, a propaganda eleitoral gratuita, através de emissoras de rádio e televisão de qualquer potência, inclusive nas de propriedade da União, dos Estados, dos Municípios e dos Territórios, far-se-á sob fiscalização direta e permanente da Justiça Eleitoral, obedecidas as seguintes normas: (...).

única agremiação partidária desde forças políticas mais conservadoras às socialistas.[188]

A consolidação da união de forças políticas e sociais, em oposição à Ditadura Militar, tornou inevitável a retomada do processo de reabertura democrática. O General-Presidente Geisel apresentou a Proposta de Emenda Constitucional n. 7/1978, ao Congresso Nacional, para dar início a esse processo. O Senador José Sarney (ARENA), designado relator da PEC, destacou, em seu parecer, que esse "projeto, em suas linhas básicas, revoga[va] todos os atos de exceção, restabelece[ia] o 'governo de lei, e não dos homens'".[189]

Noutras palavras, nos termos postos naquele emblemático parecer, da lavra do Senador Sarney, o Poder Executivo – ocupado pelos militares desde o golpe – reconhecia o Congresso Nacional como "a legítima fonte de poder" e lhe devolvia "a plena soberania que lhe vem do povo e que, durante tantos anos, ficou mutilada pelos atos de exceção que vigoravam".[190]

A despeito de não atender, imediatamente, a todas as "aspirações liberalizantes" da época, conforme ressaltado pelo Senador Sarney, essa PEC se propunha a restaurar o Estado Democrático de Direito dentro da "arte do possível" daquela conjuntura política, sem prejuízo de posterior aprofundamento das concessões feitas naquele momento, pela Ditadura Militar e pela oposição (MDB), para viabilizar a retomada do processo de reabertura democrática. O teor do parecer foi corroborado pelo General João Baptista Figueiredo.[191]

[188] Apesar do "pacote de abril", o MDB continuou o partido mais forte para o Senado, conquistou 4 milhões de votos a mais do que a ARENA (governo). Muito embora a ARENA tenha mantido a maioria de votos para a Câmara dos Deputados, a vitória se deu em margem inferior às eleições anteriores. MOREIRA ALVES, Maria Helena. **Estado e oposição no Brasil**: 1945-1984. 2. ed. Petrópolis: Vozes, 1984, p. 196-200.

[189] BRASIL. Diário do Congresso Nacional. PEC n. 7/1978. Rel. Senador José Sarney. Parecer. n. 110. Ano XXXIII, 15/9/1978, p. 2.

[190] BRASIL. Diário do Congresso Nacional. PEC n. 7/1978. Rel. Senador José Sarney. Parecer. n. 110. Ano XXXIII, 15/9/1978, p. 2.

[191] O General João Baptista Figueiredo, que se tornaria o último presidente da Ditadura Militar, no mesmo dia da votação da PEC n. 7/1978, fez a promessa de implementar "a democracia no Brasil 'o mais rápido e mais seguramente do que os outros que prometem a mesma coisa'". ECHEVERRIA, Regina. **Sarney**: a biografia. São Paulo: Leya, 2011, p. 244-246.

A PEC n. 7/1978 foi aprovada e promulgada, pelo Congresso Nacional, como a Emenda Constitucional n. 11/1978,[192] contudo, a referida emenda entrou em vigor apenas no ano seguinte ao pleito eleitoral de 1978. Com efeito, a EC n. 11/1978 reestabeleceu as garantias constitucionais – tais como o *habeas corpus* – e eliminou os principais instrumentos repressivos da Ditadura, entre os quais se encontrava o famigerado AI-5.

Por outro lado, a EC n. 11/1978 conservou as eleições indiretas, a figura do senador biônico e estabeleceu as "salvaguardas", medidas que manteriam o país sob uma espécie de regime de exceção mais tênue para uma transição "gradual e segura".[193] No que concerne aos partidos políticos, além de instituir os princípios que deveriam pautar a lei que regulamentaria a sua organização[194] e funcionamento[195] – condicionada à rígida cláusula de barreira ou desempenho[196] –, essa emenda permitiu a primeira exceção à regra da fidelidade partidária.[197]

[192] BRASIL. EMENDA CONSTITUCIONAL N. 11, DE 13 DE OUTUBRO DE 1978. Publicação Original. Altera dispositivos da Constituição Federal de 1967. Disponível em: http://www.planalto.gov.br/ccivil_03/Constituicao/Emendas/Emc_anterior1988/emc11-78.htm. Acesso em: 2 jan. 2019.

[193] BRASIL. Diário do Congresso Nacional. PEC n. 7/1978. Rel. Senador José Sarney. Parecer. n. 110. Ano XXXIII, 15/9/1978, p. 2.

[194] BRASIL. Constituição (1967). EC n. 11 (de 13.10.1978). Art. 152, § 1º, I – regime representativo e democrático, baseado na pluralidade dos partidos e garantia dos direitos humanos fundamentais; II – personalidade jurídica mediante registro dos estatutos; III – inexistência de vínculo, de qualquer natureza, com a ação de governos, entidades ou partidos estrangeiros; IV – Âmbito nacional, sem prejuízo das funções deliberativas dos órgãos regionais ou municipais.

[195] BRASIL. Constituição (1967). EC n. 11 (de 13.10.1978). Art. 152, §2º, I – filiação ao partido de, pelo menos, 10% (dez por cento) de representantes na Câmara dos Deputados e no Senado Federal que tenham, como fundadores, assinado seus atos constitutivos; ou II – apoio, expresso em votos, de 5% (cinco por cento) do eleitorado, que haja votado na última eleição geral para a Câmara dos Deputados, distribuídos, pelo menos, por nove estados, com o mínimo de 3% (três por cento) em cada um deles; III – atuação permanente, dentro do programa aprovado pelo Tribunal Superior Eleitoral; IV – disciplina partidária; V- fiscalização financeira.

[196] BRASIL. Constituição (1967). EC n. 11 (de 13.10.1978). Art. 152, § 3º – Não terá direito a representação o partido que obtiver votações inferiores aos percentuais fixados no item II do parágrafo anterior, hipótese em que serão consideradas nulas.

[197] BRASIL. Constituição (1967). EC n. 11 (de 13.10.1978). Art. 152, § 5º – Perderá o mandato no Senado Federal, na Câmara dos Deputados, nas Assembléias Legislativas e nas Câmaras Municipais quem, por atitude ou pelo voto, se opuser às diretrizes legitimamente estabelecidas pelos órgãos de direção partidária ou deixar o partido sob cuja rege for eleito, **salvo se para participar, como fundador, da constituição de novo partido**. Disponível em:

Apesar de o sistema bipartidário não ter sido formalmente constituído, enquanto sistema partidário no Brasil, a sua imposição artificial apagou os vestígios do sistema pluripartidário anterior ao golpe militar. Assim, nas eleições de 1978, o eleitorado só poderia escolher entre um dos dois partidos políticos existentes, a ARENA (governo) e o MDB (oposição). O crescimento da oposição e o notório desgaste do *establishment* – que deu àquelas eleições um caráter plebiscitário em desfavor dos militares – demonstravam que esse sistema partidário não mais servia aos interesses do Regime Militar:

> O que se verifica, portanto, é que a tentativa de corrigir as distorções anteriores a 1964 pelo caminho do bipartidarismo coercitivo levou o regime militar a um beco sem saída. Ou procurava a legitimidade via eleições, e submetia-se a contundentes derrotas, ou não a procurava, e assumia os riscos de uma ruptura completa com a ordem institucional vigente. O retorno a pluralidade dos partidos foi a solução encontrada, em 1979.[198]

Assim, com nítido propósito de fragilizar a oposição (MDB), minimizando os riscos de derrota nas eleições de 1982 e na sucessão presidencial prevista para 1985,[199] o General-Presidente João Baptista Figueiredo arquitetou a retomada do sistema pluripartidário com a reforma da LOPP,[200] regulamentada pela Resolução n. 10.785/1980.[201] Com a extinção da ARENA, os ex-arenistas criaram o Partido Democrático Social (PDS). A oposição, como era de se esperar, restou fragmentada: o MDB se tornou o Partido do Movimento

http://www.planalto.gov.br/ccivil_03/Constituicao/Emendas/Emc_anterior1988/emc11-78.htm. Acesso em: 2 jan. 2019. (grifo nosso)

198 LAMOUNIER, Bolívar; MENEGUELLO, Rachel. *Op. cit.*, p. 70.

199 SCHMITT, Rogério. **Partidos políticos no Brasil**: 1945-2000. 3. ed. Rio de Janeiro: Zahar, 2005, p. 52-53.

200 BRASIL. Legislação Informatizada. Lei n. 6.767, de 20 de dezembro 1979. Publicação Original. Modifica dispositivos da Lei n. 5.682, de 21 de julho de 1971 (Lei Orgânica dos Partidos Políticos), nos termos do artigo 152 da Constituição, alterado pela Emenda Constitucional n. 11, de 1978; dispõe sobre preceitos do Decreto-Lei n. 1.541, de 14 de abril de 1977, e dá outras providências. Disponível em: http://www.planalto.gov.br/ccivil_03/Leis/1970-1979/L6767.htm. Acesso em: 3 jan. 2019.

201 BRASIL. TSE. Instrução n. 5977. Resolução n. 10.785 de 15-2-1980. Relator Ministro Pedro Augusto de F. Gordilho. Publicação: Boletim eleitoral. v. 342. Tomo 1, p. 33.

Democrático Brasileiro (PMDB) e surgiram o Partido Popular (PP), o Partido dos Trabalhadores (PT), o Partido Trabalhista Brasileiro (PTB) e o Partido Democrático Trabalhista (PDT).

No início do ano de 1980, o Brasil ainda vivia sob a hegemonia dos militares, que pretendiam controlar o processo de reabertura democrática a conta-gotas, como uma espécie de "democracia consentida".[202] Por essa razão, apesar do restabelecimento do voto direto para as eleições de Governador de Estado e de Senador da República,[203] os militares mantiveram o voto indireto para Presidente da República, uma tentativa de controlar a sucessão presidencial. O processo de transição, se considerarmos a tímida reabertura política iniciada no Governo Geisel em 1974,[204] já durava cerca de oito anos.

Como o primeiro presidente civil seria escolhido pelo Colégio Eleitoral – composto por membros do Congresso Nacional e pelos delegados dos estados[205] –, o desempenho eleitoral do partido do governo (PDS) nas eleições de 1982 seria determinante para o seu sucesso na empreitada presidencial de 1985. O General-Presidente Figueiredo, para garantir uma vantagem eleitoral ao PDS, novamente, alterou a legislação eleitoral-partidária, por meio da Lei n. 6.978/82, denominada de "Pacote de Novembro".[206]

O "Pacote de Novembro" criou a obrigatoriedade do chamado "voto vinculado",[207] com o objetivo de assegurar que os votos dados aos aliados

[202] DELGADO, Tarcísio. *Op. cit.*, p. 252.

[203] BRASIL. Constituição (1967). EMENDA CONSTITUCIONAL N. 15, DE 1980. Restabelece o sistema de voto direto nas eleições para Governador de Estado e para Senador da República. Disponível em: http://www2.camara.leg.br/legin/fed/emecon/1980-1987/emendaconstitucional-15-19-novembro-1980-363977-publicacaooriginal-1-pl.html. Acesso em: 4 jan. 2019.

[204] MACIEL, David. **De Sarney a Collor**: Reformas Políticas, Democratização e Crise (1985-1990). São Paulo: Alameda / Goiânia: Funape, 2012, p. 47.

[205] BRASIL. Constituição de 1967 (EC n. 1/1969). Art. 74, § 2º – Cada Assembléia indicará três delegados, dentre seus membros, e mais um por quinhentos mil eleitores inscritos no Estado, não podendo nenhuma representação ter menos de quatro delegados.

[206] BRASIL. Legislação Informatizada. LEI N. 6.978, DE 19 DE JANEIRO DE 1982. Publicação Original. Estabelece normas para a realização de eleições em 1982, e dá outras providências. Disponível em: https://www.planalto.gov.br/ccivil_03/Leis/1980-1988/L6978.htm. Acesso em: 4 jan. 2019.

[207] BRASIL. Lei n. 6.978, de 19.1.1982. Art. 8º – Nas eleições previstas nesta Lei, o eleitor votará apenas em candidatos pertencentes ao mesmo Partido, sob pena de nulidade do voto para todos os cargos. (Redação dada pela Lei n. 7.015, de 1982).

municipais e estaduais seriam reproduzidos na esfera federal. Outra importante medida determinava que os partidos políticos só estariam aptos a concorrer às eleições se lançassem candidatos para todos os cargos em disputa, o que favorecia em maior grau o PDS (governo) e em menor grau o PMDB (oposição), as duas únicas agremiações que dispunham de capilaridade suficiente para preencher a exigência da nova legislação eleitoral-partidária.

A despeito de o PMDB dispor de uma maior capilaridade, se comparado com as novas greis (PP, PDT, PTB e PT), a retomada do sistema pluripartidário acabou desmobilizando as forças de oposição ao Regime Militar, que, dispersada, se esforçava para cumprir todas as exigências da legislação para a criação de partidos políticos. Com essa desorganização da oposição, o General-Presidente Figueiredo ambicionava obter o controle da maioria dos membros do Congresso Nacional por meio da eleição dos candidatos da sua agremiação (PDS) e, em especial, do controle da escolha do primeiro presidente civil.

Contudo, se, por um lado, o Regime Militar detinha o trunfo de sempre alterar a legislação eleitoral-partidária para assegurar a sua permanência no poder, por outro, a dificuldade criada para a oposição – a pulverização das forças políticas causada pelo surgimento de novos partidos políticos – evidenciou que a sua união seria fundamental para a criação de um canal único de reivindicações de todas as classes socais que expressasse a vontade de transformação política e econômica que a sociedade civil tanto ansiava.[208]

A percepção de que o retorno ao pluripartidarismo foi engenhosamente arquitetado pelos militares para a fragmentação da oposição, em evidente prejuízo da democracia representativa, o maior partido oposicionista (PMDB) propôs a união de todos os partidos de oposição em torno de uma pauta única. O PMDB, sob a coordenação do seu Presidente Ulysses Guimarães, uniu-se ao PP, ao PTB e ao PT, que, juntos, fixaram "Os 10 pontos de Ação Unitária das Oposições".[209] Esse pacto foi fundamental para fortalecer a luta em favor

[208] MOREIRA ALVES, Maria Helena. *Op. cit.*, p. 273.

[209] Em 15.7.1981, as agremiações de oposição (PMDB, PP, PTB e PT) se reuniram em São Paulo para fixar a pauta em torno da qual se comprometeram a atuar em união, conhecida como: "Os 10 pontos de Ação Unitária das Oposições: **1- Eleições Diretas em todos os níveis**; 2- Revogação das leis de segurança nacional e de imprensa e demais atos de exceção; 3- Legislação eleitoral democrática, que respeite o direito à organização de todas as correntes; 4- Voto do

das eleições diretas para o cargo de Presidente da República para as eleições futuras.

O "Pacote de Novembro" também influenciou a composição do quadro partidário nacional. O PP, ao projetar um baixo desempenho no pleito de 1982, em face das restrições legais, adotou como estratégia de sobrevivência a fusão ao PMDB, e foi o único dos novos partidos que não se submeteu às eleições. Na prática, o bipartidarismo foi reestabelecido dentro do pluripartidarismo, tendo em vista que naquelas eleições o PDS e PMDB seriam os equivalentes aos extintos ARENA e MDB, e os outros três remanescentes, PDT, PTB e PT, seriam pouco expressivos.[210]

Diante do risco iminente para a manutenção do sistema pluripartidário, em especial pela vigência da cláusula de barreira ou desempenho prevista na LOPP, sobreveio a Emenda Constitucional n. 22/1982, determinando que a nova lei não seria aplicada ao pleito eleitoral de 1982.[211] Além disso, a referida emenda aumentou para 6 (seis) o número de Delegados, indicados pelas Assembleias,[212] para compor o Colégio Eleitoral de 1985. Essa modificação foi considerada inconstitucional, por vários juristas, por violar o princípio republicano.[213]

Por fim, em 2.9.1982, faltando pouco mais de 70 (setenta) dias para a realização das eleições, o TSE decidiu pela aplicação da "Lei Falcão" naquelas

Analfabeto; 5- Sindicalismo livre da tutela do Estado; 6- Direito de Greve; 7- Garantia de emprego; 8- Política justa de distribuição de renda; 9- Política econômica que elimine privilégios concedidos às grandes empresas, às multinacionais e ao capital financeiro; 10- Democratização do Poder Judiciário" (grifo nosso). DELGADO, Tarcísio. *Op. cit.*, p. 252-253.

[210] SCHMITT, Rogério. **Partidos políticos no Brasil**: 1945-2000. 3. ed. Rio de Janeiro: Zahar, 2005, p. 54-55.

[211] BRASIL. Constituição (1967). EC n. 22, de 29.6.1982, Art. 217 – O disposto no item II do § 2º do art. 152 não se aplica às eleições de 15 de novembro de 1982.

[212] BRASIL. Constituição (1967). EC n. 22, de 29.6.1982, Art. 74, §2º – Cada Assembléia terá **seis delegados indicados pela bancada do respectivo partido majoritário**, dentre os seu membros. (grifo nosso)

[213] A violação ao princípio republicano, segundo o jurista Celso Bastos, se manifestava pela "disparidade de forças do voto de cada brasileiro" ante a nova composição do Colégio Eleitoral, visto que "o voto de um paulista valeria 115 vezes menos que o de um eleitor do Acre [...] o que vale dizer que, para produzir o mesmo efeito no Colégio Eleitoral, tanto faz se o agente for representante de um acreano ou de 115 paulistas". PORTO. Walter Costa. **Dicionário do voto.** 3ª ed., rev. e atual. – Rio de Janeiro: Lexikon, 2012. p. 100.

eleições de 1982, consequentemente, os debates dos candidatos na televisão foram proibidos.[214]

Apesar da implementação de todas essas medidas casuístas, os partidos de oposição saíram vitoriosos daquele pleito, conquistaram 25 milhões de votos e elegeram dez governadores (nove do PMDB e um do PDT) – entre os peemedebistas, Tancredo Neves foi eleito para cargo de Governador do Estado de Minas Gerais. O partido do Regime Militar (PDS) obteve apenas dezoito milhões de votos e elegeu doze governadores.[215]

No ano seguinte, em 2.3.1983, o recém-empossado Deputado Federal Dante de Oliveira (PMDB) apresentou a Proposta de Emenda Constitucional n. 5. A PEC tinha por objetivo reestabelecer as eleições diretas para a Presidência da República, para o exercício de um mandato com a duração de cinco anos, que deveria ser realizada em 15.11.1984. Nos meses seguintes, foi iniciada a "Campanha das Diretas Já", sob a liderança de Ulysses Guimarães, que ficou conhecido como o "Senhor Diretas".[216]

A "Campanha das Diretas Já" foi uma das maiores mobilizações da história do país, que levou milhões de brasileiros às ruas para clamar pelo direito de escolha direta do Presidente da República. A defesa dessa PEC, também chamada de "Emenda Dante de Oliveira", foi um grande desafio para a todos os partidos que compunham a oposição, sobretudo para o PMDB, que há quase vinte anos defendia essa bandeira.[217]

Diante da gigantesca popularidade do Movimento das "Diretas Já", o Regime Militar decidiu reagir. Uma das primeiras medidas de repressão e intimidação do *establishment* foi a decretação de "estado de emergência" no Distrito Federal. A menos de 17 dias da votação da PEC n. 5, as ruas de Brasília foram ocupadas pelo Comando Militar do Planalto[218]. Além disso, o General-Presidente Figueiredo apresentou a Proposta de Emenda Constitucional

[214] DELGADO, Tarcísio. *Op. cit.*, p. 253.

[215] *Ibidem.*

[216] *Ibid.*, p. 259.

[217] DELGADO, Tarcísio. *Op. cit.*, p. 259.

[218] Na tribuna, da Câmara dos Deputados, o Deputado Ibsen Pinheiro relatou que "Chegando ontem a esta capital, tive a impressão de chegar a um território inimigo. [...] Esta Casa é, hoje, uma casa sitiada e V. Exa., Sr. Senador Moacyr Dalla, preside uma casa acuada, sitiada, cuja liberdade está comprometida e que só poderá resgatada, como já foi no passado, pela dignidade, pelo comportamento viril que a maioria do Congresso Nacional, nos piores anos

n. 35, que garantia a extensão do seu mandato em mais dois anos e propunha a realização das eleições diretas apenas a partir de 1988.[219]

No dia da votação da "PEC das Diretas Já", em 25.4.1983, em face da pressão dos militares para esvaziar a sessão plenária, 112 parlamentares deixaram de comparecer à votação na Câmara dos Deputados. Muito embora tenha recebido a maioria de votos dos parlamentares presentes, a "Emenda Dante Oliveira" foi rejeitada,[220] porquanto não atingiu o quórum necessário de 320 votos (2/3 da Casa Legislativa) para alterar a Constituição Federal.[221] Faltaram apenas 22 votos para que a PEC fosse encaminhada ao Senado Federal.

Ainda assim, o impacto da expressiva mobilização popular em torno da "Campanha das Diretas-Já" foi conclusivo para a implementação de uma nova ordem política,[222] afinal, representou uma ruptura definitiva da sociedade civil com os militares, cuja simbolização se confundiu com a figura do PMDB, o maior partido da oposição, que decidiu lançar um candidato à Presidência da República no Colégio Eleitoral de 1985. Ao General-Presidente Figueiredo, à frente de um governo "enfraquecido e até mesmo agonizante", coube somente dar sequência ao processo de transição do Regime Militar para um Regime Democrático.[223]

Não obstante, o sistema partidário oriundo da reforma eleitoral de 1979, cujo objetivo era a perpetuação das forças políticas aliadas aos militares, começou a evidenciar o seu fracasso com o esfacelamento do partido do regime (PDS). Após um conflito *interna corporis*, acerca da realização de uma "consulta

de arbítrio, soube investir, revestir, para repelir a violência que se abateu sobre nós. [...] ". DELGADO, Tarcísio. *Op. cit.*, p. 275-276.

219 *Ibidem.*, p. 286.

220 Dos parlamentares presentes à sessão, 298 votaram sim, 65 votaram não e três se abstiveram. *Ibid.*, p. 277.

221 BRASIL. Proposta de Emenda à Constituição nº 5, de 1983. Publicação Original. Dispõe sobre a eleição direta para presidente e vice-presidente da república. Disponível em: https://www25.senado.leg.br/web/atividade/materias/-/materia/18035. Acesso em: 5 jan. 2019.

222 BARBOSA, Leonardo Augusto de Andrade. **História constitucional brasileira**: mudança constitucional, autoritarismo e democracia no Brasil pós-1964. 3. reimpr. Brasília: Edições Câmara, 2018, p. 183.

223 LAMOUNIER, Bolívar. Antecedentes, riscos e possibilidades do governo Collor. *In:* LAMOUNIER, Bolívar. (org.). **De Geisel a Collor**: o balanço da transição. São Paulo: Sumaré, 1990, p. 16.

prévia" para escolha do candidato do partido à Presidência da República,[224] o Senador José Sarney (PDS) renunciou à presidência nacional da grei e – com o apoio de diversos correligionários – promoveu a criação da "Frente Liberal", uma dissidência de filiados do PDS que se aliou ao PMDB para compor a chapa que enfrentaria a própria agremiação no Colégio Eleitoral de 1985.[225]

A denominada "Aliança Democrática", que nasceu da união entre o PMDB e a "Frente Liberal", lançou as candidaturas de Tancredo Neves e de José Sarney, respectivamente, aos cargos de Presidente da República e de Vice.[226] Apesar de ser o candidato indicado pela "Frente Liberal", como a legislação vigente à época exigia que essa chapa fosse composta pela mesma agremiação, Sarney se filiou ao PMDB.[227]A aliança com Sarney era considerada fundamental para a vitória, visto que, sem o apoio dos dissidentes do PDS, o PMDB não dispunha de votos suficientes para vencer no Colégio Eleitoral de 1985.[228]

O último obstáculo para o sucesso eleitoral da oposição, o instituto da fidelidade partidária, foi afastado pelo Poder Judiciário. Em resposta à duas Consultas, formuladas por deputados do PDS e da "Frente Liberal", o TSE decidiu que a fidelidade não se aplicava às votações do Colégio Eleitoral, ainda que tivesse sido editada diretriz partidária nesse sentido, considerando válido o voto dado a candidato registrado por partido diverso.[229] Com efeito,

224 O motivo da divisão no PDS foi a imposição de apoio à Candidatura de Paulo Maluf ao cargo de Presidente da República, no Colégio Eleitoral, enquanto a facção contrária à candidatura de Maluf desejava a realização de **prévias eleitorais**. Essa dissidência foi liderada pelo Senador José Sarney, pelo Vice-Presidente da República Aureliano Chaves, pelo Governador Antônio Carlos Magalhães (ACM) e pelo Senador Marco Maciel. SCHMITT, Rogério. **Partidos políticos no Brasil**: 1945-2000. 3. ed. Rio de Janeiro: Zahar, 2005, p. 59.

225 REIS, Palhares Moreira. Os partidos políticos e a experiência brasileira. **Revista de Informação Legislativa**, Recife, v. 29, n. 114, p. 89-116, 1992, p. 40-41.

226 DELGADO, Tarcísio. *Op. cit.*, p. 294.

227 SCHMITT, Rogério. **Partidos políticos no Brasil**: 1945-2000. 3. ed. Rio de Janeiro: Zahar, 2005, p. 60.

228 De acordo com Aureliano Chaves – à época o Vice-Presidente da República –, que costurou o acordo entre os dissidentes do PDS que compunham a "Frente Liberal" com o PMDB, "**o PDS não vota[ria] no Tancredo**. Você [Sarney] conhece o PDS. **Só com você [Sarney] nós ganhamos**". O Presidente do PMDB, Ulysses Guimarães, possuía a mesma percepção: "**Não dá, aritmeticamente falando, para elegermos o Tancredo sem os votos da Frente Liberal**". ECHEVERRIA, Regina. **Sarney**: a biografia. São Paulo: Leya, 2011, p. 283-284. (grifo nosso)

229 "COLÉGIO ELEITORAL. FIDELIDADE PARTIDÁRIA. DIRETRIZ PARTIDÁRIA. VALIDADE DE VOTO". 1) Não prevalecem, para o colégio eleitoral, de que tratam os

permitiu-se que os dissidentes da "Frente Liberal" – formalmente filiados ao PDS – votassem na chapa composta por Tancredo-Sarney.[230]

Assim, em 15.1.1985, a "Aliança Democrática", dos peemedebistas Tancredo Neves e José Sarney, foi eleita pelo Colégio Eleitoral com expressivos 480 votos contra 180 votos, computadas 17 abstenções e 9 ausências.[231] A oposição derrotara os militares no órgão por eles concebido para permanecer no poder. Afinal, os candidatos pedessistas vencidos, Paulo Maluf e Flávio Marcílio, eram considerados:

> Uma continuação disfarçada do Regime Militar, da cúpula tecnocrática e das políticas econômicas em curso. (...). **Esse acontecimento** [a vitória da oposição] **significava**, nada mais nada menos, **que o Regime fora finalmente levado à derrota no órgão que ele mesmo instituíra para ratificar as sucessões militares: o Colégio Eleitoral**[232] (grifo nosso).

Na véspera da posse, em 14.3.1985, o Presidente eleito fora internado no Hospital de Base de Brasília.[233] Como Tancredo Neves se recusava a subme-

arts. 74 e 75 da Constituição, as disposições relativas à fidelidade partidária, previstas no art. 152, parágrafos 5 e 6, da LOPP, e arts. 132 a 134, da Res. 10.785, de 15.2.1980 (Res. n. 11.985, de 6.11.84); 2) Não pode partido político fixar, com diretriz partidária, a ser observada por parlamentar a ele filiado, membro do Colégio Eleitoral, a obrigação de voto em favor de determinado candidato; 3) Em decorrência da liberdade do sufrágio, é válido o voto de membro do Colégio Eleitoral dado a candidato registrado por outro partido político. (BRASIL, TSE, Consulta n. 6988, Resolução n. 12.017 de 27/11/1984, Rel. Min. Néri da Silveira, DJ 10/12/1984). Nesse mesmo sentido, TSE, Consulta n. 7135, Resolução n. 11985 de 6/11/1984, Rel. Min. Oscar Dias Corrêa, DJ em 9/11/1984.

[230] SCHMITT, Rogério. **Partidos políticos no Brasil**: 1945-2000. 3. ed. Rio de Janeiro: Zahar, 2005, p. 60.

[231] A chapa da "Aliança Democrática" recebeu: 231 votos do PMDB, 113 da Frente Liberal, 65 do PDS, 27 do PDT, 11 do PTB e 3 do PT. COUTO, Ronaldo Costa. **História Indiscreta da Ditadura e da Abertura – Brasil**: 1964-1985. Rio de Janeiro: Record, 1998. p. 398.

[232] LAMOUNIER, Bolívar; MENEGUELLO, Rachel. *Op. cit.*, p. 82-83.

[233] "Às 20h30, Aécio Neves chamou Renault [o médico] ao Riacho Fundo. O quadro mudara. Prostrado na cama, com pijama, roupão e cobertor, Tancredo tremia. Tivera uma crise de bacteremia. Noutra, poderia morrer. Duas horas depois, abriu-se a ficha do paciente Tancredo de Almeida Neves no serviço de emergência do Hospital de Base (...)". GASPARI, Elio. **A ditadura acabada**. Rio de Janeiro: Intrínseca, 2016, p. 306.

ter-se a uma cirurgia antes da posse, por temer uma reação dos militares, Francisco Dornelles lhe garantiu que o Presidente-General Figueiredo daria posse ao Vice-Presidente José Sarney.[234] A verdade, no entanto, era que o General Figueiredo informara ao Ministro Leitão de Abreu, Chefe da Casa Civil, que não daria posse a Sarney – magoado com sua saída do PDS –, mas que aceitaria transmitir a faixa a Ulysses Guimarães, o Presidente da Câmara dos Deputados.[235]

Na madrugada, quando recebeu a mensagem do palácio do planalto, Ulysses Guimarães estava reunido com parlamentares no Congresso Nacional. Após intensa discussão entre os defensores da legalidade da posse do Vice-Presidente e os que garantiam a legitimidade do Presidente da Câmara para assumir a Presidência do Brasil, Ulysses bateu forte na mesa e disse: "amigos, não podemos sair do Golpe dando golpe. Vamos para as nossas casas para estarmos aqui às dez horas e darmos posse ao Dr. Sarney".[236] A deliberação foi registrada em ata pela Mesa do Senado Federal. Ao mesmo tempo, em sessão de emergência e secreta, o STF decidiu pela constitucionalidade da posse de José Sarney.[237]

O Vice-Presidente José Sarney, que desde o primeiro momento se recusara a tomar posse sem a companhia de Tancredo Neves,[238] foi persuadido por Ulysses Guimarães e pelo General Leônidas Pires Gonçalves a assumir a Presidência da República. Assim, na manhã de 15.3.1985, com espatódeas vermelhas adornando a paisagem brasiliense, José Sarney se tornou o 30º Presidente do Brasil.[239] Após ser submetido a diversas cirurgias, em 21.4.1985, Tancredo Neves veio a óbito sem ter sido formalmente empossado.

[234] O Presidente-eleito disse para o seu sobrinho Francisco Dornelles: "Preciso tomar posse porque o Figueiredo não vai passar o governo para o Sarney". Diante da negativa do tio, de seguir a orientação médica para realizar a cirurgia imediatamente, Dornelles precisou blefar: "Presidente, eu acabo de voltar da Granja do Torto, onde estive com o general Figueiredo e com o Dr. Leitão de Abreu [Ministro Chefe da Casa Civil]. Ambos sabem o que está acontecendo, esperam que o senhor se recupere e não veem qualquer inconveniente em dar posse ao Sarney". ECHEVERRIA, Regina. **Sarney**: a biografia. São Paulo: Leya, 2011, p. 302-306.

[235] ECHEVERRIA, Regina. *Op. cit.*, p. 305-306.

[236] DELGADO, Tarcísio. *Op. cit.*, p. 318.

[237] ECHEVERRIA, Regina. *Op. cit.*, p. 307.

[238] GASPARI, Elio. **A ditadura acabada**. Rio de Janeiro: Intrínseca, 2016, p. 308.

[239] SARNEY, José. As espatódeas em flor. **Revista do PMDB**, Brasília: Fundação Ulysses Guimarães, n. 20, abr. 2005, p. 33-34.

Nada obstante, o Presidente Sarney sancionou uma lei que lhe atribuiu o título de Presidente da República.[240]

Confirmado no cargo, após a vacância do titular, o Presidente Sarney cumpriu todos os compromissos assumidos pela "Aliança Democrática", desde o apoio para a instalação da Assembleia Nacional Constituinte até a implantação de planos econômicos, com o objetivo de estabilizar a economia e promover o crescimento da nação. As primeiras conquistas democráticas, durante seu Governo, foram o restabelecimento das eleições diretas, a concessão do direito ao voto aos analfabetos e aos jovens maiores de 16 anos, a extinção da censura prévia, a liberdade aos sindicatos e a legalização de todos os partidos políticos.[241]

Nas eleições de 1986, realizadas para a composição do Congresso Nacional e da futura Assembleia Nacional Constituinte, devido ao sucesso do Plano Cruzado – que baixara a inflação e controlara os preços dos produtos –, a popularidade do Presidente Sarney e da "Aliança Democrática" alcançou seu apogeu. O PMDB obteve a maior vitória eleitoral da sua história, conquistou a maioria absoluta das duas Casas no Congresso (273 Deputados Federais e 47 Senadores), elegeu 21 dos 22 Governadores (o último foi eleito pelo Partido da Frente Liberal) e centenas de Deputados Estaduais. Além do PMDB e do PFL, apenas onze partidos conquistaram representação no Parlamento.[242]

A assunção de José Sarney ao cargo de Presidente da República, o primeiro civil após 21 anos de hegemonia militar, marcou o início de um novo ciclo político.[243] O sucesso da transição democrática, realizada pelo político maranhense – com muito diálogo, serenidade e sabedoria – em meio a um

[240] BRASIL. Lei n. 7.465, de 21 de abril de 1986. Art. 1º. O cidadão Tancredo de Almeida Neves, eleito e não empossado, por motivo de seu falecimento, figurará na galeria dos que foram ungidos pela Nação brasileira para a Suprema Magistratura, para todos os efeitos legais.

[241] O Governo Sarney criou o Plano Cruzado, o Plano Bresser e o Plano Verão. Muito embora não tenham sido soluções definitivas para o problema crônico da inflação e de falhas estruturais no sistema econômico, pode-se afirmar que as intervenções realizadas pelo Governo Sarney foram fundamentais para a criação de uma "cultura anti-inflacionária" e o sucesso das futuras intervenções econômicas. DELGADO, Tarcísio. *Op. cit.*, 325-328.

[242] SCHMITT, Rogério. **Partidos políticos no Brasil**: 1945-2000. 3. ed. Rio de Janeiro: Zahar, 2005, p. 78.

[243] GASPARI, Elio. **A ditadura acabada**. Rio de Janeiro: Intrínseca, 2016. p. 307-309.

período tão crítico da política nacional, confirma o Presidente Sarney como o grande responsável pela consolidação do Regime Democrático no Brasil.

As tensões políticas daqueles tempos difíceis e a bem-sucedida transição democrática brasileira, para além de todos os fatos acima delineados, podem ser mais bem compreendidas pelas palavras do grande estadista que foram traduzidas pela pena do talentoso escritor:

> **Viveria o Brasil**, a partir daquele instante, **um momento de tensão em que a história não sabe para onde caminha. Poderia ocorrer tudo**. Os militares fiéis ao Presidente Figueiredo falavam em voltar para os seus ministérios e mobilizar o dispositivo castrense. Os políticos, envoltos em perplexidade, não tinham nenhum grupo organizado para tomar decisões. (...) O que me esperava? Como seriam os dias, as noites e os anos futuros? **Tudo isso dissipou-se no florescimento de uma transição tranquila, na criação de uma poderosa sociedade democrática**. Relembro Tancredo [Neves]. Fui apenas um instrumento de sua inspiração e **tudo deu certo, até mesmo os grandes erros**. [José Sarney].[244] (grifo nosso)

1.3 Partidos Políticos e a Autonomia Partidária na Assembleia Nacional Constituinte

O início da Quinta República (1985-2019) foi marcado pelo retorno do primeiro civil à Presidência do Brasil. Naquele ano, em 1985, o Congresso Nacional, composto em sua maioria por membros da "Aliança Democrática", aprovou a Emenda Constitucional n. 25/85. A EC n. 25/1985 era considerada fundamental para remover os "entulhos autoritários", inseridos na Constituição pelos militares e dar início a um novo ciclo político-partidário. Com efeito, o Colégio Eleitoral e a fidelidade partidária foram extirpados do ordenamento jurídico, e, enfim, foram reestabelecidas as eleições diretas.[245]

[244] SARNEY, José. As espatódeas em flor. **Revista do PMDB**, Brasília: Fundação Ulysses Guimarães, n. 20, abr. 2005, p. 33-34.

[245] A EC n. 25/1985 foi apresentada pela mesa da Câmara dos Deputados, sob a Presidência do Dep. Ulysses Guimarães (PMDB/SP), e pela mesa do Senado Federal, sob a presidência

Além disso, a referida emenda alterou a redação do art. 152 da Constituição de 1967, para assegurar a liberdade de criação de novos partidos políticos[246] e a reorganização de todas as agremiações partidárias que tiveram os seus respectivos registros cancelados, cassados ou indeferidos durante o Regime Militar.[247]

Por fim, a EC n. 25/85 instituiu uma nova cláusula de barreira ou desempenho para os partidos, muito mais branda do que a que estava em vigor [248] e que não seria a aplicada nas eleições vindouras de 1986. A facilitação para a concessão de registro partidário levou a uma significativa alteração do quadro partidário nacional, que ampliou a representação para um total de 31 partidos políticos.[249]

Em seguida, por meio da Emenda Constitucional n. 26/1985,[250] o Congresso Nacional da "Aliança Democrática" convocou a Assembleia Nacional

do Sen. José Fragelli (PMDB/MS). Disponível em: http://www.planalto.gov.br/ccivil_03/Constituicao/Emendas/Emc_anterior1988/emc25-85.htm Acesso em: 4 jan. 2019.

[246] BRASIL. Constituição (1967). EC n. 25, de 15.5.1985. Art. 152 – *É livre a criação de Partidos Políticos. Sua organização e funcionamento resguardarão a Soberania Nacional, o regime democrático, o pluralismo partidário e os direitos fundamentais da pessoa humana, observados os seguintes princípios: I – é assegurado ao cidadão o direito de associar-se livremente a Partido Político; (...).*

[247] BRASIL. Constituição (1967). EC n. 25, de 15.5.1985. Art. 6º – Os Partidos Políticos que, até a data desta Emenda, tenham tido seus registros indeferidos, cancelados ou cassados, poderão reorganizar-se, desde que atendidos os princípios estabelecidos no "caput" e itens do art. 152 da Constituição.

[248] BRASIL. Constituição (1967). EC n. 25, de 15.5.1985. Art. 152- §1º – Não terá direito a representação no Senado Federal e na Câmara dos Deputados o Partido que não obtiver o apoio, expresso em votos, de 3% (três por cento) do eleitorado, apurados em eleição geral para a Câmara dos Deputados e distribuídos em, pelo menos, 5 (cinco) Estados, com o mínimo de 2% (dois por cento) do eleitorado de cada um deles.

[249] No mês de julho de 1985, ao lado das greis já existentes (PSD, PMDB, PDT, PTB e PT), surgiram: PFL (Partido da Frente Liberal), PCB (Partido Comunista Brasileiro), PC do B (Partido Comunista do Brasil), PH (Partido Humanista), PDC (Partido Democrata Cristão), PSC (Partido Social Cristão), PTN (Partido Tancredista Nacional), PL (Partido Liberal), PMC (Partido Municipalista Comunitário), PPB (Partido do Povo Brasileiro), PMN (Partido de Mobilização Nacional), PSB (Partido Socialista Brasileiro), PST (Partido Social Trabalhista), PDI (Partido Democrático Independente), PND (Partido Nacionalista Democrático), OS (Partido Socialista), PN (Partido Nacionalista), PJ (Partido da Juventude), PLB (Partido Liberal Brasileiro), PMB (Partido Municipalista Brasileiro), PRP (Partido Renovador Progressista), PRT (Partido Reformador Trabalhista). REIS, Palhares Moreira. Os partidos políticos e a experiência brasileira. **Revista de Informação Legislativa**, Recife, v. 29, n. 114, p. 89-116, 1992, p. 40-41.

[250] BRASIL. Emenda Constitucional n. 26, de 27 de novembro de 1985. Publicação Original. Disponível em: http://www.planalto.gov.br/ccivil_03/Constituicao/Emendas/Emc_anterior1988/emc26-85.htm. Acesso em: 4 set. 2019.

Constituinte (ANC)[251] para a elaboração de uma nova Constituição. A emenda previa que os candidatos eleitos para o Poder Legislativo Federal, no pleito de 1986, igualmente seriam eleitos para compor a ANC.

Durante a votação da EC n. 26, foi suscitado um interessante debate: a possibilidade de candidatura avulsa ou independente para a escolha dos futuros constituintes. Esse debate evidenciava a desconfiança com a qual eram vistos os partidos políticos no país, até mesmo por setores considerados de vanguarda, tais como a Ordem dos Advogados do Brasil (OAB). Contudo, essa proposição foi rechaçada pelo Parlamento.[252]

Naquele ano, em 30.12.1985, também foi aprovada a Lei n. 7.454/85,[253] que alterou vários dispositivos do Código Eleitoral de 1965 – em vigor – a fim de possibilitar a participação de todos os partidos políticos, com registro provisório ou em processo de formação, nas eleições vindouras que se realizariam em 15.11.1986. Com efeito, todas as agremiações que tivessem requerido, de maneira regular, o registro dos seus estatutos perante o TSE, mesmo antes de obter o registro definitivo, estariam aptas a participar das eleições gerais para Governador, Senador, Deputado Federal e Deputado Estadual.

1.3.1 Debates Pré-Constituinte (1985-1986)

Antes da realização daquele pleito eleitoral, de 1986, no qual seriam eleitos os membros que iriam compor a Assembleia Nacional Constituinte (ANC), o Presidente da República José Sarney – seguindo à risca a tradição do constitucionalismo brasileiro – criou a Comissão Provisória de Estudos Constitucionais Afonso Arinos.[254]

[251] A Assembleia Nacional Constituinte foi convocada pelo Congresso Nacional, isto é, com a união das duas Casas Legislativas no âmbito federal, por intermédio da EC n. 26/1985. À época, em 27.11.1985, a Câmara dos Deputados estava sob a presidência do Deputado Federal Ulysses Guimarães (PMDB/SP), e o Senado Federal estava sob a presidência do Senador da República José Fragelli (PMDB/MS).

[252] MEZZAROBA, Orides. **O partido político no Brasil**: teoria, história, legislação. Joaçaba: Unoesc, 1995, p. 81-82.

[253] BRASIL. Lei n. 7.454, de 30 de dezembro de 1985. Publicação Original. "Altera dispositivo da Lei n. 4.737, de 15 de julho de 1965, e dá outras providências." Disponível em: http://www.planalto.gov.br/ccivil_03/leis/L7454.htm#art5. Acesso em: 4 jan. 2019.

[254] BRASIL. Decreto n. 91.450 de 18 de julho de 1985. Publicação Original. Institui a Comissão Provisória de Estudos Constitucionais. Disponível em: http://www2.camara.leg.br/

A renomada Comissão tinha por objetivo subsidiar os futuros trabalhos da Assembleia Nacional Constituinte, como uma espécie de ponte entre representantes e representados, que canalizaria as reivindicações sociais durante o processo de transição democrática. A presidência foi atribuída ao jurista Afonso Arinos, que deu nome à comissão e, no discurso de posse, defendeu a importância dos partidos políticos.[255]

Contudo, apesar de o anteprojeto ter sido publicado no Diário Oficial,[256] ao final dos trabalhos, o Poder Executivo não o encaminhou formalmente à Assembleia Nacional Constituinte. A Comissão Afonso Arinos, por ser considerada elitizada, passou a ser alvo de críticas das forças políticas da direita à esquerda. Atendendo ao pleito de diversos setores da sociedade, o Presidente Sarney decidiu não encampar o anteprojeto, sequer a título de sugestão, para assegurar máxima liberdade aos futuros constituintes.[257]

legin/fed/decret/1980-1987/decreto-91450-18-julho-1985-441585-publicacaooriginal-1-pe.html. Acesso em: 4 jan. 2019.

[255] "(...) Nós não devemos esquecer que nós **não podemos estimular a prática da pressão popular**, como se fosse pressão partidária. Não é pressão partidária, é pressão popular (...). **Já pensaram num milhão de pessoas em Brasília cercando a Constituinte** (...). Então nós devemos ter a coragem (...) de evitar que a confusão entre pressão de massa e decisão democrática que existe e que se nós não soubermos que ela existe nos estamos botando em risco a decisão democrática. Precisamos pensar nisso. Eu não tenho medo de dizer isso. **Então, são os partidos, os partidos são os canais,** (...) **que tem que conduzir as grandes reivindicações nacionais para a operatividade da Constituinte, porque se não for isso não há outra maneira**. Me perdoe por estar dizendo, mas eu nunca escondi o que penso (...) é preciso fazer com que a nossa Constituição seja uma Constituição democrática representativa, porque a inundação da paixão, a confusão de grandes reivindicações Inatingíveis com a operatividade dos recursos leva a reação, leva a resistência reacionária, leva a volta aos regimes de força. Isto é o que eu penso." GONÇALVES, Mônica. A comissão Afonso Arinos como ensaio técnico da constituinte de 1987-88. *In*:10º ENCONTRO DA ASSOCIAÇÃO BRASILEIRA DE CIÊNCIA POLÍTICA: pensamento político brasileiro. 2016, Belo Horizonte-MG, p. 6. (grifo nosso)

[256] BRASIL. Diário Oficial, Suplemento Especial ao n. 185, 1986. Anteprojeto Constitucional, elaborado pela Comissão Provisória de Estudos Constitucionais, instituída pelo Decreto n. 91.450, de 18 de julho de 1985. "Publique-se, inclusive com as palavras que tive a oportunidade de proferir por ocasião da entrega do anteprojeto da Comissão Provisória de Estudos Constitucionais. Ao Ministério da Justiça, para os fins previstos no Decreto n. 91.450, de 18 de julho de 1985. Em 24 de setembro de 1986". Disponível em: https://www.senado.leg.br/publicacoes/anais/constituinte/AfonsoArinos.pdf. Acesso em: 4 jan. 2019.

[257] PORTO, Walter Costa. A Constituição de 1988 e a nossa cena eleitoral e partidária. *In*: MENDES, Gilmar Ferreira; MUDROVITSCH, Rodrigo de Bittencourt (coord.). **Assembleia**

Afonso Arinos, por sua vez, no pleito de 1986, foi eleito Constituinte e Senador da República (PFL/RJ) e chegou a presidir a Comissão de Sistematização da Assembleia Nacional Constituinte de 1987-1988. Sendo inegável, portanto, que, ainda que informalmente, os trabalhos desenvolvidos pela Comissão Afonso Arinos acabaram subsidiando a ANC, em especial em relação às agremiações, conforme depreendemos de exposições apresentadas à 4ª Subcomissão de Sistemas Eleitorais e Partidos Políticos:

> SR. ARNALDO MALHEIROS: – Sr. Presidente, Exmos. Srs. Constituintes, meus ilustres Companheiros de Mesa (...) I – O conjunto de normas constantes do atual art. 152 da Constituição – introduzido pela Emenda Constitucional n. 25/85 – atende satisfatoriamente ao intuito de liberalizara formação dos Partidos, deixando a estes maior margem de autonomia na sua organização. **O Anteprojeto da Comissão Afonso Arinos contém disposições semelhantes**, com algumas modificações para melhor e outras menos felizes. Do confronto entre ambos os textos, parece-me merecer realce as seguintes observações.
> SR. BOLÍVAR LAMOUNIER: – Sr. Presidente, Srs. Constituintes, companheiros deste depoimento de hoje: (...) gostaria também de assinalar que **fui membro da Comissão Afonso Arinos**, de modo que uma boa parte dos dispositivos incluídos naquele anteprojeto contam com a minha simpatia e com a minha aprovação. (...) Diria, inclusive, que **aquela Comissão,** quando **tratou da matéria referente aos Partidos Políticos**, se louvou muito na Emenda Constitucional n. 25, modificando alguns pontos, mas conservando fundamentalmente a estrutura.[258] (grifo nosso).

O período que antecedeu a instalação da ANC, além dos trabalhos desenvolvidos pela Comissão Afonso Arinos, contou com a contribuição de

Nacional Constituinte de 1987-1988: análise crítica. São Paulo: Saraiva, 2017, p. 39-60. (Série IDP)

258 BRASIL. Anais da Assembleia Nacional Constituinte de 1987-1988, 4ª Subcomissão de Sistemas Eleitorais e Partidos Políticos, Ata da 9ª Reunião Ordinária, 6-5-1987, p. 81-82. Disponível em: http://www.senado.leg.br/publicacoes/anais/constituinte/4a_Subcomissao_Do_Sistema_Eleitoral_E_Partidos_Politicos.pdf. Acesso em: 4 jan. 2019.

vários acadêmicos, juristas e grupos de pressão social, os quais, por meio da realização de debates e da apresentação de propostas, defendiam interesses pessoais e coletivos a serem contemplados pela futura Carta Política. Os partidos políticos, porém, acabaram alijados desse processo, seja pela falta de credibilidade política – em razão dos problemas inflacionários decorrentes da política econômica por eles avalizada –, seja pela ausência de engajamento social, seja pela cultura antipartidária liderada por setores liberais-conservadores, que visavam à manutenção do *status quo*.[259]

As agremiações partidárias, naquele momento, passaram a ser vistas pelos brasileiros apenas como um agrupamento de políticos profissionais em defesa de seus próprios interesses, tendo sido descaracterizado seu significado orgânico de intermediário entre a sociedade civil e o Estado.[260] Apesar de a temática partidária não ser um dos temas prioritários da pauta social que antecedeu o processo constituinte, a regulamentação dos partidos políticos na futura Constituição se dividiu em duas correntes antagônicas: uma pela ampla liberdade e outra a favor de maior intervenção estatal.[261]

A primeira corrente, contrária à excessiva regulamentação e favorável à ampla autonomia dos partidos em relação ao Estado, teve como um dos principais expoentes o jurista Fábio Konder Comparato, que apresentou um anteprojeto em defesa da liberdade de criação e da impossibilidade de extinção dessas agremiações – até mesmo por meio de decisões judiciais –, por considerar que a sua extinção, por razões estranhas a questões de irregularidades formais, "representava medida odiosa de prepotência política, incompatível com o pluralismo democrático".[262]

Para além dessa ampla liberdade, o cientista político Francisco Weffort propôs os meios de sustentação política para a estruturação dos partidos políticos, isto é, que lhes fosse assegurado acesso aos recursos do fundo

[259] MEZZAROBA, Orides. **O partido político no Brasil**: teoria, história, legislação. Joaçaba: Unoesc, 1995, p. 84-85.

[260] *Ibidem*.

[261] MEZZAROBA, Orides. **O partido político no Brasil**: teoria, história, legislação. Joaçaba: Unoesc, 1995, p. 84-85.

[262] COMPARATO, Fábio Konder. **Muda Brasil**: uma constituição para o desenvolvimento democrático. São Paulo: Brasiliense, 1986, 31-80.

partidário e aos meios de comunicação (direito de antena).[263] Outro grande entusiasta da ampla liberdade partidária, o jurista Antonio Roque Citadini, criticou, inclusive, o papel intervencionista da Justiça Eleitoral na vida intrapartidária, que, segundo ele, não seria adequado em uma democracia representativa.[264]

A segunda corrente defendia a restrição da liberdade e maior interferência estatal, ou seja, uma excessiva regulamentação dos partidos. A Comissão Afonso Arinos foi o principal expoente dessa corrente, considerando que apresentou um anteprojeto que restringia a liberdade de criação e o funcionamento das greis, além de propor a regulamentação de minúcias da vida partidária, que iam desde os procedimentos para "criação, fusão, incorporação, extinção, fiscalização financeira" a regras que garantiriam "democracia intrapartidária",[265] ao modo de "escolha de candidatos", de "participação de todos os filiados nos órgãos de direção" e dos procedimentos de "elaboração das listas partidárias".[266]

O anteprojeto apresentado pela Comissão Afonso Arinos, considerado mais intervencionista quanto à regulamentação dos partidos políticos, defendia a natureza jurídica de direito público dessas instituições, conforme mencionado pelo expositor João Gilberto à Assembleia Nacional Constituinte:

> SR. JOÃO GILBERTO: (...) O **partido político adquire personalidade jurídica do direito público**, mediante o registro do seu estatuto em Tribunal Superior Eleitoral. Aqui, a novidade está na personalidade

[263] WEFFORT, Francisco Correa. Partidos e representação: o que esperar da Constituinte. **Lua Nova – Revista de Cultura e Política**, v. 3, n. 4, p. 18-23, abr./jun. de 1987.

[264] "(...) é pouco aceitável que em um regime democrático, caiba à Corte Eleitoral promover o julgamento ideológico da agremiação. Esta função de fiscal ideológico do regime não é a melhor forma de se construir um estado democrático". CITADINI, Antonio Roque. **A nova república e os partidos políticos**. São Paulo: Max Limonad, 1986, p. 3-6.

[265] BRASIL. Anteprojeto da Comissão Afonso Arinos. Art. 66, § 1º – Resguardados os princípios previstos neste artigo, lei complementar disporá sobre a criação, fusão, incorporação, extinção e fiscalização financeira dos Partidos e poderá dispor sobre regras gerais para a sua organização e funcionamento, **visando especialmente à garantia da democracia interna e à representação de suas diversas correntes**. (grifo nosso)

[266] BRASIL. Anteprojeto da Comissão Afonso Arinos. Art. 66, § 2º – A lei assegurará a participação de todos os filiados nos órgãos de direção dos Partidos Políticos, na escolha dos seus candidatos e na elaboração das listas partidárias.

jurídica de Direito Público, que a Comissão Afonso Arinos introduziu no debate e que me parece uma contribuição interessante. **Caracterização clara de que o Partido político é uma instituição do Direito Público.**[267] (grifo nosso).

O anteprojeto de Paulo Figueiredo, publicado em periódico do Senado Federal, também era favorável à limitação da liberdade de criação e funcionamento dos partidos. Figueiredo defendia que a novel Constituição deveria limitar a sua criação a apenas cinco, número que acomodaria todas as tendências ideológicas existentes à época – "a esquerda, o centro, a direita, a meia-esquerda e a meia-direita –, por entender que, somente dessa maneira, as greis seriam consideradas ideológicas, e não programáticas. Apresentou ainda critérios mais rigorosos para a sua criação (de 10% de representantes no Congresso Nacional) e funcionamento (de 5% da votação, distribuída, pelo menos, por 1/3 dos Estados).[268]

Por fim, Henry Maksoud apresentou um anteprojeto de Constituição que, a despeito de apresentar restrições à liberdade de criação e funcionamento das greis na esfera nacional, trazia uma proposta de admissão de partidos políticos estaduais, hipótese na qual defendia que essas agremiações deveriam conquistar o apoiamento mínimo de 1% de filiados.[269]

1.3.2 Debates na Assembleia Nacional Constituinte (1987-1988)

Iniciado o processo constituinte, a sua engrenagem funcionou da seguinte forma: foram criadas diversas Comissões Temáticas, as quais, por sua vez, se subdividiram em Subcomissões, na medida em que era necessário dar maior profundidade às questões a serem debatidas. Assim, a partir das exposições e dos debates nessas Subcomissões, eram elaboradas as propostas que voltariam a ser analisadas pelas Comissões Temáticas, momento em que poderiam ser

[267] BRASIL. Anais da Assembleia Nacional Constituinte de 1987-1988, 4ª Subcomissão de Sistemas Eleitorais e Partidos Políticos, Ata da 9ª Reunião Ordinária, 6-5-1987, p. 79.

[268] FIGUEIREDO, Paulo de. Uma Constituição brasileira para o Brasil. **Revista de Informação Legislativa**, Brasília: Senado Federal, n. 8, jan./mar. 1984, p. 163-126.

[269] MAKSOUD, Henry. **Proposta de constituição para o Brasil**. São Paulo: Visão, 1987, p. 59-61.

apresentadas novas emendas, as quais, ao final da votação, iriam compor o anteprojeto que seria analisado em conjunto pela Comissão de Sistematização.

Concluída essa fase de sistematização, momento no qual o anteprojeto poderia ser alterado por meio de novas emendas, o projeto de Constituição seria remetido ao Plenário da ANC para novas discussões, emendas e votações definitivas. Deste modo, após a criação da "Comissão da Organização Eleitoral, Partidária e Garantias das Instituições", foi instituída a "4ª Subcomissão do Sistema Eleitoral e de Partidos Políticos".

O Constituinte Israel Pinheiro, eleito presidente da 4ª Subcomissão do Sistema Eleitoral e de Partidos Políticos, em seu discurso de posse, deu o tom dos trabalhos que seriam desenvolvidos pela subcomissão, ao asseverar que somente "através de partidos políticos fortes, aí sim, teremos uma democracia duradoura e permanente".[270]

Inicialmente, essa 4ª Subcomissão convocou diversos especialistas, acadêmicos, advogados, representantes das agremiações partidárias e membros da Justiça Eleitoral para realizarem exposições aos constituintes acerca dos pontos essenciais que seriam trabalhados naquela subcomissão, entre os quais se inseriam os partidos políticos.

Desde as primeiras audiências públicas, houve uma convergência entre os vários expositores quanto à necessidade de se assegurar, na novel Constituição, autonomia às agremiações partidárias – desde a liberdade de criação até o estabelecimento de normas de estruturação e funcionamento interno –, com a sua completa desvinculação do Estado, senão vejamos:

> SR. HÉLIO BICUDO: (...) **a lei eleitoral não tem permitido que haja a liberdade que deve existir na organização de um partido político que não deve ser instrumentalizado pelo Estado**, mas que deve ter a liberdade para se formular, **a liberdade para existir e a liberdade até para se desconstituir**, independentemente de uma legislação

[270] BRASIL. Anais da Assembleia Nacional Constituinte de 1987-1988, 4ª Subcomissão de Sistemas Eleitorais e Partidos Políticos, Ata da 1ª Reunião Ordinária (instalação), 01-04-1987, p. 1. Disponível em: http://www.senado.leg.br/publicacoes/anais/constituinte/4a_Subcomissao_Do_Sistema_Eleitoral_E_Partidos_Politicos.pdf. Acesso em: 5 jan. 2019.

eleitoral que nós tivemos e que ainda temos e que amarra os partidos políticos aos objetivos de um determinado sistema político.(...).[271]
SR. JAMIL HADDAD: (...). **Não é possível, na realidade, a ingerência do Estado na organização dos partidos.** E o que nós verificamos é que, dependendo da força e do conhecimento dos políticos de determinadas partidos, partidos, são permitidos certos casuísmos, facilitando a organização de partidos com elementos de grande prestígio junto às autoridades, junto à elite dirigente (...) **Os partidos devem se organizar, na realidade livremente e de acordo com os seus estatutos.** O que regula um partido, a lei magna de um partido, são os seus estatutos. (...).[272]
SR. DAVID FLEISHER: (...). **É absolutamente necessário que o partido seja desvinculado do Estado.** Como o Professor Orlando levantou, nós termos esta herança dos portugueses do Estado cartorial. Como já está se processando com relação aos sindicatos que estão sendo desvinculados do Estado, **seria interessante que o Partido fosse desatrelado desse vínculo com o Estado.** (...).[273]
SR. ALBERTO GOLDMAN: (...). A minha opinião sobre o que deve ser inserido a respeito dos partidos políticos na Constituição é muito simples. **Acho que quando se fala em liberdade de organização dos partidos, deve-se levar as conseqüências dessa afirmação até o limite.** Ou seja, liberdade é liberdade. Não se pode estabelecer como princípio constitucional que existe liberdade de organização dos partidos políticos e depois se colocar, como tem sido tradição nossa; a lei que estabelecerá normas, regras de organização e funcionamento dos partidos políticos. **O partido político tem que ter normas e regras estabelecidas por ele mesmo.** (...) [274]

[271] BICUDO, Hélio. **Anais da Assembleia Constituinte de 1987-88**, 4ª Subcomissão de Sistemas Eleitorais e Partidos Políticos, Ata da 6ª Reunião Ordinária, 29-04-1987, p. 30-31.
[272] HADDAD, Jamil. **Anais da Assembleia Constituinte de 1987-88**, 4ª Subcomissão de Sistemas Eleitorais e Partidos Políticos, Ata da 6ª Reunião Ordinária, 29-04-1987, p. 33-34.
[273] FLEISHER, David. **Anais da Assembleia Constituinte de 1987-88**, na 4ª Subcomissão de Sistemas Eleitorais e Partidos Políticos, Ata da 10ª Reunião Ordinária, p. 108-110.
[274] GOLDMAN, Alberto. **Anais da Assembleia Constituinte de 1987-88**, na 4ª Subcomissão de Sistemas Eleitorais e Partidos Políticos, Ata da 10ª Reunião Ordinária, 07-05-1987, p. 102-103.

> SR. FRANCISCO WETTFORD: (...). Assim, **um princípio que precisa ficar muito claro é que deve ser considerada livre**, sem qualquer tipo de impedimento, **a capacidade de associação política dos cidadãos**, que se propugnem formar partidos políticos, ou seja, **toda organização partidária é livre.**[275] (grifo nosso).

Outro ponto de convergência entre os inúmeros expositores, ouvidos pela 4ª Subcomissão, foi que não caberia ao Estado delimitar o número de agremiações partidárias, tampouco estabelecer rigorosos requisitos para a sua criação, sob pena de causar-lhes distorções que acabariam por viciá-los. Conforme asseverou o expositor Maurício Campos, que se manifestou na qualidade de Presidente do Partido da Frente Liberal (PFL), o filtro de rejeição ou apoiamento aos novos partidos deveria ser realizado pelos eleitores, das greis caberia apenas "exigir-lhes representatividade em termos eleitorais".[276]

Por outro lado, o expositor Arnaldo Malheiros – ouvido na qualidade de especialista em Direito Eleitoral – defendeu a proposta de "democracia intrapartidária", apresentada no Anteprojeto da Comissão Afonso Arinos, segundo a qual todos os filiados deveriam participar do processo de escolha dos candidatos e da elaboração das listas partidárias,[277] ou seja, defendeu uma autonomia mitigada às greis.

[275] WETTFORD, Francisco. **Anais da Assembleia Constituinte de 1987-88**, na 4ª Subcomissão de Sistemas Eleitorais e Partidos Políticos, Ata da 10ª Reunião Ordinária, 07-05-1987, p. 101-102.

[276] BRASIL. **Anais da Assembleia Constituinte de 1987-88**, na 4ª Subcomissão de Sistemas Eleitorais e Partidos Políticos, Ata da 7ª Reunião Ordinária, 30-4-1987, p. 45.

[277] Segundo asseverou Arnaldo Malheiros, "(...) O conjunto de normas constantes do atual artigo 152 da Constituição – introduzido pela EC n. 25/85 – atende satisfatoriamente ao intuito de liberalizar a formação dos Partidos, deixando a estes maior margem de autonomia na sua organização. O Anteprojeto da Comissão Afonso Arinos contém disposições semelhantes, com algumas modificações para melhor e outras menos felizes. Do confronto entre ambos os textos, parece-me merecer realce as seguintes observações: (...) 3- **É melhor o anteprojeto citado quando prevê a edição de normas legais que garantam a democracia interna e a representação das diversas correntes**, e, principalmente, **ao assegurar a participação de todos os filiados na escolha dos seus candidatos e na elaboração das listas partidárias** (§§ 1º e 2º do art 66)". BRASIL. **Anais da Assembleia Constituinte de 1987-88**, na 4ª Subcomissão de Sistemas Eleitorais e Partidos Políticos, Ata da 9ª Reunião Ordinária, 06-05-1987, p. 82. (grifo nosso)

Encerrada essa fase de exposição e debates, o relator da proposta, o Constituinte Francisco Rossi, apresentou a redação final com base naquilo que depreendeu ser o sentimento da maioria dos membros da 4ª Subcomissão do Sistema Eleitoral e dos Partidos:

> **A nossa proposta tem como objetivo tirar os partidos da tutela do Estado.** Sabemos que a Lei Orgânica dos partidos diz até como é que deve ser feita a ata dos partidos. Isso deve ser problema dos Partidos, e quanto mais houver independência, autonomia dos partidos em relação ao Estado, à Justiça Eleitoral, tanto mais eles terão possibilidade de se fortalecerem, de crescerem e se inserirem naquele contexto que é desejo de todos os democratas, de dar essa contribuição para o aprimoramento desse processo democrático[278] (grifo nosso).

Após a apresentação dessa proposta pelo relator, os Constituintes entregaram diversos pedidos de emendas e destaques para alteração da sua redação, sobre diversos pontos tratados naquela 4ª Subcomissão, inclusive acerca da temática da democracia interna nos partidos. Nesse sentido foi a propositura do Constituinte Geraldo Alckmin, ao apresentar um destaque que dispunha sobre a obrigatoriedade de as candidaturas partidárias a cargos eletivos – tanto pelo princípio majoritário quanto pelo proporcional – serem formadas por meio da eleição direta dos filiados à agremiação com mais de um ano de inscrição.

O "destaque Alckmin", contudo, foi contraditado pelo Constituinte Robson Marinho:

> SR. CONSTITUINTE GERALDO ALCKMIN: (...) vou defender essa propositura. Deixar isso para que o Partido decida é fazer com que a Justiça Eleitoral não acompanhe esse aspecto, no sentido da escolha dos respectivos candidatos. **Colocar isso na nossa Carta Magna democratizará os Partidos de forma genérica e fará com que a Justiça Eleitoral acompanhe esses critérios internos.**

[278] ROSSI, Francisco. **Anais da Assembleia Constituinte de 1987-88**, na 4ª Subcomissão de Sistemas Eleitorais e Partidos Políticos, Ata da 11ª Reunião Ordinária, realizada em 12-05-1987, p. 124.

> (...) SR. CONSTITUINTE ROBSON MARINHO: (...) Sr. Presidente: **isso é da economia interna de cada Partido Político; é ele que vai decidir a forma que melhor lhe convém para a escolha dos seus candidatos**. Não posso, através da lei, impingir como o Partido vai atuar e decidir sobre seus candidatos. **Defendo a manutenção da redação original do relatório do anteprojeto**: fica sob a responsabilidade de cada Partido Político decidir, de acordo com a sua economia interna, esse assunto.[279] (grifo nosso).

Além disso, o Constituinte Robson Marinho ressaltou que o texto que a 4ª Subcomissão pretendia aprovar assegurava aos partidos "autonomia para decidir sobre sua estrutura interna, critérios e processos de indicação de delegados e escolha de candidatos, bem como sobre questões que lhe são pertinentes", a fim de eliminar as imposições e restrições estabelecidas pela legislação partidária em vigência à época, consideradas impertinentes, ficando "a critério de cada partido decidir".[280] Após a votação, ainda na Subcomissão, essa proposição foi rejeitada por dezenove votos contrários e apenas um favorável.

A redação final do anteprojeto, elaborado e aprovado pela 4ª Subcomissão de Sistemas Eleitorais e Partidos Políticos, foi submetida e aprovada na Comissão Temática, a "Comissão da Organização Eleitoral, Partidária e Garantias das Instituições", em sessão presidida pelo Constituinte Jarbas Passarinho, após exposição do relator Francisco Rossi:

> Dos Partidos Políticos. Entendemos que houve consenso na Subcomissão de que a legislação atual e outras que tivemos estabelecem tantas dificuldades na criação de partidos políticos que, às vezes, fica inviável a quem tenha condição de criar um partido de razoável porte, de cristalizar essa possibilidade, tais as dificuldades. Nada mais justo que se dê liberdade de criação para os partidos políticos. Fizemos a proposta e, felizmente, fiquei muito satisfeito com o resultado.

[279] BRASIL. **Anais da Assembleia Constituinte de 1987-88**, na 4ª Subcomissão de Sistemas Eleitorais e Partidos Políticos, Ata da 13ª Reunião Ordinária, 25-05-1987, p. 194-195.
[280] BRASIL. **Anais da Assembleia Constituinte de 1987-88**, na 4ª Subcomissão de Sistemas Eleitorais e Partidos Políticos, Ata da 13ª Reunião Ordinária, 25-05-1987, p. 194-195.

> **O que propusemos, praticamente, foi o aprovado.** (...) O art. 23 também foi aprovado. Passou a ser o 18: "***Os partidos têm autonomia para decidirem sobre a sua estrutura interna, critérios e processos, indicações de delegados e escolha de candidatos, bem como sobre questões que lhe são pertinentes***" (...).[281] (grifo nosso).

Concluída essa etapa de aprovação pela Comissão Temática, o passo seguinte seria a apresentação e a votação desse texto pela Comissão de Sistematização, que estava encarregada de confeccionar o projeto de Constituição a ser votado em Plenário. Porém, esse texto foi novamente alterado pela Emenda Substitutiva n. ES-33996-6,[282] de autoria do Constituinte José Richa, após a celebração de um acordo realizado por diversas lideranças partidárias antes da reunião da Comissão de Sistematização.

A redação aprovada na Comissão de Sistematização, em sessão presidida pelo seu 4º Vice-Presidente, o Constituinte Fernando Henrique Cardoso, manteve a essência do texto aprovado na Comissão Temática e assegurou ampla liberdade aos partidos – com exceção da obrigatoriedade de a própria grei estabelecer as normas de disciplina e fidelidade partidária[283] –, mesmo sob os protestos do Constituinte Prisco Viana, contrário ao "excesso de liberdade":

> Lamento dizer que o que estamos aprovando vai nos levar fatalmente a uma grave crise partidária dentro de pouco tempo. O que se está aprovando não é a livre criação de Partidos; **o que está se aprovando é um excesso de liberdade na organização dos Partidos**. Se defendemos um sistema em que a lei não tutele os Partidos, não podemos defender um sistema em que não haja nenhuma norma legal. O que se está aprovando aqui é um sistema partidário sem nenhuma regra legal, nem para criar, nem para estabelecer condições de funcionamento,

[281] BRASIL. **Anais da Assembleia Nacional Constituinte de 1987-88.** Comissão da Organização Eleitoral, Partidária e Garantias das Instituições, Ata da 3ª Reunião, 27-05-1987, p. 14-15.

[282] BRASIL. **Comissão de Sistematização da Assembleia Nacional Constituinte**, Suplemento C, Ata n. 32 – Reunião Ordinária, Destaque nº 7195-87,185ª votação, 20-10-1987, p. 614 (ou fl. 1430).

[283] BRASIL. **Comissão de Sistematização da Assembleia Nacional Constituinte.** Disponível em: http://www.senado.leg.br/publicacoes/anais/constituinte/sistema.pdf Acesso em: 5 jan. 2019.

> nem para extinguir, nem para fundir Partidos. Se temos entre nós quase nenhuma tradição partidária, se não há entre nós uma consciência partidária, podemos perfeitamente imaginar o que será amanhã a vida dos Partidos, sem nenhuma regra legal que possa conter, dentre outros males da vida partidária, o carreirismo e o oportunismo, tão freqüentes na vida dos Partidos (...).[284] (grifo nosso).

O Constituinte Pimenta da Veiga, por outro lado, ferrenho defensor da ampla liberdade dos partidos políticos, contraditou o colega durante a votação de uma emenda aditiva sobre o "funcionamento parlamentar":

> **Para contestar o Constituinte Prisco Viana** que dizia que com a liberdade da criação de partidos seria estabelecida a desordem. Não é um entendimento correto, **não deve haver na legislação e muito menos na Constituição Federal nenhuma restrição à criação de partidos políticos.** No País deve existir tantos partidos quantas forem as linhas de pensamento político, quantos forem os segmentos políticos existentes na sociedade. Há países democráticos, nos quais, os Partidos não são contados às dezenas, mas são contados às centenas, e isso nada atrapalha a democracia, mas, ao contrário, vem protegê-la e aperfeiçoá-la. **O que deve haver, isto sim, é uma regra rígida para a representação partidária, no Parlamento**, e é exatamente disto que está tratando a emenda em questão.[285] (grifo nosso).

No Plenário da Assembleia Nacional Constituinte,[286] esses dispositivos normativos foram julgados em bloco, isto é, por meio de capítulos que comporiam o texto-base da futura Constituição Federal de 1988. Assim, em sessão

[284] PRISCO, Viana. **Comissão de Sistematização da Assembleia Nacional Constituinte, Suplemento C**, Ata n. 32 – Reunião Ordinária, Destaque n. 3539, 186ª votação, 20-10-1987, p. 623 (ou fl. 1439).

[285] VEIGA, Pimenta da. **Comissão de Sistematização da Assembleia Nacional Constituinte, Suplemento C**, Ata n. 32 – Reunião Extraordinária, Destaque n. 3539, 186ª votação, 20-10-1987, p. 624 (ou fl. 1440).

[286] BRASIL. **Ata da 215º sessão plenária da Assembleia Nacional Constituinte,** 03-03-1988, Ano II, n. 196, p. 140-151. Disponível em: http://www.senado.leg.br/publicacoes/anais/constituinte/N014.pdf. Acesso em: 5 jan. 2019.

presidida pelo Constituinte Ulysses Guimarães, procedeu-se à votação em bloco do Capítulo V, Título II, da futura Constituição.

Contudo, a redação aprovada pela Comissão de Sistematização e encaminhada ao Plenário da ANC foi, novamente, modificada pela Emenda Substitutiva n. 2.038 – emenda coletiva apresentada pelo "Centrão" que tinha como o primeiro signatário o constituinte Afif Domingos –, mas mantinha a propensão à liberdade e autonomia dos partidos políticos. A "Emenda Afif Domingos" foi aprovada com 360 votos favoráveis, 59 votos contrários e 4 abstenções, num universo de 423 Constituintes presentes àquela sessão[287].

Ainda durante a mesma sessão, o Constituinte e Senador Mário Maia apresentou ao Plenário a Emenda n. 766, uma última tentativa de limitar o princípio da autonomia partidária, ao propor a inclusão da obrigatoriedade das "prévias partidárias" para escolha de candidatos pelos partidos políticos. Naquela ocasião, foi travado o acalorado debate a seguir:

> SR. PRESIDENTE (Ulysses Guimarães): – A emenda é do nosso eminente companheiro de Mesa, brilhante Senador e Constituinte Mário Maia. **O nobre Constituinte Mário Maia quer modificar o § 1º**. É um adendo ao § Iº que reza o seguinte: "É assegurada aos partidos políticos autonomia para definir sua estrutura interna, organização e funcionamento, devendo seus estatutos estabelecer normas de fidelidade e disciplina partidárias." **Entre os requisitos quê não dão autonomia, digamos, total ou absoluta ao estatuto e são obrigados a estabelecer normas de fidelidade e disciplina partidárias. Quer** também o Constituinte **adicionar os seguintes termos**: "Sendo que **a escolha dos candidatos eletivos far-se-á sempre por votação prévia da totalidade dos filiados**, com a assistência e na conformidade das instruções da Justiça Eleitoral". Quer dizer, ao invés de a decisão ser convencional, será por votação prévia dos filiados da respectiva circunscrição, municipal, estadual e nacional. É o texto. Vou dar a palavra ao nobre Constituinte Mário Maia, que justificará sua proposição. (...)

[287] BRASIL. **Ata da 215º sessão plenária da Assembleia Nacional Constituinte,** 03-03-1988, Ano II, n. 196, p. 140-141. Disponível em: http://www.senado.leg.br/publicacoes/anais/constituinte/N014.pdf. Acesso em: 5 jan. 2019.

> SR. MÁRIO MAIA (PDT-AC): (...) Sr. Presidente, **apresentamos esta emenda, ampliando o direito de participação do povo, a começar nas convenções partidárias**, aqui, **defendendo**, portanto, **a instituição das consultas prévias**, que inúmeras vezes têm sido tentadas. Todos os Srs. Constituintes, nas indicações dos diretórios, hão de ter passado pelas dificuldades e discriminações impostas, às vezes, por um diretório constituído por um eleitorado restrito, sujeito, inclusive à influência do poder econômico de alguns elementos do próprio partido, elementos esses que vêm de fora, como aconteceu em meu Estado (...). Por isso, nobres Constituintes, espero que V. Ex.as acatem a emenda que apresentamos, **uma complementação, uma ampliação do direito do voto ao povo**. (...)

Após a exposição da justificação da emenda n. 766 pelo seu proponente, o Constituinte Mário Maia, a palavra foi concedida ao Constituinte José Genuíno, que, contrário à sua aprovação, defendeu a plena liberdade de escolha dos partidos políticos:

> SR. JOSÉ GENOÍNO (PT-SP.): – Sr. Presidente, Sr.as e Srs. Constituintes, **Se tivermos plena liberdade de organização partidária, não poderemos estabelecer uma norma que seja correta para um partido** – e nós, do PT, temos essa norma de funcionamento interno como um comportamento para todos os partidos – **porque aí estaremos contrariando o princípio da liberdade de organização partidária**. Estaremos **abrindo um precedente para amanhã aprovarmos uma outra forma, outra norma, outro tipo de como se devem organizar os partidos**. Ora, os partidos políticos se constituem em organizações livres da sociedade. São formados por cidadãos que se organizam com base em ideias. **A proposta mais avançada desta Constituinte seria esta: é livre a organização partidária**. Os partidos são organizações da sociedade civil. **Não podemos, no texto constitucional, estabelecer normas de funcionamento dos partidos políticos**. Mesmo que a norma em si tenha um objetivo correto, ela estabelece uma tutela e um procedimento que contrariam [*sic.*] ária. (...) **Apesar de, no seu mérito, expressar uma posição correta**, que pode ser adotada pelo

PT, pelo PMDB, pelo PCB, pelo PDS, **essa emenda não pode ser colocada como uma norma para estabelecer uma 'camisa-de-força' na organização dos partidos políticos.** Por isso, apelamos para à Assembleia Nacional Constituinte para não aprovar essa norma como imposição para todos os partidos políticos. (...).[288] (grifo nosso)

Assim, a despeito de reconhecerem o mérito da proposição, apresentada por Mário Maia, os Constituintes optaram por prestigiar a escolha de cada partido na adoção ou não da obrigatoriedade da realização de "prévia" para escolhas de candidatos aos cargos proporcionais e majoritários. A "Emenda Maia" foi rejeitada por 272 votos contrários, 134 votos favoráveis, 11 abstenções do total de 417 constituintes presentes naquela sessão.

Portanto, prevaleceu o texto proposto pela "Emenda Afif Domingos", que se tornou a redação final do Capítulo V, Título II, da Constituição Federal promulgada pela Assembleia Nacional Constituinte de 1987-1988, no qual a Carta Magna assegurou uma ampla autonomia para criação, organização e funcionamento dos partidos políticos brasileiros, com exceção da obrigatoriedade da previsão estatutária de normas de disciplina e fidelidade partidária.

Gênese do texto do princípio da autonomia partidária na Assembleia Constituinte

Subcomissão	Art. 18 – Os partidos têm autonomia para decidirem sobre a sua estrutura interna, critérios e processos, indicações de delegados e escolha de candidatos, bem como sobre questões que lhe são pertinentes.
Comissão Temática	Art. 12 – A criação, fusão, incorporação e extinção dos partidos serão disciplinadas em lei, assegurada a autonomia dos estatutos para disporem quanto a regras próprias de organização, funcionamento e consulta prévia aos filiados sobre decisões partidárias.
Comissão de Sistematização	Art. 18, § 2º – É assegurada aos partidos políticos autonomia para definir sobre sua estrutura interna, organização e funcionamento, devendo seus estatutos estabelecer normas de fidelidade e disciplinas partidárias.
Plenário da Assembleia e Texto Promulgado	Art. 17, § 1º – É assegurada aos partidos políticos autonomia para definir sua estrutura interna, organização e funcionamento, devendo seus estatutos estabelecer normas de fidelidade e disciplina partidárias.

[288] BRASIL. **Anais da Assembleia Nacional Constituinte de 1987-1988**, Ata da 215ª sessão plenária da Assembleia Nacional Constituinte, 03-03-1988, ano II, n. 196, p. 147-151.

2.
Autonomia Partidária na Constituição Federal de 1988

> Não se pode duvidar de que o descrédito dos partidos, caro à doutrina política da monarquia constitucional, era um ataque, ideologicamente mascarado, contra a atuação da democracia. Só a ilusão ou a hipocrisia pode acreditar que a democracia seja possível sem partidos políticos.
>
> Hans Kelsen[289]

Como visto no capítulo anterior, o surgimento das agremiações partidárias no Brasil percorreu as quatro etapas clássicas de comportamento do Estado em relação aos partidos políticos, escalonadas de maneira sucessiva, conforme descritas por Heinrich Triepel.[290]

Na primeira etapa, houve uma luta contra os partidos, considerados meras facções. Na segunda etapa, o Estado brasileiro adotou uma atitude indiferente

[289] KELSEN, Hans. **A democracia**. 2. ed. São Paulo: Martins Fontes, 2000, p. 40.

[290] "*Visto desde una perspectiva histórica, el comportamento del Estado respecto a los partidos políticos se ha movido siguiendo cuatro etapas escalonadas de manera sucesiva. Podemos hablar, primero, de uma fase de enfrentamento o lucha [Bekämpfung], y luego de una fase de ignorancia [Ignorierung]. Y a ésta le sigue um período de reconocimiento y legalización [Anerkennung und Legalisierung], apareciendo, por último, la era de la incorporación constitucional* [*verfassunsmässigen Inkorporation*]". TRIEPEL, Heinrich. **La constitución y los partidos políticos**: estudio preliminar de Ramón Punset. Traducción Pedro Madrigal Devesa. Coordenación y revisión: Ramón Punset. Madri: Tecnos, 2015, p. 14-15.

às agremiações, passando a ignorar completamente a sua existência. Na terceira etapa, o Estado reconheceu e legalizou os partidos por meio do Código Eleitoral de 1932. Por fim, na quarta etapa, ocorreu a constitucionalização das greis no Brasil.[291]

No entanto, mesmo tendo atingindo a última etapa de Triepel desde a Constituição dos Estados Unidos do Brasil de 1946, os partidos políticos brasileiros somente conquistaram a sua ampla autonomia interna com o advento da Constituição Federal de 1988.

Assim, considerando a delimitação do tema objeto da presente obra, a abordagem deste capítulo será restrita à análise das alterações legislativas e dos aspectos jurídicos do princípio da autonomia partidária, previsto no §1º, do artigo 17, da Constituição de 1988, bem como do *caput*, parágrafos e incisos, dessa norma, que se relacionam com esse relevante princípio.

2.1 A Redação Originária do Princípio da Autonomia Partidária

A Carta Política de 1988 assegurou à República Federativa do Brasil constituir-se em Estado Democrático de Direito, no qual todo poder emana do povo, que poderá exercê-lo de forma direta ou por meio de representantes eleitos, com base no respeito aos princípios fundamentais e nos termos estabelecidos pela Constituição. Aos partidos políticos, a Magna Carta concedeu um lugar de destaque no Capítulo V, Título II, art. 17, que dispõe de sua criação à extinção, impõe a observância dos princípios previstos no *caput*, bem como o respeito a procedimentos e vedações expressas.[292]

No art. 17, *caput*, da Magna Carta, o constituinte originário assegurou a liberdade para criação, fusão, incorporação e extinção das greis, resguardada a soberania nacional, o regime democrático, o pluripartidarismo, os direitos

[291] Sobre a legalização e constitucionalização dos partidos políticos vide o Capítulo 1, tópico 1.2.1.

[292] BRASIL. Constituição Federal (1988). Título II – Dos Direitos e Garantias Fundamentais. Capítulo V – Dos Partidos Políticos. Art. 17. É livre a criação, fusão, incorporação e extinção de partidos políticos, resguardados a soberania nacional, o regime democrático, o pluripartidarismo, os direitos fundamentais da pessoa humana e observados os seguintes preceitos: [...].

fundamentais da pessoa humana, bem como determinou que seja observada uma série de preceitos enumerados nos incisos e parágrafos seguintes, tais como o respeito ao caráter nacional, a proibição de subordinação ou recebimento de recursos financeiros de entidades ou governos estrangeiros, a prestação de contas à Justiça Eleitoral e o funcionamento parlamentar de acordo com a lei.

Após essas condicionantes, emerge no texto constitucional, no §1º da mesma norma, o princípio da autonomia partidária, o qual passou a assegurar às greis ampla autonomia para regulamentar questões *interna corporis*, ou seja, para definir a sua estrutura interna, organização e o seu funcionamento. Contudo, essa norma apresenta uma ressalva imediata para o seu exercício, isto é, a previsão obrigatória de regras de fidelidade e disciplina partidária nos respectivos estatutos. Apesar de assegurar essa autonomia, a Constituição exigiu, para a aquisição de personalidade jurídica, além de registro em cartório, a homologação dos estatutos perante o Tribunal Superior Eleitoral.

Ademais, o constituinte originário assegurou aos partidos políticos o direito de receber recursos públicos para a sua manutenção, denominado de fundo partidário, bem como franqueou às greis o acesso ao direito de antena (o acesso gratuito ao rádio e à televisão) na forma da lei, ou seja. Por fim, estabeleceu uma última vedação expressa à liberdade interna e externa dessas agremiações, que é a utilização de organização paramilitar.

2.2 Alterações Realizadas pelo Poder Constituinte Derivado

A redação originária do §1º do art. 17 da Constituição Federal de 1988 assegurava aos partidos políticos a "autonomia para definir sua estrutura interna, organização e funcionamento, devendo seus estatutos estabelecer normas de fidelidade e disciplina partidárias".[293] A referida norma já garantia às greis uma ampla liberdade para estabelecer, por meio dos seus respectivos estatutos – que é o instrumento fundante e de autorregulação – as regras que determinariam

[293] BRASIL. Constituição da República Federativa do Brasil: promulgada em 5 de outubro de 1988. Disponível em: http://www.planalto.gov.br/ccivil_03/Constituicao/Constituicao.htm. Acesso em: 14 jan. 2019.

a sua estrutura orgânica e a sua relação com seus filiados, inclusive com relação ao estabelecimento de normas de disciplina e fidelidade partidária.

Contudo, a redação originária dessa norma sofreu mais duas significativas alterações, via Emenda Constitucional, nos anos de 2006 e 2017. A primeira alteração foi realizada pelo Congresso Nacional para dar assento constitucional às coligações partidárias,[294] uma nítida reação do Poder Legislativo motivada pela Resposta à Consulta[295] formulada ao Tribunal Superior Eleitoral acerca da obrigatoriedade da verticalização[296] na celebração de coligações nas Eleições Gerais de 2006.

Assim, a Emenda Constitucional n. 52/2006 alterou a norma para explicitar a autonomia "para adotar os critérios de escolha e o regime de suas coligações eleitorais, sem obrigatoriedade de vinculação entre as candidaturas em âmbito nacional, estadual, distrital ou municipal".[297] Contudo, não foi possível aplicá-la imediatamente.

A Suprema Corte, em respeito ao princípio constitucional da anterioridade eleitoral, deu interpretação conforme à EC n. 52/2006 para que ela só fosse aplicada após decorrido um ano de sua vigência.[298]

[294] Desde o Código Eleitoral de 1950, as coligações eram previstas apenas na legislação infraconstitucional, sendo a mais recente na Lei n. 9.504/1997, que no art. 6 faculta às agremiações "dentro da mesma circunscrição, celebrar coligações para eleição majoritária, proporcional, ou para ambas, podendo, neste último caso, formar-se mais de uma coligação para a eleição proporcional dentre os partidos que integram a coligação para o pleito majoritário".

[295] BRASIL. TSE. Consulta n. 1185. Rel. Ministro Marco Aurélio, julgado em: 3-3-06, DJe em 28/4/2006, p. 139.

[296] A regra da verticalização foi a obrigatoriedade de os partidos políticos vincularem as coligações partidárias realizadas no plano nacional nos estados e no Distrito Federal. Assim, não era permitido às agremiações que tivessem lançado candidato à Presidência da República celebrar coligações com partidos que também tivessem, isoladamente ou através de coligação, lançado candidato à eleição presidencial. TSE. Consulta n. 1185. Relator Ministro Marco Aurélio, julgado em: 03-03-2006, DJe em 28/04/2006, p. 139.

[297] BRASIL. Constituição Federal (1988). Emenda Constitucional n. 52, de 8 de março de 2006. Dá nova redação ao § 1º do art. 17 da Constituição Federal para disciplinar as coligações eleitorais. Disponível em: http://www.planalto.gov.br/ccivil_03/Constituicao/Emendas/Emc/emc52.htm#art1. Acesso em: 14 jan. 2019.

[298] BRASIL. STF (Tribunal Pleno). Ação Direta de Inconstitucionalidade 3685/DF. Relatora Ministra Ellen Gracie, julgado em 22-03-2006, DJe 10-08-2006: AÇÃO DIRETA DE INCONSTITUCIONALIDADE. ART. 2º DA EC 52, DE 08.03.06. APLICAÇÃO IMEDIATA DA NOVA REGRA SIBRE COLIGAÇÕES PARTIDÁRIAS ELEITORAIS, INTRODUZIDA NO TEXTO DO ART. 17, §1º, DA CF, ALEGAÇÃO DE VIOLAÇÃO AO PRINCÍPIO DA

A segunda alteração se deu por meio da Emenda Constitucional n. 97/2017, igualmente motivada pela insatisfação do Congresso Nacional com a redação de Resolução[299] do TSE – que regulamentou o prazo máximo de duração das Comissões Provisórias – para reafirmar o princípio da autonomia partidária e assegurar aos partidos políticos uma ampla liberdade para estabelecer as regras para a composição e o prazo de duração das Comissões Provisórias e dos Órgãos Permanentes, além de acrescentar uma restrição a essa liberdade, isto é, a vedação à celebração de coligações nas eleições proporcionais,[300] senão vejamos:

> Art. 17. § 1º – É assegurada aos partidos políticos autonomia para definir sua estrutura interna e **estabelecer regras sobre escolha, formação e duração de seus órgãos permanentes e provisórios** e sobre sua organização e funcionamento e para adotar os critérios de escolha e o regime de suas coligações nas eleições majoritárias, **vedada a sua celebração nas eleições proporcionais**, sem obrigatoriedade de vinculação entre as candidaturas em âmbito nacional, estadual, distrital ou municipal, devendo seus estatutos estabelecer normas de disciplina e fidelidade partidária.[301] (grifo nosso).

Assim, hodiernamente, o princípio constitucional da autonomia partidária confere aos partidos ampla liberdade para definir sua estrutura interna, organização e funcionamento, de estabelecer as regras para a composição e o prazo

ANTERIORIDADE DA LEI ELEITORAL (CF. Art. 16) E ÀS GARANTIAS INDIVIDUAIS DA SEGURANÇA JURÍDICA E DO DEVIDO PROCESSO LEGAL (CF. Art. 5º, *CAPUT*, E LIV). LIMITES MATERIAIS À ATIVIDADE DO LEGISLADOR CONSTITUINTE REFORMADOR. ARTS. 60, §4º, IV, E 5º, § 2º, DA CF.

299 BRASIL. TSE. Instrução n. 3. Res. de 17-12-2015. Rel. Min. Henrique Neves da Silva, DJe em 22-12-2015. Art. 39. **As anotações relativas aos órgãos provisórios têm validade de 120 (cento e vinte) dias**. (grifo nosso)

300 BRASIL. Constituição Federal (1988). Emenda Constitucional n. 97, de 4 de outubro de 2017. Art. 2º – A vedação à celebração de coligações nas eleições proporcionais, prevista no § 1º do art. 17 da Constituição Federal, **aplicar-se-á a partir das eleições de 2020**. (grifo nosso)

301 BRASIL. Constituição Federal (1988). EC n. 97, de 4 de outubro de 2017. Disponível em: http://www.planalto.gov.br/ccivil_03/Constituicao/Emendas/Emc/emc97.htm#art1 Acesso em: 14 jan. 2019.

de duração dos órgãos partidários permanentes e provisórios, para a adoção do critério de escolha e do regime de coligações nas eleições majoritárias sem a obrigação de vinculação vertical, ressalvadas a obrigatoriedade de inclusão de normas de disciplina e fidelidade partidária em seus respectivos estatutos e a vedação da celebração de coligação para as eleições proporcionais.

A despeito de a norma ter sofrido essas duas alterações legislativas, que a doutrina mais abalizada denomina de *backlash* – uma reação em sentido oposto ao que foi decido pelo Poder Judiciário[302] –, é possível observar que a intenção do poder constituinte derivado não se distancia dos propósitos do constituinte originário. Ao contrário, o que se verifica é que essas alterações tiveram como objetivo maximizar o escopo desse princípio, na medida em que as situações fático-jurídicas impuseram novas restrições à autorregulação das greis.

Desse modo, considerando as alterações na redação originária do §1º do art. 17 da Magna Carta de 1988 acerca da autorregulação de questões *interna corporis,* a redação normativa analisada na presente obra será a redação atribuída pela EC n. 97/2017, com a ressalva de a constitucionalidade dessa norma estar pendente de apreciação pela Suprema Corte.[303]

2.3 O Conceito do Princípio da Autonomia Partidária

A autonomia partidária, positivada no §1º do art. 17 da Constituição de Federal de 1988, é o princípio constitucional que concede aos partidos políticos brasileiros uma ampla liberdade para a regulamentação das suas questões *interna corporis* ou intrapartidárias. A positivação dessa norma no texto constitucional, após as experiências traumáticas de indevida intervenção estatal nas esferas internas das greis, foi uma grande conquista da sociedade brasileira.

Como visto ao longo do Capítulo 1, a sua origem está intimamente relacionada aos eventos político-partidários que ocorreram durante a Era Vargas (1930-1954) e no Regime Militar (1964-1985). Na Era Vargas, houve uma

[302] *Backlash* é a denominação dada pela doutrina à reação social oposta – que às vezes se expressa de maneira institucional (pela via legislativa) – às decisões tomadas pelo Poder Judiciário na interpretação da Constituição Federal ou da legislação. FONTELES, Samuel Sales. **Direito e backlash.** Salvador: JusPodivm, 2019, p. 23-37.

[303] BRASIL. STF. ADI n. 5875/DF. Relator Ministro Luiz Fux. (julgamento pendente).

excessiva regulamentação das greis para possibilitar um maior controle estatal sobre os setores da sociedade civil organizada que demonstravam oposição ao *establishment*, período no qual os partidos deixaram de funcionar como associações civis para se tornarem parte do estamento.

Todavia, se, por um lado, o *modus operandi* de controle dos partidos políticos – por meio da legislação eleitoral-partidária – foi uma iniciativa Varguista, por outro, os Militares foram os grandes responsáveis por aprimorá-la como um eficiente instrumento de controle social, afinal, era necessário dar aparência de legalidade e legitimidade aos arbítrios perpetrados, para que pudessem exercer o poder político.

O Regime Militar fez uso desse expediente em diversas ocasiões, ao realizar inúmeras alterações casuísticas na legislação eleitoral-partidária, que, além do objetivo de dar ares de legitimidade e legalidade para as medidas autoritárias que o *establishment* impunha à nação, tinham o propósito de enfraquecer – ou até mesmo a aniquilar – as forças políticas de oposição para assegurar a sua perpetuação no poder.

Como nos tempos sombrios de autoritarismo os partidos políticos são sempre os primeiros a serem silenciados pelo Estado, o princípio constitucional da autonomia partidária surgiu como um direito ou garantia fundamental das greis oponível em face do Estado, ou seja, para evitar a intervenção estatal dentro das estruturas partidárias, assegurando a independência desses grupos de opinião estruturalmente organizados, a fim de que possam desempenhar a sua função precípua de canalização dos anseios sociais para o Estado.

É importante ressaltar que a ideia de estatização das forças político-sociais revela-se prejudicial à democracia representativa, na medida em que a indevida ingerência estatal nos segmentos sociais acaba por enfraquecer ou aniquilar a oposição às forças dominantes, propiciando o surgimento de um Estado autoritário. Nesse mesmo sentido tem se posicionado a doutrina pátria, segundo a qual a estatura constitucional desse princípio visa assegurar que não haja "intromissões exteriores" nem "estrangulamentos internos" nas greis.[304]

Conforme ressalta o magistério de Augusto Aras, ao vislumbrar que os partidos políticos brasileiros constituem uma legítima associação voluntária de membros da sociedade civil que comungam dos mesmos ideais para atingir

[304] RIBEIRO, Fávila. **Direito eleitoral**. 4. ed. Rio de Janeiro: Forense, 1997, p. 311.

fins políticos, o Poder Constituinte Originário concebeu os princípios da liberdade e da autonomia partidária, desde a criação até a extinção das greis, com o evidente propósito de proteger esses agrupamentos sociais da indevida "influência do Estado".[305]

É dizer, o princípio da autonomia partidária propicia às greis "condições melhores para que colaborem com o funcionamento das instituições democráticas, realizando a formação política do povo, divulgando planos e alternativas de governo, selecionando candidatos".[306] Desse modo, "pela primeira vez no Brasil, uma Constituição delegou aos partidos autonomia para regulamentar as matérias *interna corporis,* tais como a sua estrutura, organização e funcionamento", bem como para estabelecer as normas de disciplina e fidelidade partidária.[307]

Assim, esse princípio deve ser compreendido como a liberdade interna que o partido político possui para regulamentar as normas sob as quais funcionará a grei, desde o estabelecimento do seu programa até a positivação das normas do Estatuto Partidário – uma espécie de constituição do partido que deverá ser observado em todos os atos intrapartidários pelos seus respectivos filiados e pelos seus órgãos diretivos –, podendo ser invocado sempre que houver tentativa de ingerência estatal no interior dessas agremiações.

A autonomia partidária (ou da liberdade interna) está intrinsecamente relacionado ao princípio da liberdade de criação dos partidos, uma vez que não seria possível invocar essa autonomia em contexto no qual a "liberdade criativa" fosse mitigada. Com efeito, muito embora o princípio da liberdade de criação seja responsável por assegurar o surgimento de novas greis, a autonomia é que constitui o instrumento por intermédio do qual se garantirá o livre desenvolvimento. Assim, mais do que a liberdade para a mera concepção, aos partidos políticos é assegurada a ampla capacidade de auto-organização para o crescimento e a atuação da maneira que melhor lhes aprouver.[308]

[305] ARAS, Augusto. **Fidelidade partidária**: efetividade e aplicabilidade. 1. ed. Rio de Janeiro: LMJ Mundo Jurídico, 2016, p. 132.

[306] FERREIRA FILHO, Manoel Gonçalves. **Comentários à Constituição brasileira de 1988**. v. 1. São Paulo: Saraiva, 1990, p. 135.

[307] MEZZAROBA, Orides. **Teoria geral do direito partidário e eleitoral**. 1. ed. Florianópolis: Qualis, 2018, p. 280.

[308] ALVIM, Frederico Franco. **Curso de direito eleitoral**. 2. ed. Curitiba: Juruá, 2016, p. 223.

Conforme salienta Bruno Rangel, a despeito de se tratar de uma "prerrogativa que funciona como extensão da autonomia individual à pessoa jurídica formada pela coletividade de cidadãos filiados", o princípio constitucional da autonomia partidária não se trata de uma prerrogativa partidária que se caracteriza como uma espécie de benesse com o mero objetivo de conceder privilégios à grei, mas se constitui em prerrogativa destinada ao implemento da missão representativa dos partidos políticos na democracia brasileira.[309]

Ademais, segundo o disposto no §1º do art. 17 da Constituição, identificamos quatro espécies do gênero autonomia partidária: 1- autonomia partidária ideológica (no que concerne às linhas ideológicas e programáticas adotadas); 2- autonomia partidária organizacional (a sua organização propriamente dita e funcionamento); 3- autonomia partidária financeira (relativa aos gastos dos recursos do Fundo Partidário); e 4- autonomia partidária eleitoral (relacionada à sua participação no processo eleitoral: a escolha de candidatos, a celebração de coligações, a distribuição do Fundo Especial de Financiamento de Campanha e do direito de antena.

Por fim, impende esclarecer que a autonomia partidária não abrange as questões que dizem respeito à liberdade externa das greis, isto é, no que concerne à sua participação no processo eleitoral,[310] tais como a obrigatoriedade legal da observância da proporção de sexo (30% – 70%) no registro de candidaturas, norma que visa preservar os direitos fundamentais das filiadas. Aliás, além de não ultrapassar os limites internos dos partidos, essa autonomia tampouco poderá ser invocada nas relações entre duas ou mais agremiações, hipótese que deverá ser regulamentada pela legislação infraconstitucional.[311]

[309] SILVA, Bruno Rangel Avelino da. Representação partidária: entre a democracia interna e a autonomia. *In*: MORAES, Filomeno; SALGADO, Eneida Desiree; AIETA, Vânia Siciliano (org.). **Justiça eleitoral, controle das eleições e soberania popular**. Curitiba: Ithala, 2016, p. 53.

[310] MENDES, Gilmar Ferreira; BRANCO, Paulo Gustavo Gonet. **Curso de direito constitucional**. 13. ed. rev. e atual. São Paulo: Saraiva Educação, 2018, p. 822, nota de rodapé n. 110. (Série IDP)

[311] Nesse sentido foi a decisão da Suprema Corte ao rejeitar arguição de inconstitucionalidade do art. 22 da Lei n. 9.096/1995, que dispunha acerca da consequência da nulidade de filiação partidária quando configurada a sua duplicidade. Cf.: BRASIL. STF (Tribunal Pleno). Ação Direta de Inconstitucionalidade 1465-MC. Relator Ministro Joaquim Barbosa, julgado em 24-02-2005, DJe 06-05-2005: AÇÃO DIRETA DE INCONSTITUCIONALIDADE. PARTIDOS POLÍTICOS. DUPLA FILIAÇÃO. REGULAÇÃO LEGAL DA RELAÇÃO ENTRE DOIS OU

2.4 Autonomia Partidária: Direito ou Garantia Fundamental?

A localização topográfica do princípio da autonomia partidária – no Capítulo IV do Título II da Constituição Federal de 1988 – põe dúvida quanto a sua classificação como um direito ou uma garantia fundamental. Conforme leciona Jorge Miranda, em razão da sua estrutura, natureza e função, é possível distinguir os direitos fundamentais entre o "direito propriamente dito", que sempre envolve a escolha de "*facere* ou *non facere*", e a garantia, cuja única opção é o "*facere*"[312].

Assim, segundo o Jurista português, para estabelecermos se uma norma constitucional se reporta a um direito ou a uma garantia fundamental, devemos nos perguntar: a referida norma estabelece uma "faculdade de agir ou de exigir em favor de pessoas ou de grupos"!?[313] Caso a resposta à pergunta seja afirmativa, ou seja, se a norma constitucional coloca a pessoa ou grupo em situação ativa, na qual poderá "exercer por si e invocar diretamente para outras entidades",[314] trata-se de um direito fundamental.

Na hipótese de resposta negativa à pergunta acima formulada, caso seja conferido a essa norma constitucional um "sentido organizativo objetivo, independente de uma atribuição ou de uma atividade pessoal", estaremos diante de uma garantia fundamental.[315] Dito de outro modo, a garantia é uma norma de conteúdo assecuratório, isto é, que serve para assegurar um direito fundamental que, por sua vez, possui conteúdo declaratório.

Nesse sentido, do rol de direitos previstos na Constituição Portuguesa, Jorge Miranda elenca a liberdade como um direito fundamental. Com efeito, a liberdade de religião trata-se de uma escolha de professar ou não professar a

MAIS PARTIDOS. PRINCÍPIO DA FIDELIDADE PARTIDÁRIA. IMPROCEDÊNCIA. Ação direta de inconstitucionalidade que impugna o texto "fica configurada dupla filiação, sendo ambas consideradas nulas para todos os efeitos", constante do art. 22 da Lei n. 9.096/1995. A autonomia partidária não se estende a ponto de atingir a autonomia de outro partido, cabendo à lei regular as relações entre dois ou mais deles. A nulidade que impõe o art. 22 da Lei 9.096/1995 é conseqüência da vedação da dupla filiação e, por conseqüência, do princípio da fidelidade partidária. Filiação partidária é pressuposto de elegibilidade, não cabendo afirmar que a lei impugnada cria nova forma de inelegibilidade. Ação direta julgada improcedente.

[312] MIRANDA, Jorge. **Direitos fundamentais**. 2. ed. Coimbra: Almedina, 2017, p. 148.

[313] *Ibidem.*

[314] MIRANDA, Jorge. **Direitos fundamentais**. 2. ed. Coimbra: Almedina, 2017, p. 148.

[315] *Ibidem.*

religião, assim como a liberdade de associação trata-se da opção de associar-se ou não. Porém, admite que há casos de difícil distinção, isto é, quando se cuida de um "direito autónomo ou de uma garantia".[316]

No que concerne à norma que prevê o princípio da autonomia partidária, a resposta à indagação supracitada é positiva, considerando que essa autonomia constitui uma "faculdade de exigir" a não intervenção do Estado no interior dos partidos, podendo ou não ser invocada pelas greis em face da ingerência indevida nas suas questões internas. Logo, trata-se de um direito que se insere "direta e imediatamente" na sua "esfera jurídica", e não de uma garantia na qual "só nelas se projetam pelo nexo que possuem com os direitos".[317]

A despeito de parte da doutrina pátria[318] se referir à autonomia partidária como uma garantia dos partidos políticos, a própria delimitação do conceito de autonomia realizada no tópico anterior – segundo a qual esse princípio cuida da liberdade interna dos partidos – também nos leva a conclusão diametralmente oposta, isto é, no sentido de que essa autonomia constitui um direito fundamental de liberdade interna das greis, que decorre também do direito fundamental de associação,[319] e não de uma garantia.

Assim, partindo do pressuposto de que o princípio constitucional da autonomia partidária se trata de um direito fundamental, o passo seguinte é delimitar quem seria o titular desse direito: o próprio partido (pessoa jurídica de direito privado) ou seus respectivos filiados (pessoas físicas associadas)?

[316] MIRANDA, Jorge. *Op. cit.*, p. 148.

[317] *Ibidem.*

[318] MEZZAROBA, Orides. **Teoria geral do direito partidário e eleitoral**. 1. ed. Florianópolis: Qualis, 2018, p. 280/285. Nesse mesmo sentido: ALVIM, Frederico Franco. **Curso de direito eleitoral**. 2. ed. Curitiba: Juruá, 2016, p. 223-224; SALGADO, Eneida Desiree. Os partidos e o estado democrático: a tensão entre a autonomia partidária e a exigência de democracia interna. *In:* SALGADO, Eneida Desiree; DANTAS, Ivo (coord.). **Partidos políticos e seu regime jurídico**. Curitiba: Juruá, 2013, p. 141; MOTA, Rafael Moreira. **O controle judicial da autonomia partidária**. Rio de Janeiro: Lumen Juris, 2018, p. 37.

[319] André Rufino reconhece a liberdade geral de associação como um direito fundamental. De acordo com o autor, a liberdade positiva de associação (CF/88. Art. 5º, XVII) e a liberdade negativa de associação (CF/88. Art. 5º, XX) são os dois âmbitos ou faces do direito fundamental de associação, e esse direito fundamental "possui também uma dupla dimensão, individual e coletiva (liberdade individual e liberdade coletiva de associação". VALE, André Rufino do. *Drittwirkung* de direitos fundamentais e associações privadas. **Revista de Direito Público**, Brasília: Instituto Brasiliense de Direito Público (IDP), n. 9, jul./set. 2005, p. 63.

Entendo que esse direito fundamental tem como titular a própria pessoa jurídica que visa proteger: os partidos políticos.

É bem verdade que a Constituição pátria não reconhece, de forma expressa, as pessoas jurídicas como titulares dos direitos fundamentais. Contudo, Ingo Sarlet registra que, muito embora não sejam titulares de todos os direitos fundamentais, é evidente que o são daqueles direitos que lhes são aplicáveis em razão da compatibilidade com a sua natureza peculiar e que são relacionados aos seus próprios fins,[320] que é o que ocorre na hipótese dos partidos quando têm reconhecida a sua autonomia partidária como um direito fundamental.

Importante que se diga, porém, que a busca pela correta classificação do princípio constitucional da autonomia partidária – como direito ou como garantia fundamental – tem por objetivo tão somente atribuir-lhe a correta denominação doutrinária, tendo em vista que a ordem constitucional brasileira vigente "confere tratamento unívoco aos direitos e garantias fundamentais".[321]

Assim, considerando que a Constituição Federal de 1988 não distingue, de maneira expressa, direitos e garantias – colocando-os no mesmo plano constitucional –, o regime jurídico aplicável ao princípio da autonomia partidária não poderá ser diverso, ainda que se entenda tratar-se de uma garantia fundamental, sobretudo no que diz respeito à "preservação do núcleo essencial perante o legislador ordinário, quanto aos destinatários das normas e quanto aos órgãos competentes para a sua regulamentação legislativa".[322]

2.5 A Regulamentação da Autonomia Partidária pela Legislação Infraconstitucional

O princípio da autonomia partidária, destinado a preservar as greis da indevida interferência estatal no seu âmbito interno, não as imuniza completamente

[320] SARLET, Ingo Wolfgang. **A eficácia dos direitos fundamentais**: uma teoria geral dos direitos fundamentais na perspectiva constitucional. 13. ed. rev. e atual. Porto Alegre: Livraria do Advogado, 2018, p. 230.

[321] MENDES, Gilmar Ferreira; BRANCO, Paulo Gustavo Gonet. **Curso de direito constitucional**. 13. ed. rev. e atual. São Paulo: Saraiva Educação, 2018, p. 170. (Série IDP)

[322] MIRANDA, Jorge. **Direitos fundamentais**. 2. ed. Coimbra: Almedina, 2017, p. 100.

da atuação do legislador ordinário. Afinal, todas as normas de direitos fundamentais – em maior ou menor grau – admitem alguma restrição.[323] Porém, para que a restrição a essa autonomia seja válida, a sua regulamentação pela lei infraconstitucional deverá observar algumas condições.

Nessa perspectiva, para que a autonomia partidária não sofra abusivas restrições pela legislação infraconstitucional, deve se aplicar a teoria dos limites dos limites (*schranken-schranken*) a fim de "estabelecer limites às restrições de direitos fundamentais, de modo a evitar a anarquia restritiva".[324] A despeito da ausência de previsão constitucional expressa, essa teoria tem sido recepcionada pela doutrina e jurisprudência pátrias para funcionar como uma verdadeira barreira às restrições aos direitos fundamentais, isto é, como garantes da eficácia desses direitos em todas as suas funções e dimensões.[325]

Assim, à luz da teoria dos limites dos limites, entendo que a regulamentação de medidas restritivas à autonomia partidária somente será considerada legítima se houver a garantia da preservação do núcleo essencial desse direito fundamental, se essas restrições forem claras, genéricas e abstratas, realizadas de maneira proporcional e razoável. Com efeito, respeitados os limites aos limites dessa autonomia, a legislação infraconstitucional poderá fixar regras

323 Adotei a premissa defendida pelo doutrinador Virgílio Afonso, segundo a qual os direitos fundamentais podem ser objeto de restrição independentemente de se tratar de normas constitucionais de eficácia plena, contida ou limitada, em contraponto à doutrina clássica do seu genitor – José Afonso da Silva –, que apenas admite restrição a direitos fundamentais de normas de eficácia contida ou limitada. SILVA, Virgílio Afonso da. **Direitos fundamentais**: conteúdo essencial, restrição e eficácia. 2. ed. São Paulo: Malheiros, 2017, p. 126-163.

324 De acordo com Samuel Fonteles, com base na teoria dos limites dos limites, as restrições a direitos fundamentais somente serão válidas se observadas as seguintes condições: "a) o núcleo essencial do direito restringido não pode ser sacrificado; b) a restrição deve ser clara, de modo a evitar a insegurança jurídica; c) as restrições devem se revestir de generalidade e abstração, na medida em que não seria isonômico e impessoal restringir direitos fundamentais de maneira individual e concreta; d) a restrição deverá sujeitar-se ao crivo da regra da proporcionalidade". FONTELES, Samuel Sales. Tutela coletiva e direitos fundamentais: uma hermenêutica de equilíbrio. *In*: VITORELLI, Edilson (org). **Manual de direitos difusos**. 2. ed. rev. atual. e ampl. Salvador: Juspodivm, 2019, p. 64.

325 SARLET, Ingo Wolfgang. **A eficácia dos direitos fundamentais**: uma teoria geral dos direitos fundamentais na perspectiva constitucional. 13. ed. rev. e atual. Porto Alegre: Livraria do Advogado, 2018, p. 414.

gerais para todas as greis, sobretudo para compatibilizar esse princípio com os demais postulados constitucionais que também deverão ser observados.[326]

Desse modo, apesar de a Constituição ter adotado o princípio da autonomia partidária para assegurar a liberdade de autorregulação das greis, a organização da estrutura e do funcionamento dos partidos também deverá observar as regras gerais impostas pela legislação infraconstitucional. Por essa razão, esse princípio foi disciplinado pela Lei dos Partidos Políticos (Lei n. 9.096/1995),[327] que muito embora não seja mais denominada "orgânica" em respeito ao postulado constitucional, estabelece as normas gerais que deverão ser seguidas na elaboração dos programas e estatutos partidários.[328]

A Lei n. 9.096/95 reitera o texto constitucional no que concerne ao compromisso das greis com o seu papel precípuo nas democracias contemporâneas, qual seja, assegurar a autenticidade do sistema representativo e a defesa dos direitos fundamentais,[329] além de enfatizar alguns aspectos da autonomia partidária, tais como a impossibilidade de equiparação de partidos às entidades paraestatais.[330]

A Lei dos Partidos Políticos (LPP) reafirma, ainda, a autonomia partidária para a definição do cronograma das atividades eleitorais de campanha e escolha de dia e horário – desde que observados os limites estabelecidos em lei –,[331] determina que atuação das agremiações partidárias deverá ser pautada

[326] CLÈVE, Clèmerson Merlin. **Fidelidade partidária**: impeachment e justiça eleitoral – estudo de caso. 1. ed. 5. tir. Curitiba: Juruá, 2005, p. 20.

[327] BRASIL. Lei n. 9.096, de 19 de setembro de 1995. Dispõe sobre partidos políticos, regulamenta os arts. 17 e 14, § 3º, inciso V, da Constituição Federal. Disponível em: http://www.planalto.gov.br/ccivil_03/LEIS/L9096.htm. Acesso em: 18 jan. 2019.

[328] REIS, Palhares Moreira. O partido político e a Lei de 1995. *In*: REIS, Palhares Moreira. **Cinco estudos sobre partidos políticos**. Recife: UFPE – Editora Universitária, 1999, p. 114-119.

[329] BRASIL. Lei n. 9.096. Art. 1º – O partido político, pessoa jurídica de direito privado, destina-se a assegurar, no interesse do regime democrático, a autenticidade do sistema representativo e a defender os direitos fundamentais definidos na Constituição Federal.

[330] BRASIL. Lei n. 9.096/95. Art. 1º, Parágrafo único – O partido político não se equipara às entidades paraestatais. (incluído pela Lei n. 13.488, de 2017).

[331] BRASIL. Lei n. 9.096/95. Art. 3º, Parágrafo único – *É assegurada aos candidatos, partidos políticos e coligações autonomia para definir o cronograma das atividades eleitorais de campanha e executá-lo em qualquer dia e horário, observados os limites estabelecidos em lei* (Incluído pela Lei n. 12.891, de 2013).

de acordo com seu estatuto e programa e reitera a vedação à subordinação a entidades ou governos estrangeiros.[332]

Por fim, a Lei n. 13.831/2019 alterou a LPP, para enfatizar a autonomia dos partidos para definir o prazo de duração dos mandatos de dirigentes de órgãos partidários permanentes e provisórios – conforme a EC n. 97/2017 – e que o prazo de vigência dos órgãos ou comissões provisórias poderá ser de até oito anos, bem como vedou a extinção automática do órgão e o cancelamento da sua inscrição perante o Cadastro Nacional da Pessoa Jurídica (CNPJ).[333]

Do mesmo modo, a Lei das Eleições (Lei n. 9.504/97) regulamenta as questões partidárias relativas à sua participação no processo eleitoral, como, por exemplo, acerca das celebrações de coligações partidárias[334] e da intervenção dos órgãos partidários, nas esferas hierarquicamente inferiores, por descumprimento às "diretrizes legitimamente estabelecidas" para a escolha dos candidatos em convenção ou da formação de coligações.[335]

Além da Lei dos Partidos Políticos e da Lei das Eleições, o Tribunal Superior Eleitoral (TSE) também possui a atribuição de elaborar as instruções normativas que regulamentam as agremiações partidárias[336] e a sua participação no processo eleitoral[337]. O processo de criação, organização, fusão,

[332] BRASIL. Lei n. 9.096/95. Art. 5º – A ação do partido tem caráter nacional e é exercida de acordo com seu estatuto e programa, sem subordinação a entidades ou governos estrangeiros.

[333] BRASIL. Lei n. 13.831, de 17.4.2019, Publicação Original. Altera a Lei n. 9.096, de 19 de setembro de 1995 (Lei dos Partidos Políticos), a fim de assegurar autonomia aos partidos políticos para definir o prazo de duração dos mandatos dos membros dos seus órgãos partidários permanentes ou provisórios; e dá outras providências. http://www.planalto.gov.br/ccivil_03/_Ato2019-2022/2019/Lei/L13831.htm#art1. Acesso em: 19 maio 2019.

[334] BRASIL. Lei n. 9.504/97, de 30.9.1997, Art. 6º – É facultado aos partidos políticos, dentro da mesma circunscrição, celebrar coligações para eleição majoritária, proporcional, ou para ambas, podendo, neste último caso, formar-se mais de uma coligação para a eleição proporcional dentre os partidos que integram a coligação para o pleito majoritário.

[335] BRASIL. Lei n. 9.504/97, de 30.9.1997, Art. 7, §2 – Se a convenção partidária de nível inferior se opuser, na deliberação sobre coligações, às diretrizes legitimamente estabelecidas pelo órgão de direção nacional, nos termos do respectivo estatuto, poderá esse órgão anular a deliberação e os atos dela decorrentes.

[336] BRASIL. Código Eleitoral (Lei nº 4.737), de 15.7.1965, Art. 22, inc. I, alínea 'a' – o registro e a cassação de registro de partidos políticos, dos seus diretórios nacionais e de candidatos à Presidência e Vice-Presidência da República;

[337] BRASIL. Código Eleitoral (Lei nº 4.737), de 15.7.1965, Art. 23, IX – expedir as instruções que julgar convenientes à execução deste código; (Ac.-TSE, de 20.4.2017, no AgR-AI nº 143882

incorporação e extinção dos partidos políticos é regulamentado pela Res.-TSE n. 23.571/2018 e o instituto da Fidelidade Partidária pela Res.-TSE n. 22.610/2007.

e, de 9.9.2014, no REspe nº 64770: a competência para regulamentar legislação eleitoral é exclusiva do Tribunal Superior Eleitoral).

3.
A Interpretação do Princípio da Autonomia Partidária Conforme a Jurisprudência do TSE e do STF (1988-2020)

> Este § 1º do art. 17 da Constituição brasileira não nasce do nada, gratuitamente: ele nasce, de um lado, da clara oposição do Constituinte ao passado imediato, à tentativa de impor aos partidos um modelo único, um verdadeiro mecanismo de engessamento da organização dos partidos políticos, conforme parâmetros ideais do legislador autoritário; isto para não aviventar a hipótese, que é muito mais do que uma hipótese, de que à época do surgimento dos textos fundamentais da legislação da organização partidária, sob o regime autoritário caduco, tinham eles, também, o claro sentido de um instrumento para tornar ilusória a declaração constitucional de uma teórica liberdade de organização dos partidos.
>
> Ministro Sepúlveda Pertence [338]

O princípio da autonomia partidária surgiu, no ordenamento jurídico pátrio, somente com o advento da Constituição Federal de 1988, momento a partir do qual o Tribunal Superior Eleitoral (TSE)[339] e o Supremo Tribunal

[338] BRASIL. TSE. Petição n. 12028. Relator Ministro Vilas Boas; Rel. Designado Min. Paulo Brossard, Acórdão de 29-10-1991, DJe em 08-05-1992, p. 25-26.

[339] Após a realização de pesquisa de jurisprudência sobre autonomia partidária, no *site* do TSE, foram selecionados e analisados 182 acórdãos.

Federal[340] passaram a interpretá-lo. Assim, para compreender quais são as balizas impostas ao seu exercício, à luz da interpretação dessas Cortes, analisarei a evolução da jurisprudência acerca dessa temática nas últimas três décadas.

Apesar de esta pesquisa de jurisprudência ter sido realizada separadamente, no acervo do *site* de cada uma das Cortes, optei por apresentá-la em conjunto para demonstrar como se deu o diálogo institucional entre o TSE e a Suprema Corte e, por sua vez, entre o Poder Judiciário e o Poder Legislativo.

Por fim, a partir dos *leading cases*[341] selecionados, no período entre 5.10.1988 e 5.10.2020, evidenciarei como algumas dessas decisões provocaram um verdadeiro *backlash* legislativo, que, a fim de reafirmar a autonomia dos partidos políticos, culminou em diversas alterações da Constituição Federal e da legislação infraconstitucional.

3.1 Da Positivação da Autonomia Partidária à Criação da Lei dos Partidos Políticos (Lei n. 9.096/1995)

O Tribunal Superior Eleitoral, tão logo foi promulgada a Magna Carta de 1988, foi instado a se manifestar no âmbito da sua competência consultiva,[342] por meio de duas Consultas formuladas por parlamentares de diferentes partidos, acerca da adequada interpretação do novel princípio constitucional da autonomia partidária. Todavia, em razão de sucessivos pedidos de vista, ambas as consultas foram respondidas somente no ano seguinte.

A primeira Consulta, formulada pelo Deputado Federal Paulo Delgado (Primeiro Secretário da Comissão Executiva do Partido dos Trabalhadores – PT), indagou sobre a compatibilidade do art. 26 da Lei Orgânica dos Partidos Políticos – LOPP (Lei n. 5.682/1971) – norma que vedava o exercício da função

[340] Após a realização de pesquisa de jurisprudência sobre autonomia partidária, no *site* do STF, foram selecionados e analisados 19 acórdãos.

[341] Para fins desse estudo, serão considerados *leading cases* aqueles casos nos quais novos parâmetros interpretativos, acerca do princípio da autonomia partidária, foram estabelecidos pelo TSE e pelo STF.

[342] O TSE possui entre as suas competências, previstas no art. 23 do Código Eleitoral, a atribuição de "responder, sobre matéria eleitoral, às consultas que lhe forem feitas em tese por autoridade com jurisdição federal ou órgão nacional de partido político".

executiva partidária aos detentores de cargos majoritários – com o §1º do art. 17 da CF/88, isto é, com a norma que prevê a autonomia partidária. A Corte respondeu afirmativamente à Consulta, asseverando que o art. 26 da LOPP era compatível com o novo texto constitucional.[343]

Na segunda Consulta, o Deputado Federal Euclides Scalco (Secretário-Geral do Partido da Social Democracia Brasileira – PSDB) questionou se o §1º do art. 17 da CF/88 (autonomia partidária) era autoaplicável ou, caso a resposta fosse negativa, se essa norma dependeria de regulamentação por meio de lei ordinária, hipótese na qual também questionou se a LOPP (Lei n. 5.682/1971) – legislação partidária vigente à época – poderia ser aplicada para fins de organização partidária até que uma nova legislação fosse aprovada pelo Congresso Nacional.

Além de responder afirmativamente a essas duas indagações, o TSE esclareceu que o processo de registro provisório de partidos políticos passaria a ser considerado uma etapa preparatória para que essas greis obtivessem o registro definitivo dos seus respectivos estatutos perante a Corte:

> 1 – O art. 17 da Constituição Federal de 5.10.88 é auto-aplicável, sendo compatível com as disposições da LOPP; 2 – Excetua-se apenas o procedimento para aquisição de personalidade jurídica, na forma da lei civil, não excluindo a observância das demais regras da LOPP; 3 – O registro provisório passa a ser considerado a fase preparatória para a obtenção do registro definitivo dos Estatutos junto ao TSE, satisfeitas as condições impostas pelos artigos 5 a 13 da LOPP. [344]

Em resposta a uma terceira Consulta, formulada pelo Deputado Federal Hélio Duque, o TSE asseverou que o princípio da autonomia partidária deve ser sopesado com a observância do caráter nacional dos partidos, igualmente prevista no texto constitucional,[345] dando prevalência a esse preceito em detrimento da autonomia. Com efeito, a Corte decidiu que o domicílio e

[343] BRASIL. TSE. Consulta n. 9783. Relator Ministro Bueno de Souza, Resolução de 28-2-89, DJ em: 26-04-1989.

[344] BRASIL. TSE. Consulta n. 9784. Relator Ministro Américo Luz, Res. de 28.2.1989, DJ em 9.5.1989.

[345] BRASIL. Constituição Federal (1988). Art. 17. Inciso I – **caráter nacional**; (grifo nosso)

o registro dos estatutos partidários, respectivamente, somente podem ser fixados e registrados na circunscrição do Distrito Federal.[346]

Por fim, sobreveio uma quarta Consulta sobre essa temática, realizada pelo Delegado Nacional do Partido Democrático Social (PDS), acerca da observância obrigatória das Instruções Normativas (ou Resoluções) expedidas pelo TSE a cada eleição, em especial no que diz respeito à realização das convenções partidárias destinadas à escolha de candidatos para a disputa dos cargos eletivos, em razão da "completa autonomia" assegurada pela Constituição Federal de 1988.

A Corte Superior Eleitoral deu resposta negativa à Consulta do PSD, nos termos do parecer do Procurador-Geral Eleitoral (PGE), por entender que a atribuição regulamentar da Justiça Eleitoral é compatível com o §1º do art. 17 da CF/88, senão vejamos:

> A autonomia conferida aos Partidos Políticos para definir sua organização funcionamento não conflitante com atribuição do TSE para baixar instruções em cada pleito. Disposto no artigo 55, Parágrafo único, da Resolução 10.785/80, em nada dissente, assim, do prescrito no artigo 17, 19, da Constituição Federal; 1. Aliás, esta Colenda Corte Superior já teve oportunidade de esclarecer, em resposta às Consultas 9.784 e 9.927, que Lei n. 5.682/71 e, consequentemente, Resolução n. 10.785/80, editadas na vigência do texto constitucional anterior, são conciliáveis, no que couber, com disposto no artigo 17 da Constituição Federal promulgada em 05.10.1988.[347]

A primeira vez que a denominação "princípio da autonomia partidária" – até então referida como § 1º do art. 17 da CF/88 – apareceu na ementa de julgados do TSE foi no julgamento de recurso especial eleitoral no qual o filiado (e pretenso candidato) se insurgiu contra a deliberação do Partido da Mobilização Nacional (PMN), tomada em convenção por maioria dos convencionais, de formar coligação e apoiar candidatura de filiado a partido

[346] BRASIL.TSE. Consulta n. 9927. Relator Ministro Francisco Rezek, Res. de 9.3.1989, DJ em 20.04.1989.

[347] BRASIL.TSE. Consulta n. 10042. Relator Ministro Octávio Gallotti, Res. de 11.5.1989, DJ em 8.11.1989.

diverso, em detrimento da candidatura própria, para o cargo de Governador do Estado do Rio de Janeiro.

A Corte Superior Eleitoral, contrariando a pretensão aduzida pelo filiado ao PMN, decidiu manter a escolha partidária para privilegiar o novel princípio constitucional:

> Convenção. Coligação ou candidatura própria. Se a convenção deliberou, pela ampla maioria de seus convencionais, por apoiar candidato de outro partido, **não pode a Justiça Eleitoral, sem quebra do princípio da autonomia partidária, autorizar alternativamente a candidatura própria**. Recurso não conhecido[348] (grifo nosso).

No ano seguinte, o Partido do Movimento Democrático Brasileiro (PMDB) solicitou ao TSE um Pedido de Anotação de Alteração Estatutária,[349] isto é, que o órgão máximo da Justiça Eleitoral anotasse as alterações promovidas em seu estatuto, aprovadas, por maioria, pela Convenção Nacional. Contudo, o art. 20 da LOPP[350] exigia que essas alterações também fossem aprovadas pelas esferas estaduais e municipais da grei. A Corte, em divergência inaugurada pelo Ministro Paulo Brossard, decidiu que essa norma havia sido revogada em face da sua incompatibilidade com o princípio da autonomia partidária.

A partir desse julgado, em respeito à autonomia partidária, o TSE passou a afastar a incidência de algumas disposições da LOPP. Com efeito, os casos envolvendo as alegações de irregularidades na ata de convenções partidárias,[351] as dissoluções de diretórios e órgãos ou comissões provisórias pelo órgão hierarquicamente superior[352] como "questões *interna corporis*", ou seja, como

[348] BRASIL. TSE. Respe n. 9161. Relator Ministro Vilas Boas, acórdão de 13-9-1990, PESS em 31-08-1990.

[349] BRASIL. TSE. AgR em PET n. 12028. Relator Ministro Vilas Boas; Rel. Designado Min. Paulo Brossard, julgado em 29-10-1991, DJ em 8-5-1992.

[350] BRASIL. Lei n. 5.682/71, de 21.7.1971. Art. 20 – O estatuto e o programa são os documentos essenciais à constituição do partido, os quais subscritos pelos seus fundadores e apoiados por todos aqueles que a ele tenham se filiado, devem ser aprovados pelas convenções municipais, regionais e nacionais.

[351] BRASIL. TSE. PET n. 12230. Relator Ministro Américo Luz, acórdão de 03-12-1991, PSESS em 01-09-1994.

[352] BRASIL. TSE. Reclamação n. 10952. Relator Ministro Américo Luz, acórdão de 28-04-92, DJ em 02-06-1992.

matérias intrapartidárias sobre as quais não cabe a interferência do Poder Judiciário.

Por outro lado, quanto à anotação dos diretórios partidários e órgãos ou comissões provisórias no Tribunal Regional Eleitoral competente – que é ato que os legitima perante a Justiça Eleitoral –, o TSE assentou que as disposições da LOPP (arts. 17, 22 a 29) relativas à obrigatoriedade de registro do Diretório Nacional,[353] estadual e municipal[354] eram compatíveis com o novel princípio até que fosse aprovada uma nova lei regulamentando-o.

No julgamento de "registro de partido definitivo" do Partido Social Cristão (PSC), uma vez mais, o princípio da autonomia partidária foi mitigado em face de outra norma constitucional. Nos termos do voto do Ministro Sepúlveda Pertence, o TSE advertiu[355] que estava a homologar o estatuto partidário da grei somente em decorrência do cumprimento da recomendação feita pela Corte ao PSC – durante a etapa de "registro provisório" – acerca da obrigatoriedade da inclusão de normas de disciplina e fidelidade partidária, prevista na parte final da redação do §1º do art. 17 da Magna Carta de 1988.

Assim, até aquele momento, a jurisprudência do TSE somente admitia a limitação do princípio da autonomia partidária nas hipóteses de aparente colisão com outra norma de equivalente estatura constitucional. Nesse mesmo sentido foi o voto do Ministro Marco Aurélio, relator designado, ao aduzir que a interpretação dada à LOPP não poderia esvaziar a autonomia assegurada constitucionalmente às greis. Apesar de acompanhar a maioria, por fundamento diverso, o Ministro Sepúlveda Pertence advertiu que esse princípio não teria o condão de afastar a incidência de legislação eleitoral que disciplina as "relações externas" dos partidos, em especial as que regulamentem a sua "participação no processo eleitoral".[356]

[353] BRASIL. TSE. Processo Administrativo n. 12201. Relator Ministro Sepúlveda Pertence, Res. de 26-03-92, p. 1.

[354] BRASIL. TSE. RESPE n. 9494-RS. Relator Ministro Pedro Acioli, acórdão de 10-03-1992. Nesse mesmo sentido a Procuradoria Regional Eleitoral interpôs mais 16 respes contra o registro dos partidos perante a Justiça Eleitoral, porém, todos os recursos foram julgados improcedentes por não contrariarem a autonomia partidária.

[355] BRASIL. TSE. Registro de Partido n. 174. Rel. Min. Sepúlveda Pertence, Res. de 2-4-92, DJ em 06-05-1992.

[356] Apesar de acompanhar a divergência – por entender que *in casu* a incidência da LOPP não prejudicava a tempestividade da filiação partidária do candidato – o Min. Sepúlveda Pertence

Com efeito, quando se tratava da regulamentação da vida *interna corporis* dos partidos políticos, como nos casos de prorrogação do prazo de duração de órgãos ou comissões provisórias – órgãos partidários cuja investidura não se dá por meio de eleição intrapartidária –, o TSE permaneceu reafirmando o caráter subsidiário da LOPP:

> O estatuto partidário precisaria ser declarado omisso para que se pudesse aplicar a norma do art. 59, §1º, da LOPP, que, de imperativa que era, tornou-se meramente supridora de lacuna da normatização interna do partido, a partir da Constituição de 1988, por força de seu art. 17, §1º, como está reconhecido nos arts. 16 e 17 da Resolução n. 17.845/90, deste TSE.[357]

No que concerne à homologação dos estatutos ou à apreciação dos pedidos de anotação da alteração estatutária, conforme ressaltou o Ministro Torquato Jardim, o papel do TSE é tão somente conferir a sua conformidade às normas e ao sistema constitucional, isto é, analisar se as pretensas normas estatutárias estavam de acordo com a Constituição Federal, a fim de assegurar aos partidos o exercício da "função pública" de "órgão parcial de formação de vontade eleitoral do Estado", bem como de tornar "transparente à Justiça

asseverou que: "Essa afirmação da autonomia dos partidos, enquanto entidades da sociedade civil, não pode, contudo, ser escambada até o ponto de proscrever, como supostamente ofensivas dela, a validade e a eficiência de normas legais de Direito Eleitoral, tendentes à disciplina de suas relações externas e particularmente da sua participação no processo das eleições (...)". BRASIL. TSE. Respe n. 9709. Rel. Designado Min. Marco Aurélio, acórdão 27-8-92, DJ 27-8-1992, p. 13.

[357] No caso, o delegado PMDB municipal impugnou a convenção realizada pelo PTB municipal em razão da não realização de convenção municipal para constituição do diretório e de suposta violação do art. 59, §1º, LOPP (que estabelecia o prazo de 60 dias, após a constituição da comissão provisória, para que seja realizada a eleição do diretório), que havia sido prorrogada por mais 60 dias pelo seu presidente municipal: BRASIL. TSE. Respe n. 9687. Relator Ministro Hugo Gueiros, acórdão de 03-09-1992, PESS em 03-09-1992. Precedentes sobre o caráter subsidiário da LOPP em face dos estatutos partidários: BRASIL. TSE. CTA n. 13562. Relator Ministro Marco Aurélio, 03-06-1993; BRASIL. TSE. CTA n. 13966. Relator Ministro José Cândido, 16-12-1993; BRASIL. TSE. CTA n. 14258. Relator Ministro Walter Medeiros, 14-04-1994.

Eleitoral e a terceiros interessados, a repercussão externa dos atos de vontade partidária".[358]

Na véspera das eleições gerais de 1994, o Deputado Federal Elias Murad formulou Consulta ao TSE para esclarecer se, na hipótese de omissão no estatuto partidário, deveriam os partidos se submeter ao prazo de publicação de normas partidárias suplementares – para a escolha dos candidatos e a formação de coligações – previsto no Parágrafo único, art. 7, da Lei Eleitoral n. 8.713/93.[359] A Corte, adotando o entendimento do Ministro Pertence,[360] respondeu que a autonomia partidária "não tem o condão de sobrepor-se às regras eleitorais, definidas em lei, aplicáveis a todos os partidos", sobretudo aquelas que objetivam evitar que o processo eleitoral seja tumultuado.[361]

A Suprema Corte também foi instada a se manifestar, naquele pleito de 1994, na Ação Direta de Inconstitucionalidade n. 1063, ajuizada contra os arts. 8, §1º, e 9 da Lei das Eleições,[362] no que toca à possibilidade de a legislação assegurar as "candidaturas natas" aos Deputados que iriam disputar a reeleição. O pedido liminar fora deferido pelo Plenário, para suspender o efeito da expressão "órgão de direção nacional", ao fundamento de que a referida norma, ao estabelecer o órgão partidário competente para recusar as "candidaturas natas", violou o princípio constitucional da autonomia partidária, que protege as greis de quaisquer tentativas de ingerência do Poder Público no seu âmbito interno:

358 BRASIL. TSE. PET n. 12028 Relator Ministro Torquato Jardim, acórdão de 29-04-1993, DJe em 03-06-1993.

359 BRASIL. Lei n. 8.713/1993. Art. 7º. As normas para a escolha dos candidatos e para a formação de coligações serão estabelecidas no estatuto do partido, que poderá fazê-lo de forma mais restritiva do que a prevista no *caput* do art. 6º desta lei. Parágrafo único. Em caso de omissão do estatuto, caberá ao órgão de direção nacional do partido estabelecer as normas a que se refere este artigo, publicando-as no Diário Oficial até 2 de abril de 1994.

360 BRASIL. TSE. Respe n. 9709. Rel. Designado Min. Marco Aurélio, acórdão de 27-8-92, DJ 27-8-1992, p. 13.

361 BRASIL. TSE. CTA n. 14310. Rel. Ministro Antônio de Pádua Ribeiro, acórdão 17/5/94, DJe 27/6/94. p. 4-5.

362 BRASIL. Lei das Eleições (Lei n. 8.713/1993). Art. 8, §1º – Aos que, na data de publicação desta lei, forem detentores de mandato de Deputado Federal, Estadual ou Distrital, é assegurado o registro de candidatura para o mesmo cargo pelo partido a que estejam filiados na data da convenção, independentemente de sua escolha nesta, salvo deliberação em contrário do **órgão de direção nacional do partido**. (grifo nosso)Art. 9 – Para concorrer às eleições, o candidato deverá: (...).

> A Constituição Federal, ao proclamar os postulados básicos que informam o regime democrático, consagrou, em seu texto, o estatuto jurídico dos partidos políticos. O princípio constitucional da autonomia partidária – além de repelir qualquer possibilidade de controle ideológico do Estado sobre os partidos políticos – cria, em favor desses corpos intermediários, sempre que se tratar da definição de sua estrutura, de sua organização ou de seu interno funcionamento, uma área de reserva estatutária absolutamente indevassável pela ação normativa do Poder Público, vedando, nesse domínio jurídico, qualquer ensaio de ingerência legislativa do aparelho estatal.[363]

Em seguida, ao se deparar com o primeiro o caso concreto de cassação de registro de candidatura nata, com base na Lei Eleitoral de 1994 – deputado federal cuja escolha de candidatura à reeleição não fora aprovada pela convenção partidária –, a Primeira Turma do STF afirmou ser descabida a alegação do pretenso "candidato nato" de suposta violação ao princípio da autonomia partidária, porquanto foi justamente o respeito a essa autonomia que levou à cassação da sua candidatura pelo tribunal *a quo*, que prestigiou o "protocolo de intenção da coligação partidária", isto é, a deliberação partidária de não apresentar candidato à Câmara Federal naquelas eleições.[364]

[363] BRASIL. STF (Tribunal Pleno). Ação Direta de Inconstitucionalidade 1063-MC. Relator Ministro Celso de Mello, julgado em 18/5/1994; DJ 27/4/2001: ADI - LEI N. 8.713/93 (ART. 8º, § 1º, E ART. 9º) - PROCESSO ELEITORAL DE 1994 - SUSPENSÃO SELETIVA DE EXPRESSÕES CONSTANTES DA NORMA LEGAL - CONSEQUENTE ALTERAÇÃO DO SENTIDO DA LEI - IMPOSSIBILIDADE DE O SUPREMO TRIBUNAL FEDERAL AGIR COMO LEGISLADOR POSITIVO - DEFINIÇÃO LEGAL DO ÓRGÃO PARTIDÁRIO COMPETENTE PARA EFEITO DE RECUSA DA CANDIDATURA NATA (ART. 8º, §1º) - INGERÊNCIA INDEVIDA NA ESFERA DE AUTONOMIA PARTIDÁRIA - A DISCIPLINA CONSTITUCIONAL DOS PARTIDOS POLÍTICOS - SIGNIFICADO - FILIAÇÃO PARTIDÁRIA E DOMICÍLIO ELEITORAL (ART. 9º) - PRESSUPOSTOS DE ELEGIBILIDADE - MATÉRIA A SER VEICULADA MEDIANTE LEI ORDINÁRIA - DISTINÇÃO ENTRE PRESSUPOSTOS DE ELEGIBILIDADE E HIPÓTESES DE INELEGIBILIDADE - ATIVIDADE LEGISLATIVA E OBSERVÂNCIA DO PRINCÍPIO DO *SUBSTANTIVE DUE PROCESS OF LAW* - CONHECIMENTO PARCIAL DA AÇÃO - MEDIDA LIMINAR DEFERIDA EM PARTE.

[364] BRASIL. STF (Primeira Turma). RE n. 190841-MT. Relator Ministro Ilmar Galvão, julgado em 22/08/1995, DJ 15-09-1995 PP-29623 EMENT VOL-01800-27 PP-05408CASSAÇÃO DE REGISTRO DE CANDIDATO NATO, TITULAR DE MANDATO, EM FACE DE HAVER A

Ainda nas eleições gerais de 1994, o TSE decidiu que o art. 12 da Lei Eleitoral de 1976 – que previa a obrigatoriedade do lançamento de "candidaturas natas" dos Movimentos Estudantil e Trabalhista[365] – não fora recepcionado pela Constituição de 1988, tendo em vista que a sua aplicação representaria uma indevida intervenção no funcionamento interno das greis em detrimento do princípio da autonomia partidária.[366] Logo após, em outro julgado, a Corte decidiu[367] que a autonomia partidária para a indicação de candidatos, dentre os seus filiados, se estende ao âmbito de coligações partidárias das quais façam parte.

Apesar de já terem sido realizadas cinco eleições sob a égide da novel Constituição Federal,[368] a ausência de uma nova lei partidária ainda disseminava dúvidas quanto à aplicação da LOPP em face do princípio da autonomia partidária. Assim, o Deputado Federal Álvaro Valle formulou uma Consulta acerca da vigência do art. 49, §1º, da LOPP,[369] que previa a controversa figura

CONVENÇÃO PARTIDARIA DECIDIDO PELA NÃO-APRESENTAÇÃO DE CANDIDATO A CÂMARA FEDERAL, EM CUMPRIMENTO A "PROTOCOLO DE INTENÇÃO DE COLIGAÇÃO PARTIDARIA". PRETENDIDA VIOLAÇÃO AO PRINCÍPIO DA AUTONOMIA PARTIDARIA. Alegação descabida, já que, longe de negar autonomia ao partido político, o que fez o acórdão foi prestigiar a deliberação tomada por este, em detrimento do direito a candidatura nata. De outra parte, o que pretende o recurso é inverter a base do reexame da prova, as premissas de fato da decisão recorrida, ao insistir em que nem houve a renúncia individual, nem decisão do partido excluindo a candidatura nata. Recurso não conhecido.

365 BRASIL. Lei n. 6.341/1976, de 5.7.1976. Art. 12 – Na formação das chapas partidárias para as eleições proporcionais, fica assegurado a cada movimento o direito de apresentar candidatos em número correspondente a, no mínimo, 10% (dez por cento) de lugares a que os Partidos Políticos tenham direito.

366 BRASIL. TSE. Respe n. 12182. Relator Ministro Torquato Jardim, acórdão de 9-8-94, PSESS em 09-08-1994.

367 BRASIL. TSE. Respe n. 12343-ED. Rel. Ministro Pádua Ribeiro, acórdão de 15-10-94, PSESS em 25-10-94.

368 Sob a égide da nova Constituição Federal de 1988 – e antes da entrada em vigor da Nova Lei dos Partidos Políticos (de 17.9.1995) – foram realizadas eleições nos anos de: 1988, 1989, 1990, 1992 e 1994. Disponível em: http://www.tse.jus.br/eleicoes/eleicoes-anteriores/eleicoes--anteriores Acesso em: 4 jan. 2019.

369 BRASIL. Lei n. 5.682, de 21.7.1971. Art. 49 – Os trabalhos das Convenções Municipais serão acompanhados por um observador, designado pelo Juiz Eleitoral, o qual terá assento à Mesa Diretora, sem, contudo, tomar parte em discussão ou formular pronunciamento sobre qualquer matéria. § 1º Nas Convenções Regionais e Nacionais, o observador será designado, respectivamente, pelo Presidente do Tribunal Regional Eleitoral ou pelo Presidente do Tribunal Superior Eleitoral.

do "observador da Justiça Eleitoral". O TSE respondeu ser o observador dispensável desde as eleições de 1990, nos termos da Res.-TSE n. 16.347/90, em respeito à autonomia partidária.[370]

A nova Lei dos Partidos Políticos (Lei n. 9.096/95), tão logo entrou em vigor, foi imediatamente contestada no STF. A Mesa da Assembleia Legislativa da Bahia requereu Medida Cautelar, em Ação Direta de Inconstitucionalidade, para suspender a eficácia do art. 12, que dispõe sobre o funcionamento parlamentar,[371] mas o pedido liminar fora indeferido pelo Plenário. Anos mais tarde, ao apreciar o mérito, a Suprema Corte julgou a ação improcedente, por entender que tanto a autonomia partidária quanto a autonomia das Casas Legislativas restavam "incólumes, não se podendo falar em transgressão a preceitos que lhes asseguram competência privativa para dispor sobre o regimento interno e os serviços administrativos".[372]

A Lei das Eleições Municipais de 1996 (Lei n. 9.100/95) também foi objeto de Ação Direta de Constitucionalidade perante o STF, sob a alegação de que o seu art. 6º, relativo à formação das coligações partidárias,[373] violava a autonomia partidária. Todavia, na linha da jurisprudência do TSE,[374] a Suprema Corte decidiu que esse princípio não impede a regulamentação do processo

[370] BRASIL. TSE. Consulta n. 15153. Rel. Min. Antônio de Pádua Ribeiro, Res. de 18-4-95, DJe em 05-06-1995.

[371] BRASIL. Lei n. 9.096/1995. Art. 12. O partido político funciona, nas Casas Legislativas, por intermédio de uma bancada, que deve constituir suas lideranças de acordo com o estatuto do partido, as disposições regimentais das respectivas Casas e as normas desta Lei.

[372] BRASIL. STF (Tribunal Pleno). Ação Direta de Inconstitucionalidade 1363-MC. Min. MARCO AURÉLIO, julgado em 11-12-1995, DJe 01-03-1996: "AÇÃO DIRETA DE INCONSTITUCIONALIDADE - LIMINAR - PARTIDO POLÍTICO - FUNCIONAMENTO - CASAS LEGISLATIVAS. DE INÍCIO, NÃO EXSURGEM A RELEVÂNCIA DO PEDIDO E O RISCO DE MANTER-SE COM PLENA EFICÁCIA O ARTIGO 12 DA LEI N. 9.096, DE 19 DE SETEMBRO DE 1995, NO QUE PRECEITUA QUE O PARTIDO POLÍTICO FUNCIONA, NAS CASAS LEGISLATIVAS, POR INTERMÉDIO DE UMA BANCADA, QUE DEVE CONSTITUIR SUAS LIDERANÇAS DE ACORDO COM O ESTATUTO DO PARTIDO, AS DISPOSIÇÕES REGIMENTAIS DAS RESPECTIVAS CASAS E AS NORMAS DA CITADA LEI". Cumpre ressaltar que no julgamento de mérito - em 09/02/2000 - o STF confirmou a decisão liminar para julgar a ADI improcedente.

[373] BRASIL. Lei n. 9.100/1995. Art. 6º. Serão admitidas coligações se celebradas conjuntamente para as eleições majoritárias e proporcional, e integradas pelos mesmos partidos, ou se celebradas apenas para as eleições majoritárias.

[374] BRASIL. TSE. CTA n. 14310. Rel. Min. Antônio de Pádua Ribeiro, acórdão de 17-5-94, DJe 27-6-94, p. 4-5.

eleitoral, isto é, que essa autonomia não poderá "ser invocada para excluir os Partidos Políticos – como se estes fossem entidades infensas e imunes *à ação legislativa do Estado* – da situação de necessária observância das regras legais que disciplinam o processo eleitoral em todas as suas fases".[375]

A despeito de o TSE já ter deliberado acerca do seu papel na apreciação de homologação de estatutos partidários e de pedidos de anotação de alteração estatuária, no que concerne à sua competência administrativa,[376] foi ao apreciar o recurso especial eleitoral de um filiado – contra a decisão de Diretório Municipal que determinara a sua expulsão do partido político – que a Corte, nos termos do voto proferido pelo Ministro Eduardo Alckmin, assentou a legitimidade do Poder Judiciário para realizar o controle de constitucionalidade ou de legalidade dos atos intrapartidários, com base no princípio constitucional da inafastabilidade de jurisdição, em detrimento do princípio da autonomia partidária:

> Constata-se que de forma nenhuma o Tribunal de origem afrontou o art. 17, §1°, CF/88, porquanto o **controle jurisdicional relativo à constitucionalidade ou legalidade** dos autos praticados pelos partidos políticos não significa interferência indevida na autoridade das agremiações partidárias, que têm independência apenas "para definir sua estrutura interna, organização e funcionamento". Tal controle **se funda no art. 5°, inciso XXXV, da própria Carta Magna**, que estabelece ser impossível excluir da apreciação do Poder Judiciário lesão ou ameaça a direito[377] (grifo nosso).

[375] BRASIL. STF (Tribunal Pleno). Ação Direta de Inconstitucionalidade 1407-MC. Relator Ministro Celso de Mello, julgado em 07-03-1996, DJe 24-11-2000: AÇÃO DIRETA DE INCONSTITUCIONALIDADE – ELEIÇÕES MUNICIPAIS DE 1996 – COLIGAÇÕES PARTIDÁRIAS APENAS PARA ELEIÇÕES PROPORCIONAIS – VEDAÇÃO ESTABELECIDA PELA LEI N. 9.100/95 (ART. 6º) – ALEGAÇÃO DE OFENSA AO PRINCÍPIO DA AUTONOMIA PARTIDÁRIA (CF. Art. 17, §1º) E DE VIOLAÇÃO AOS POSTULADOS DO PLURIPARTIDARISMO E DO REGIME DEMOCRÁTICO – AUSÊNCIA DE PLAUSIBILIDADE JURÍDICA – MEDIDA CAUTELAR INDEFERIDA.

[376] BRASIL. TSE. PET n. 12028 Relator Ministro Torquato Jardim, acórdão de 29-04-1993, DJe em 03-06-1993.

[377] BRASIL. TSE. RESPE n. 12817. Relator Ministro Eduardo Alckmin, acórdão de 07-08-1996, DJe em 09-08-1996. Nesse mesmo sentido, ao julgar um caso de Dissolução de Diretório Municipal sem respeitar a ampla defesa e o contraditório, o TSE decidiu que "(...) **A autonomia**

Logo após, em outro julgado, reafirmando que essa autonomia não possui o condão de isentar as greis da obrigação de cumprir a Lei Eleitoral – sobretudo quando há reflexo no processo de registro de candidatura –, o TSE alterou a escolha de candidatos registrada por partido, para determinar a inclusão dos nomes de candidatos que obtiveram a maior votação na convenção partidária, além de excluir os candidatos que ocupavam as suas vagas e um candidato que ocupava indevidamente uma vaga destinada à candidatura de mulher.[378]

Ainda nesse mesmo sentido, ao apreciar o recurso especial eleitoral[379] de Diretório Municipal que invocava a sua autonomia a fim de descumprir o disposto no §3º, art. 11, da Lei n. 9.100/1995 – a primeira cota para a candidatura de mulheres –,[380] para preencher essas vagas com a candidatura dos homens indicados pelo partido, a Corte decidiu que o cumprimento dessa norma, que visa aumentar a representatividade feminina nas Câmaras Municipais, não viola o princípio da autonomia partidária.

Aliás, posteriormente, nos termos do voto de minerva proferido pelo Ministro Marco Aurélio, então presidente do TSE, a Justiça Eleitoral passou a declinar da competência para julgar as ações que versassem sobre questões intrapartidárias, nas hipóteses em que o ato partidário ou a decisão *interna corporis* não possua reflexo direto no processo eleitoral, as quais passaram a ser apreciadas pela Justiça Comum.[381]

Sem embargo do reiterado entendimento do TSE acerca da obrigatoriedade do cumprimento da legislação partidária e eleitoral pelas greis, em detrimento do princípio da autonomia partidária, ao apreciar um recurso especial eleitoral que apontava supostas irregularidades ocorridas em convenção

partidária é um princípio constitucional, mas ela, evidentemente, não pode significar a prepotência ou o arbítrio. O contraditório e a ampla defesa são garantias constantes da Lei Maior o art. 17 subordina-se, expressamente. ao art. 5°, da CF (...)" (BRASIL. TSE. RESPE n. 12873. Relator Ministro Diniz de Andrada, acórdão de 17-09-1996, PSESS em 17-09-1996). (grifo nosso)

378 BRASIL. TSE. RESPE n. 12990. Relator Ministro Eduardo Ribeiro, acórdão de 23-9-96, PSESS em 23-9-1996.

379 BRASIL. TSE. RESPE n. 13021. Relator Ministro Francisco Rezek, acórdão de 28-9-96, PSESS 28-9-1996.

380 BRASIL. Lei n. 9.100/1995. Art. 11, § 3º – Vinte por cento, no mínimo, das vagas de cada partido ou coligação deverão ser preenchidas por candidaturas de mulheres.

381 BRASIL. TSE. RESPE n. 13456. Relator Ministro José Eduardo Rangel de Alckmin; Rel. designado Min. Marco Aurélio Mendes de Farias Mello, acórdão de 30-09-1996, DJe em 13-11-1996.

partidária – subscrito por candidato filiado a partido estranho à agremiação que a realizou –, a Corte decidiu pela ilegitimidade ativa *ad causam* do impugnante, para preservar a autonomia no âmbito intrapartidário ou *interna corporis*:

> Primeiro, não acho que a questão de saber o que se passa no âmbito interior dos partidos seja jurisdicionável. Mas se o for, a provocação há de partir do interior da própria agremiação partidária, não de um candidato por outro partido. Não consigo conceber esse tipo de necessidade do cidadão numa democracia, a de uma prestação jurisdicional cuja premissa seja o esmiuçar de procedimentos intrapartidários, à luz dos estatutos de partido alheio. Não foi para isso que o legislador criou o mecanismo da impugnação.[382]

Até mesmo nas hipóteses de alegadas irregularidades na formação de coligações, decididas em convenções realizadas por órgãos ou comissões provisórias – inclusive dos órgãos partidários cujo o prazo de duração tenha sido prorrogado –,[383] o TSE entendia tratar-se de uma "questão *interna corporis*",[384] ou seja, de uma matéria sobre a qual o Poder Judiciário não deveria se pronunciar em respeito ao princípio da autonomia partidária.

Contudo, em contrapartida, a jurisprudência do TSE exige dos partidos políticos o cumprimento das garantias constitucionais do devido processo legal (*due process of law*), da ampla defesa e do contraditório nos atos de dissolução dos diretórios partidários definitivos ou dos seus órgãos ou comissões provisórios.[385]

Havendo o descumprimento das normas previstas nos seus respectivos estatutos partidários ou quando o cumprimento dessas normas conduz à

[382] BRASIL. TSE. RESPE n. 14193. Rel. Min. Francisco Rezek, acórdão de 22-10-1996, PSESS em 22-10-1996.

[383] BRASIL. TSE. RESPE n. 14017. Relator Ministro Diniz de Andrada, acórdão de 29-10-1996, PSESS em 29-10-1996. (Diretório nacional prorrogou o prazo de duração das comissões provisórias.)

[384] BRASIL. TSE. RESPE n. 14018. Relator Ministro Eduardo Ribeiro, acórdão de 30-10-1996, PSESS em 30-10-1996. (Diretório nacional prorrogou o prazo de duração das comissões provisórias.)

[385] BRASIL. TSE. RESPE n. 14713. Relator Ministro Diniz de Andrada, acórdão de 4-11-96, DJe em 13-11-1996.

violação de normas constitucionais, o TSE admite a intervenção judicial. Afinal, segundo o Ministro Eduardo Alckmin, negar vigência ao postulado da inafastabilidade de jurisdição equivaleria a conferir "à autonomia partidária um elastério extremamente largo", a contrariar a regra de hermenêutica que demanda a compatibilização das normas constitucionais em confronto:

> A autonomia que se refere o preceito constitucional diz respeito ao estabelecimento de normas que tenham por escopo delinear a estruturação de seus quadros, o estabelecimento de órgãos partidários e seu funcionamento. (...) Contudo, **uma vez estabelecidas tais normas [no estatuto partidário], delas decorrerão direitos subjetivos que uma vez violados poderão ser amparados pelo Poder Judiciário, a teor do art. 5º, XXXV, da CF/88.** E nisso não haverá qualquer vilipêndio ao princípio da autonomia partidária, ao contrário, cuidar-se-á de revelar o exato sentido das normas definidas pelo próprio partido (...) não entendo, assim, ser possível caracterizar o partido político como um verdadeiro enclave, em que o único remédio deixado à disposição dos filiados desrespeitados em seus direitos seria o de abandonar a agremiação[386] (grifo nosso).

A criação da Lei das Eleições de caráter permanente, a Lei n. 9.504/97, resgatou o debate acerca das denominadas "candidaturas natas" de Deputados e Vereadores,[387] com redação similar àquela prevista na Lei das Eleições de 1994,[388] mas com a exclusão da expressão "órgão de direção nacional",

[386] Na espécie, o Diretório Regional de partido político desobedeceu ao estatuto da própria agremiação – que apenas permitia a nomeação de Comissão Provisória em casos de inexistência, dissolução ou desconstituição de diretório – ao nomear Comissão Provisória em município no qual havia um Diretório Municipal com mandato em pleno vigor e que não havia sofrido nenhum tipo de intervenção. (BRASIL. TSE. RESPE n. 13750. Relator Ministro Eduardo Alckmin, acórdão de 12-11-1996, PSESS em 12-11-1996, p. 6-7).

[387] Lei das Eleições (Lei n. 9.504/1997). Art.8, § 1º – Aos detentores de mandato de Deputado Federal, Estadual ou Distrital, ou de Vereador, e aos que tenham exercido esses cargos em qualquer período da legislatura que estiver em curso, é assegurado o registro de candidatura para o mesmo cargo pelo partido a que estejam filiados.

[388] BRASIL. Lei das Eleições (Lei n. 8.713/93). Art. 8, §1º – Aos que, na data de publicação desta lei, forem detentores de mandato de Deputado Federal, Estadual ou Distrital, é assegurado o registro de candidatura para o mesmo cargo pelo partido a que estejam filiados na

declarada inconstitucional pelo STF.[389] Assim, o TSE decidiu pela compatibilidade dessa norma com o princípio da autonomia partidária, ao fundamento de que a regulamentação do processo eleitoral transcende a questão interna:

> A autonomia para se organizarem e estabelecerem regras para seu funcionamento não implica a impossibilidade de o Estado impor diretrizes a serem seguidas quando se trate do processo eleitoral. (...) O tema já não diz com a estrutura, organização e funcionamento dos partidos. **Extravasa da matéria *interna corporis* para se inserir em outra**, que diz com valores que o legislador teve como relevantes, **e que se inserem fundo no sistema eleitoral**[390] (grifo nosso).

Além disso, em outro julgado, a Corte Superior Eleitoral reiterou[391] que a competência da Justiça Eleitoral para apreciar a legalidade de normas estatutárias com reflexo no processo eleitoral, ou seja, se a normas intrapartidárias foram observadas ou não pelo próprio partido, não viola o princípio da autonomia partidária.

Por fim, ao apreciar medida cautelar para emprestar efeito suspensivo a resolução de partido que vedava a escolha de candidatos apontados pela "CPI do Fundef", o TSE decidiu que se insere no âmbito da autonomia partidária a liberdade para fixação de diretrizes ou resoluções com vistas a regulamentar as eleições, inclusive para excluir a candidatura de filiados que não se amoldam ao programa partidário, e que, por constituir matéria *interna corporis*, não cabe ao Poder Judiciário interferir no mérito dessa decisão.[392]

data da convenção, independentemente de sua escolha nesta, salvo deliberação em contrário do **órgão de direção nacional do partido**. (grifo nosso)

[389] BRASIL. STF (Tribunal Pleno). ADI 1063-MC. Relator Ministro Celso de Mello, julgado em 18/5/1994.

[390] BRASIL. TSE. Recurso Ordinário n. 97. Rel. Min. Eduardo Ribeiro, acórdão de 25-8-98, PSESS 25-08-1998.

[391] BRASIL. TSE. RESPE n. 16873. Rel. Min. Costa Porto, acórdão de 27-09-2000, PSESS em 27-09-2000.

[392] BRASIL. TSE. Medida Cautelar n. 853. Rel. Min. Nelson Jobim, acórdão de 29-09-00, PSESS em 29-09-2000.

3.2 Da Criação da Emenda Constitucional N. 52/2006

Na véspera das eleições gerais de 2002, o TSE recebeu uma Consulta,[393] formulada pelo Deputado Federal Miro Teixeira, acerca da necessidade de observância do "princípio da coerência na formação das coligações partidárias", mais tarde denominado de "verticalização". A Corte, ao considerar que o caráter nacional (inciso I, art. 17, CF/88) deveria prevalecer em detrimento do princípio da autonomia partidária, respondeu:

> Os partidos políticos que ajustarem coligação para eleição de presidente da República não poderão formar coligações para eleição de governador de estado ou do Distrito Federal, senador, deputado federal e deputado estadual ou distrital com outros partidos políticos que tenham, isoladamente ou em aliança diversa, lançado candidato à eleição presidencial.[394]

Contra essa decisão – que resultou na edição da Resolução-TSE n. 20.993/2002 –, o Partido da Frente Liberal (PFL) ajuizou a Ação Direta de Inconstitucionalidade n. 2628 perante a Suprema Corte, ao argumento de que a referida Resolução, emanada do órgão máximo da Justiça Eleitoral, ao estabelecer a obrigatoriedade da "verticalização das coligações partidárias", teria violado o princípio da autonomia partidária.

Apesar de a jurisprudência à época sequer admitir que o poder regulamentar da Justiça Eleitoral fosse submetido ao controle concentrado, o STF avançou no mérito da controvérsia para afirmar que não vislumbrava a alegada ofensa à autonomia partidária, por entender que o texto constitucional não tratava "diretamente de coligações partidárias" nem estabelecia "o âmbito

393 BRASIL. TSE. Consulta n. 715. Relator Ministro Garcia Vieira, resolução de 26-02-2002, DJe em 15-03-2002.

394 Por outro lado, o Ministro Sepúlveda Pertence, em voto vencido, afirmou que "(...) o 'caráter nacional' não torna imperativo para todo e qualquer partido a adoção de uma estrutura politicamente centralizada: pelo contrário, a mesma Constituição assegura a cada um deles (...) autonomia para definir sua estrutura interna, organização e funcionamento. Autonomia, penso, que impede à própria lei e, com mais razão, à Justiça Eleitoral, que dite coerência ortodoxa das Seções estaduais à composição da coligação para as eleições presidenciais em que se haja engajado a legenda". (às fls. 10-15).

das circunscrições em que se disputam os pleitos eleitorais, exatamente, os dois pontos que levaram à interpretação pelo TSE".[395]

Ademais, o STF suspendeu,[396] liminarmente, a norma da Lei das Eleições (Lei n. 9.504/1997, art. 8º, §1º) que prevê a obrigatoriedade das "candidaturas natas" de Deputados e Vereadores, por entender que ela viola os princípios constitucionais da autonomia partidária e da isonomia, em sentido diametralmente oposto ao entendimento do TSE.[397]

[395] BRASIL. STF (Tribunal Pleno). Ação Direta de Inconstitucionalidade 2628. Relator Ministro Sydney Sanches; Relatora p/ Acórdão Ministra Ellen Gracie, julgado em 18-04-2002, DJe em 05-03-2004AÇÃO DIRETA DE INCONSTITUCIONALIDADE. PARÁGRAFO 1º DO ARTIGO 4º DA INSTRUÇÃO N. 55, APROVADA PELA RESOLUÇÃO N. 20.993, DE 26.02.2002, DO TRIBUNAL SUPERIOR ELEITORAL. ART. 6º DA LEI 9.504/97. ELEIÇÕES DE 2002. COLIGAÇÃO PARTIDÁRIA. ALEGAÇÃO DE OFENSA AOS ARTIGOS 5º, II E LIV, 16, 17, §1º, 22, I E 48, CAPUT, DA CONSTITUIÇÃO FEDERAL. ATO NORMATIVO SECUNDÁRIO. VIOLAÇÃO INDIRETA. IMPOSSIBILIDADE DO CONTROLE ABSTRATO DE CONSTITUCIONALIDADE. Neste mesmo sentido o STF decidiu na ADI n. 2626, julgada em 18-04-2004.

[396] BRASIL. STF. Ação Direta de Inconstitucionalidade 2530-MC. Relator Ministro SYDNEY SANCHES, julgado em 24-04-2002, DJe 21-11-2003: DIREITO CONSTITUCIONAL E ELEITORAL: CANDIDATURA NATA. PRINCÍPIO DA ISONOMIA ENTRE OS PRÉ-CANDIDATOS. AUTONOMIA DOS PARTIDOS POLÍTICOS. AÇÃO DIRETA DE INCONSTITUCIONALIDADE DO PARÁGRAFO 1º DO ARTIGO 8º DA LEI N. 9.504, DE 30 DE SETEMBRO DE 1997, SEGUNDO O QUAL: "§1º – AOS DETENTORES DE MANDATO DE DEPUTADO FEDERAL, ESTADUAL OU DISTRITAL, OU DE VEREADOR, E AOS QUE TENHAM EXERCIDO ESSES CARGOS EM QUALQUER PERÍODO DA LEGISLATURA QUE ESTIVER EM CURSO, É ASSEGURADO O REGISTRO DE CANDIDATURA PARA O MESMO CARGO PELO PARTIDO A QUE ESTEJAM FILIADOS". ALEGAÇÃO DE OFENSA AOS ARTIGOS 5º, "*CAPUT*", E 17 DA CONSTITUIÇÃO FEDERAL. PEDIDO DE MEDIDA CAUTELAR DE SUSPENSÃO DA NORMA IMPUGNADA. PLAUSIBILIDADE JURÍDICA DA AÇÃO, RECONHECIDA, POR MAIORIA (8 VOTOS X 1), SENDO 3, COM BASE EM AMBOS OS PRINCÍPIOS (DA ISONOMIA ART. 5º, "CAPUT" E DA AUTONOMIA PARTIDÁRIA ART. 17) E 5, APENAS, COM APOIO NESTA ÚLTIMA. "PERICULUM IN MORA" TAMBÉM PRESENTE. CAUTELAR DEFERIDA.

[397] Durante as eleições gerais de 1998, o TSE decidiu que o artigo 8°, § 1° da Lei 9.504/97 – que prevê as chamadas "candidaturas natas" – era compatível com o art. 17, §1º, CF/88 [autonomia partidária], por entender que a legislação infraconstitucional pode dispor sobre questões que interferem diretamente no processo eleitoral, como no caso "estabelecendo critérios para a admissão de candidaturas". BRASIL. TSE. Recurso Ordinário n. 97. Relator Ministro Eduardo Ribeiro, acórdão de 25-08-1998, PSESS 25-08-1998.

Por outro lado, ainda no pleito eleitoral de 2002, a Suprema Corte decidiu[398] que a vedação legal à participação de filiado a partido político diverso[399] daquele que veiculará a propaganda partidária não viola o princípio da autonomia partidária, porquanto essa norma está em harmonia com os princípios da razoabilidade, da isonomia e da finalidade.

Durante as eleições municipais de 2004, o TSE apreciou um recurso especial eleitoral contra o indeferimento dos registros de candidaturas de filiados ao partido que não constituíra diretório na circunscrição do pleito, nos moldes exigidos pelo art. 4 da Lei das Eleições.[400] Ao apreciar a demanda, a Corte decidiu que essa norma não viola a autonomia partidária,[401] bem como reafirmou a competência da Justiça Eleitoral para examinar os efeitos dos atos intrapartidários que tenham reflexo no processo eleitoral:

> Conquanto as questões envolvendo órgãos partidários constituam matéria interna *corporis* das agremiações, a Justiça Eleitoral tem competência para examinar os efeitos daí decorrentes que se relacionam aos processos de registro de candidatura. Precedente: Acórdão n. 12.990.[402]

No ano de 2005, a Suprema Corte apreciou o mérito de Ação Direta de Inconstitucionalidade n. 1465,[403] ajuizada pelo Partido da Frente Liberal (PFL),

[398] BRASIL. STF (Tribunal Pleno). Ação Direta de Inconstitucionalidade 2677-MC. Relator Ministro MAURÍCIO CORRÊA, julgado em 26-06-2002, DJe 7-11-03.

[399] BRASIL. Lei n. 9.096/1995. Art. 45, §1º – Fica vedada, nos programas de que trata este Título: I – a participação de pessoa filiada a partido que não o responsável pelo programa; (Revogado posteriormente pela Lei n. 13.487, de 2017).

[400] BRASIL. Lei n. 9.504/1997. Art. 4º – Poderá participar das eleições o partido que, até um ano antes do pleito, tenha registrado seu estatuto no Tribunal Superior Eleitoral, conforme o disposto em lei, e tenha, até a data da convenção, órgão de direção constituído na circunscrição, de acordo com o respectivo estatuto. (Posteriormente essa norma foi alterada pela Lei n. 13.488, de 2017.).

[401] BRASIL. TSE. Respe n. 21798. Rel. Min. Francisco Peçanha Martins, acórdão de 17-8-04, PSESS 17-8-2004.

[402] BRASIL. TSE. Respe n. 22792. Rel. Min. Caputo Bastos, acórdão de 18-09-2004, PSESS em 18-09-2004.

[403] BRASIL. STF (Tribunal Pleno). Ação Direta de Inconstitucionalidade 1465-MC. Relator Ministro Joaquim Barbosa, julgado em 24-02-2005, DJe 06-05-2005: AÇÃO DIRETA DE INCONSTITUCIONALIDADE. PARTIDOS POLÍTICOS. DUPLA FILIAÇÃO.

contra o Parágrafo único, art. 22, da Lei dos Partidos Políticos,[404] que, à época, dispunha que a caracterização da "dupla filiação" ocasionava o cancelamento de ambas. Segundo o PFL, a exigência legal de comunicação do ato de desfiliação partidária ao antigo partido e à Justiça Eleitoral viola o princípio da autonomia partidária.

Contudo, a Suprema Corte entendeu que essa autonomia não pode ser estabelecida a ponto de atingir a liberdade interna de outro partido político, isto é, que descabe a imposição unilateral de uma norma estatutária de uma agremiação a outra. Ao regulamentar as relações entre dois ou mais partidos, ao contrário do que se alega, essa norma, tida por violadora, conforma o princípio constitucional da autonomia partidária:

> Falar em autonomia partidária neste caso seria, em última análise, conceber a possibilidade de que dois ou mais partidos a que um cidadão fosse filiado regulassem de maneiras diferentes a questão da dupla filiação. (...) A existência de normas para regular as relações entre os partidos cumpre a função não apenas de proporcionar ambiente adequado para o debate político; existe mesmo direito à organização e ao procedimento no âmbito do relacionamento entre os partidos. **Normas que regulam a dupla filiação conformam, em vez de violar, os princípios constitucionais que regem os partidos políticos.**[405] (grifo nosso).

REGULAÇÃO LEGAL DA RELAÇÃO ENTRE DOIS OU MAIS PARTIDOS. PRINCÍPIO DA FIDELIDADE PARTIDÁRIA. IMPROCEDÊNCIA. Ação direta de inconstitucionalidade que impugna o texto "fica configurada dupla filiação, sendo ambas consideradas nulas para todos os efeitos", constante do art. 22 da Lei 9.096/1995. A autonomia partidária não se estende a ponto de atingir a autonomia de outro partido, cabendo à lei regular as relações entre dois ou mais deles. A nulidade que impõe o art. 22 da Lei 9.096/1995 é conseqüência da vedação da dupla filiação e, por conseqüência, do princípio da fidelidade partidária. Filiação partidária é pressuposto de elegibilidade, não cabendo afirmar que a lei impugnada cria nova forma de inelegibilidade. Ação direta julgada improcedente.

[404] BRASIL. Lei n. 9.096/1995. Art. 22, Parágrafo único. Quem se filia a outro partido deve fazer comunicação ao partido e ao juiz de sua respectiva Zona Eleitoral, para cancelar sua filiação; se não o fizer no dia imediato ao da nova filiação, fica configurada dupla filiação, **sendo ambas consideradas nulas para todos os efeitos**. (grifo nosso)

[405] BRASIL. STF (Tribunal Pleno). Ação Direta de Inconstitucionalidade 1465-MC. Relator Ministro Joaquim Barbosa, julgado em 24-02-2005, DJe 06-05-2005. p. 5-7.

Na véspera das eleições gerais de 2006, a temática da "verticalização das coligações partidárias" voltou a bater às portas da Justiça Eleitoral, por meio da Consulta n. 1185, formulada pelo Secretário-Geral do Partido Social Liberal (PSL). Contudo, o TSE manteve o seu entendimento firmado durante o pleito de 2002,[406] e confirmado pelo STF naquele mesmo ano,[407] segundo o qual essa "verticalização" não teria o condão de violar o princípio da autonomia partidária.

Conforme asseverou o Ministro Carlos Eduardo Caputo Bastos, que inaugurou a divergência na Corte, não seria possível "dar à autonomia partidária, por mais que se queira interpretá-la com a maior abrangência, uma extensão que conflite com o caráter nacional dos partidos políticos, de observância obrigatória pela disposição do *caput* do artigo 17 da Constituição Federal".[408]

Logo após esse julgamento, houve uma reação imediata do Poder Legislativo, que deu início ao fenômeno do *backlash*[409] legislativo em face das interpretações do Poder Judiciário que mitigam o princípio da autonomia partidária. Por meio da Emenda Constitucional n. 52/2006 – promulgada cinco dias após a resposta à Consulta –, o Congresso Nacional realizou a primeira alteração na redação do §1º do art. 17 da CF/88, que dispõe sobre a autonomia, para dar assento constitucional às coligações partidárias.[410]

[406] BRASIL. TSE. Consulta n. 715. Relator Ministro Garcia Vieira, resolução de 26-02-2002, DJe em 15-03-2002.

[407] BRASIL. STF (Tribunal Pleno). Ação Direta de Inconstitucionalidade 2628. Relator Ministro Sydney Sanches; Relatora p/ Acórdão Ministra Ellen Gracie, julgado em 18-04-2002, DJe em 05-03-2004. Neste mesmo sentido, o STF decidiu a ADI n. 2626, ajuizada em 2002, porém, julgada em 18-04-2004.

[408] BRASIL. TSE. Consulta n. 1185. Rel. Designado, Min. Caputo Bastos, julgada em: 3-3-06, DJe 28-4-06, p. 11.

[409] Conforme preceitua o doutrinador Samuel Fonteles, "em um sentido amplo, o *backlash* pode ser compreendido como toda reação social vocacionada a hostilizar atos do Poder Público (v.g., leis, atos administrativos, atos políticos, decisões judiciais, decisões administrativas etc.) ou de quem lhes faça as vezes (...). Em um sentido estrito, o *backlash* designa reações sociais (*backlash* nacional) ou estatais (*backlash* internacional), lícitas ou ilícitas, que hostilizam atos e decisões, ainda que não jurisdicionais, do Judiciário (juízes ou Tribunais), Cortes Constitucionais, Tribunais administrativos ou Órgãos Internacionais (v.g., Cortes de Direitos Humanos), usualmente conservadoras do *status quo*". FONTELES, Samuel Sales. **Direito e backlash**. Salvador: JusPodivm, 2019, p. 41.

[410] BRASIL. Constituição Federal (1988). EC n. 52, de 8.3.2006. Art. 1º – O § 1º do art. 17 da Constituição Federal passa a vigorar com a seguinte redação: "Art. 17, § 1º – **É assegurada**

Assim, essa norma constitucional passou a garantir – agora de maneira explícita – a autonomia dos partidos políticos para "adotar os critérios de escolha e o regime de suas coligações eleitorais" sem a obrigatoriedade da "verticalização". Porém, em respeito aos postulados da anterioridade eleitoral, da segurança jurídica e do devido processo legal, o STF decidiu[411] que a EC n. 52 só poderia ser aplicada no pleito posterior às eleições 2006.

A despeito dessa modulação dos efeitos da EC n. 52, ao apreciar recurso especial eleitoral que questionava a validade da outorga de poderes do Diretório Nacional à Comissão Executiva para, na qualidade de interventora do Diretório Estadual, celebrar coligação partidária no pleito de 2006, o TSE privilegiou a autonomia partidária. A Corte decidiu que os partidos são os "senhores da conveniência quanto à formação de coligações" e que, por se tratar de "opção partidária", não cabe a intervenção do Poder Judiciário.[412]

Em contrapartida, o TSE decidiu que o indeferimento do registro de candidatura com fundamento no reconhecimento de uma das causas de inelegibilidade, previstas no inciso I, art. 1º, da Lei Complementar n. 64/1990, não viola a autonomia partidária. Por se tratar de uma questão externa ao âmbito partidário e que diz respeito ao processo eleitoral, ainda que essa escolha

aos partidos políticos autonomia para definir sua estrutura interna, organização e funcionamento e **para adotar os critérios de escolha e o regime de suas coligações eleitorais, sem obrigatoriedade de vinculação entre as candidaturas em âmbito nacional, estadual, distrital ou municipal**, devendo seus estatutos estabelecer normas de disciplina e fidelidade partidária." (grifo nosso)

[411] BRASIL. STF (Tribunal Pleno). Ação Direta de Inconstitucionalidade 3685/DF. AÇÃO DIRETA DE INCONSTITUCIONALIDADE. ART. 2º DA EC 52, DE 08.03.06. APLICAÇÃO IMEDIATA DA NOVA REGRA SOBRE COLIGAÇÕES PARTIDÁRIAS ELEITORAIS, INTRODUZIDA NO TEXTO DO ART. 17, §1º, DA CF, ALEGAÇÃO DE VIOLAÇÃO AO PRINCÍPIO DA ANTERIORIDADE DA LEI ELEITORAL (CF. Art. 16) E ÀS GARANTIAS INDIVIDUAIS DA SEGURANÇA JURÍDICA E DO DEVIDO PROCESSO LEGAL (CF. Art. 5º, *CAPUT*, E LIV). LIMITES MATERIAIS À ATIVIDADE DO LEGISLADOR CONSTITUINTE REFORMADOR. ARTS. 60, §4º, IV, E 5º, § 2º, DA CF. Relatora Ministra Ellen Gracie, julgado em 22-03-2006, DJe 10-08-2006.

[412] BRASIL. TSE. Respe n. 26610. Relator Ministro José Delgado, acórdão de 14-09-2006, PSESS em 14-09-2006. Por outro lado, em outro julgado, **a Corte Eleitoral manteve o entendimento**, segundo o qual **"a divergência interna do partido político,** desde que a questão tenha reflexos no processo eleitoral, **pode ser apreciada pela Justiça Eleitoral, sem que esse controle jurisdicional interfira na autonomia** das agremiações partidárias". BRASIL. TSE. Recurso Ordinário n. 943. Relator Ministro Cesar Asfor Rocha, acórdão de 21-09-2006, PSESS em 21-09-2006. (grifo nosso)

tenha sido realizada por um partido político, a Corte entendeu que a matéria poderá ser regulamentada pela legislação infraconstitucional.[413]

No ano de 2007, o PFL e o Deputado Federal Nilson Mourão formularam duas Consultas para o TSE, respectivamente, a Consulta n. 1398 (eleições proporcionais) e a Consulta n. 1407 (eleições majoritárias), acerca da possibilidade da perda do cargo eletivo por ato de infidelidade partidária, ou seja, se na hipótese de o detentor de mandato eletivo deixar o partido político pelo qual foi eleito, para ingressar em partido diverso, esse ato acarretaria a perda do cargo em favor do partido originário.

O TSE respondeu que o mandato pertence ao partido originário, tendo em vista que o princípio da autonomia partidária lhes assegura o direito de fazer "imperar as normas por eles aprovadas e, especialmente, a norma de fidelidade partidária":[414]

> Ao determinar que os estatutos partidários incorporem normas de fidelidade e disciplina partidárias, a Constituição está outorgando aos partidos ampla margem de autonomia para que regulem os institutos e suas normas organizacionais e programáticas, com maior ou menor rigor, bem como reivindiquem para si as vagas ocupadas no Executivo e no Legislativo quando os candidatos que por eles foram eleitos – em eleição que se deu segundo seus objetivos e programas estabelecidos – abandonarem a vinculação assumida.[415]

No ano seguinte, o TSE alterou a Resolução n. 22.121/2005 – que regulamenta os Institutos e Fundações Privadas dos partidos – para prestigiar a autonomia partidária, ao dispor que as greis são livres para "estabelecer finalidades de estudo, pesquisa, doutrinação e educação política, consoante as orientações políticas que adote", bem como que possuem autonomia para definir, nos seus respectivos estatutos, a forma de eleição ou indicação para a

[413] BRASIL. TSE. Recurso Ordinário n. 975. Rel. Min. Gerardo Grossi, acórdão 25-9-06, PSESS 25-9-2006, p. 6.

[414] BRASIL. TSE. Consulta n. 1407. Relator Ministro Ayres Britto, Res. de 16-10-07, DJe em 28-12-07, p. 25-26.

[415] BRASIL. TSE. Consulta n. 1407. Relator Ministro Ayres Britto, Res. de 16-10-07, DJe em 28-12-07, p. 25-26.

composição dos órgãos colegiados da fundação que instituir; de contratar com instituições públicas e privadas; de prestar serviços e manter estabelecimentos de acordo com suas finalidades; e de manter intercâmbio com instituições não nacionais, vedado apenas o recebimento de auxílio pecuniário, em razão da proibição constitucional.[416]

A regulamentação da fidelidade partidária, pela Res-TSE n. 22.610/07, ocasionou a Consulta n. 1484, do Partido da Mobilização Nacional (PMN), para elucidar se os prazos ali estabelecidos para ajuizar a ação por infidelidade partidária deveriam se sobrepor aos prazos previstos nos estatutos partidários, em detrimento da autonomia partidária. No entanto, o TSE respondeu que os estatutos partidários devem se limitar aos prazos previstos na Resolução, de modo que os partidos estavam impedidos de requerer os mandatos daqueles que se desfiliaram, sem justa causa, em datas pretéritas àquelas ali previstas.[417]

Ademais, asseverou a competência exclusiva da Justiça Eleitoral para julgar as ações que versem sobre a perda do mandato eletivo por ato de infidelidade partidária não viola a autonomia partidária por refletir no processo eleitoral.[418] Por outro lado, o TSE decidiu que a motivação partidária para aplicar a sanção disciplinar que der ensejo a essas ações constitui matéria *interna corporis*, ou seja, não se expõe ao exame do Poder Judiciário, sob pena de violação ao princípio da autonomia partidária.[419]

Além disso, o TSE relativizou a decisão da Suprema Corte[420] que determinou que a comunicação da desfiliação partidária – à agremiação originária

[416] BRASIL. TSE. PETIÇÃO n. 1499. Relator Ministro Cezar Peluso, Res. de 25-03-2008, DJe em 14-05-2008.

[417] BRASIL. TSE. Consulta n. 1554. Relator Ministro Felix Fischer, Res. de 14-08-2008, DJe em 05-09-2008.

[418] BRASIL. TSE. Consulta n. 1554. Relator Ministro Felix Fischer, Res. de 14-08-2008, DJe em 05-09-2008.

[419] "(...) Diante da autonomia assegurada no art. 17, § 1º, CR/88, os partidos políticos estão sujeitos à jurisdição da Justiça Eleitoral apenas quanto aos atos que tenham potencialidade para interferir no processo eleitoral. **Não compete à Justiça Eleitoral**, por meio da ação declaratória de justa causa, **avaliar as razões que levaram o partido a sancionar o agravante com a perda do mandato** (...)". BRASIL. TSE. Petição n. 2980. Relator Ministro Felix Fischer, acórdão de 19-03-2009, RJTSE em 19-03-2009. (grifo nosso)

[420] BRASIL. STF (Tribunal Pleno). Ação Direta de Inconstitucionalidade 1465-MC. AÇÃO DIRETA DE INCONSTITUCIONALIDADE. PARTIDOS POLÍTICOS. DUPLA FILIAÇÃO. REGULAÇÃO LEGAL DA RELAÇÃO ENTRE DOIS OU MAIS PARTIDOS. PRINCÍPIO DA

e à Justiça Eleitoral – ocorra dentro dos prazos previstos nos arts. 21 e 22 da Lei dos Partidos Políticos (Lei n. 9.096/95), para descaracterizar a "dupla filiação", desde que essa comunicação tardia ocorra antes do envio das listas de filiados,[421] isto é, privilegiando o princípio da autonomia partidária em detrimento da legislação infraconstitucional.[422]

Nos últimos dezesseis anos, o TSE manteve pacífica a jurisprudência[423] segundo a qual o papel da Justiça Eleitoral, na análise de homologação de estatuto ou no pedido de anotação de alteração estatutária, era somente o de "conferir a continuada conformidade dos estatutos com as normas e com o sistema da Constituição". Em outras palavras, que a análise das normas estatutárias, até então realizada pelo TSE, era meramente cartorária, não havia uma análise material do conteúdo dessas normas, até mesmo para homenagear o princípio constitucional da autonomia partidária.

No entanto, ao apreciar o pedido de alteração estatutária do Partido da Mobilização Nacional (PMN), o TSE rechaçou a norma que determinava aos parlamentares filiados que desobedecessem ao regimento interno das respectivas Casas Legislativas, ao argumento de que a autonomia partidária não se sobrepõe ao funcionamento parlamentar, bem como repeliu a imposição da declaração de voto – sobretudo naqueles casos em que o voto secreto possui

FIDELIDADE PARTIDÁRIA. IMPROCEDÊNCIA. Ação direta de inconstitucionalidade que impugna o texto "fica configurada dupla filiação, sendo ambas consideradas nulas para todos os efeitos", constante do art. 22 da Lei 9.096/1995. A autonomia partidária não se estende a ponto de atingir a autonomia de outro partido, cabendo à lei regular as relações entre dois ou mais deles. A nulidade que impõe o art. 22 da Lei 9.096/1995 é conseqüência da vedação da dupla filiação e, por conseqüência, do princípio da fidelidade partidária. Filiação partidária é pressuposto de elegibilidade, não cabendo afirmar que a lei impugnada cria nova forma de inelegibilidade. Ação direta julgada improcedente. Relator Ministro Joaquim Barbosa, julgado em 24-02-2005, DJe 06-05-2005.

[421] BRASIL. Lei n. 9.096/1995. Art. 19 – Na segunda semana dos meses de abril e outubro de cada ano, o partido, por seus órgãos de direção municipais, regionais ou nacional, deverá remeter, aos juízes eleitorais, para arquivamento, publicação e cumprimento dos prazos de filiação partidária para efeito de candidatura a cargos eletivos, a relação dos nomes de todos os seus filiados, da qual constará a data de filiação, o número dos títulos eleitorais e das seções em que estão inscritos.

[422] BRASIL. TSE. RESPE n. 35192. Rel. Min. Arnaldo Versiani, acórdão de 03-02-2009, DJe em 16-03-2009.

[423] BRASIL. TSE. PET n. 12028. Relator Ministro Torquato Jardim, acórdão de 29-04-1993, p. 5-6. (Anotação Estatutária do PMDB).

índole constitucional. Por fim, a Corte fez uma análise material da norma estatutária, que se pretendia anotar, para vedar a cobrança de contribuição compulsória de filiados eleitos parlamentares, chefes do Poder Executivo e detentores de cargos comissionados:

> A fixação de critérios de contribuição de filiados do partido deve observar a interpretação dada ao inciso II do art. 31 da Lei n. 9.096/95 na Resolução-TSE n. 22.585/2007, *in verbis:* "Não é permitido aos partidos políticos receberem doações ou contribuições de titulares de cargos demissíveis *ad nutum* da administração direta ou indireta, desde que tenham a condição de autoridades".[424]

Dois anos após a alteração da Res.-TSE n. 21.841/2004 – que dispõe acerca das Fundações e Institutos –, o Partido da Social Democracia Brasileira (PSDB) e o Democratas (DEM) apresentaram pedido de reconsideração. O TSE, contudo, manteve a exigência da denominação de "pessoa jurídica de direito privado", por considerar que a Corte apenas regulamentou o disposto no art. 44, IV, da Lei n. 9.096/1995 e que, assim sendo, a eventual declaração de inconstitucionalidade, por suposta violação à autonomia partidária, deveria ser arguida pela via própria da Ação Direta de Inconstitucionalidade.[425]

Na véspera das eleições gerais de 2010, mesmo diante da nova redação do §1º do art. 17 da CF/88 – atribuída pela EC n. 52/2006 –, o TSE recebeu duas Consultas sobre a obrigatoriedade da "verticalização das coligações partidárias". Na Consulta n. 119650, de relatoria do Ministro Hamilton Carvalhido, a Corte respondeu que a celebração de "coligações não é ampla e irrestrita", tendo em vista ser necessário observar o disposto no art. 6º da Lei das Eleições.[426]

[424] BRASIL. TSE. PETIÇÃO n. 100. Relator Ministro Marcelo Ribeiro, resolução de 04-06-2009. Decisão tomada com base no precedente: BRASIL. TSE. CTA n. 1135, Relator Ministro Marco Aurélio, Resolução n. 22.025, de 14-06-2005. (Cargo em comissão e observância a princípios constitucionais).

[425] BRASIL. TSE. PETIÇÃO n. 1499. Relatora Ministra Cármen Lúcia, Res. de 20-04-2010, DJe em 25-05-2010.

[426] BRASIL. Lei n. 9.504/1997. Art. 6º – É facultado aos partidos políticos, dentro da mesma circunscrição, celebrar coligações para eleição majoritária, proporcional, ou para ambas,

Com efeito, as agremiações partidárias coligadas – para o cargo de Governador – poderiam lançar candidatos ao cargo de Senador isoladamente, mas não seria possível a formação de uma coligação majoritária para o Senado Federal distinta daquela formada com o candidato a governador, ainda que a coligação fosse celebrada entre as greis que a integram. Por outro lado, em voto vencido, o Ministro Marco Aurélio advertiu que a Corte deveria prestigiar a autonomia partidária em detrimento da legislação infraconstitucional.[427]

Na segunda Consulta, apreciada na mesma sessão administrativa, cogitava-se de coligações diversas para os cargos que concorrem a eleição proporcional. O TSE respondeu que "a definição das coligações relativas aos cargos de deputado federal e deputado estadual segue o princípio da autonomia partidária", ou seja, admitiu a pluralidade de coligações nas eleições proporcionais, desde que sejam celebradas entre os partidos políticos integrantes da coligação para o pleito majoritário.[428]

Ainda naquele pleito, o Senador Marconi Perillo formulou a Consulta n. 64740, sobre a interpretação do novel §6º, art. 45, da Lei das Eleições,[429] sobre participação de candidato ou militante de outro partido, que integre a mesma coligação em âmbito nacional, na propaganda eleitoral dos candidatos adversários no âmbito regional. O TSE respondeu que a liberdade de participação na propaganda eleitoral deve se dar de maneira idêntica à liberdade concedida às coligações partidárias, assegurada pela EC n. 52/2006, a fim de prestigiar a autonomia partidária.

Conforme asseverou o Ministro Ricardo Lewandowski, relator da referida Consulta, a eventual incoerência na propaganda eleitoral – com a participação de candidatos ou filiados concorrentes do partido ou não – deve ser

podendo, neste último caso, formar-se mais de uma coligação para a eleição proporcional dentre os partidos que integram a coligação para o pleito majoritário.

[427] BRASIL. TSE. Consulta n. 119650. Rel. Min. Hamilton Carvalhido, Res. de 29-6-10, RJTSE em 29-6-10.

[428] BRASIL. TSE. Consulta n. 103370. Rel. Min. Marcelo Ribeiro, acórdão de 29-06-10, DJe em 13-9-11. p. 10.

[429] BRASIL. Lei n. 9.504/1997. Art. 45, §6º – É permitido ao partido político utilizar na propaganda eleitoral de seus candidatos em âmbito regional, inclusive no horário eleitoral gratuito, a imagem e a voz de candidato ou militante de partido político que integre a sua coligação em âmbito nacional. (Incluído pela Lei n. 12.034, de 2009)

uma escolha política feita pela agremiação partidária, sob pena da criação da "verticalização da propaganda eleitoral".[430]

3.3 A Evolução da Jurisprudência das Cortes de 2010 a 2015

No final de 2010, o TSE modificou a sua pacífica jurisprudência[431] acerca da ilegitimidade ativa *ad causam* de adversário para impugnar irregularidades ocorridas na convenção partidária, admitindo-a para a apuração de fraude. No caso, por meio de perícia grafotécnica, restou comprovado que as assinaturas dos filiados que teriam participado da convenção foram falsificadas, circunstância que extrapolaria o âmbito das questões *interna corporis* – esfera protegida pela autonomia partidária –, a justificar o reconhecimento da legitimidade ativa de um terceiro estranho ao partido, porquanto atinge a própria higidez do processo eleitoral.[432]

No julgamento da prestação de contas partidárias anuais do diretório municipal do Partido Democrático Trabalhista (PDT), no qual a grei alegara ser irrazoável a exigência legal de abertura de conta bancária específica, nos termos dos arts. 39, § 3º, e 43 da Lei dos Partidos Políticos, o TSE decidiu que essa exigência – que objetiva registrar todo o movimento financeiro da agremiação – não contraria a autonomia partidária, por entender que essa requisição constitui um elemento essencial ao exame da regularidade e da transparência da movimentação anual dos recursos partidários.[433]

Do mesmo modo, ao apreciar a prestação de contas de campanha de candidato – o qual alegava que as dívidas de campanha seriam assumidas pelo Diretório Municipal do partido mesmo sem a anuência da Direção Nacional –, a Corte asseverou que a autonomia partidária não afasta o dever da prestação de contas, tampouco autoriza que as greis e seus candidatos se esquivem do

[430] BRASIL. TSE. Consulta n. 64740. Relator Ministro Marco Aurélio, acórdão de 12-8-10, DJe em 21-2-2013.

[431] BRASIL. TSE. Respe n. 14193. Relator Ministro Francisco Rezek, acórdão de 22-10-1996, PSESS 22-10-1996.

[432] BRASIL. TSE. Respe n. 1315410. Rel. Min. Marcelo Ribeiro, acórdão de 30-09-2010, DJe em 19-10-2010.

[433] BRASIL. TSE. AI n. 381380. Rel. Min. Marcelo Ribeiro, acórdão de 15-09-11, DJe em 17-10-2011, p. 6-8.

cumprimento da legislação que regulamenta a matéria, sobretudo o art. 29, §§ 3º e 4º, da Lei das Eleições e o art. 20, § 2º, da Res.-TSE n. 23.217/2010, que condicionam a responsabilização partidária por dívidas de campanha de seus candidatos à decisão do órgão de direção nacional, com cronograma de pagamento e quitação.[434]

Nas eleições de 2012, o TSE se deparou com um conflito entre dois órgãos partidários da mesma grei. O mesmo Diretório Municipal realizou duas convenções conflitantes acerca da coligação partidária. A primeira, realizada pela Comissão Executiva em fim de mandato, deliberou pela coligação com os partidos A e B. Após o término regular do mandato, o Diretório Regional nomeou uma Comissão Executiva Provisória, que, por sua vez, realizou nova convenção e, anulando os efeitos da anterior, celebrou coligação diversa com os partidos C e D. Em respeito à autonomia partidária, a Corte decidiu que o novo órgão partidário pode revisar seus próprios atos, desde que observados os requisitos legais e estatutários.[435]

Nesse sentido, ao apreciar um recurso do Ministério Público Eleitoral (MPE), no qual alegara ofensa ao § 3º do art. 6º da Lei das Eleições,[436] por suposta fraude na composição de coligação partidária na qual apenas um dos partidos integrantes lançou candidatos – coligação que, em tese, serviria tão somente para aumentar de 150% para 200% o número vaga de candidaturas que poderiam ser lançadas pelo partido coligado –, o TSE decidiu pela descaraterização da fraude, por entender que interpretação dessa norma deve privilegiar a autonomia partidária na formação das coligações.[437]

Na véspera do pleito eleitoral de 2014, o Partido Social Democrático (PSD) requereu o pedido de anotação de alteração estatutária a fim de modificar a sua sigla para "PSD 55", em evidente referência ao número utilizado pela legenda nas urnas eleitorais. Porém, o TSE avaliou que essa anotação violaria

[434] BRASIL. TSE. Agravo de Instrumento n. 55358. Rel. Min. Nancy Andrighi, acórdão 29-3-12, DJe 30-4-2012.

[435] BRASIL. TSE. RESPE n. 6311. Rel. Min. Nancy Andrighi, acórdão de 23-10-12, PSESS em 23-10-2012.

[436] BRASIL. Lei n. 9.504/1997. Art. 6º, § 3º – Na formação de coligações, devem ser observadas, ainda, as seguintes normas: I – na chapa da coligação, podem inscrever-se candidatos filiados a qualquer partido político dela integrante; (...)

[437] BRASIL. TSE. RESPE n. 13404. Relator Ministro Marco Aurélio, acórdão de 29-08-2013, DJe 03-10-2013.

o princípio da isonomia entre os demais partidos e coligações naquela disputa eleitoral, em virtude da vedação contida no §1º do art. 6 da Lei das Eleições,[438] motivo pelo qual o PSD também não poderia, isoladamente, ostentar o seu número na sigla. Assim, a Corte reiterou que a autonomia partidária deve obedecer à legislação de regência mesmo na alteração das normas estatutárias.[439]

Logo após, o TSE decidiu pela ilegitimidade ativa *ad causam* do Diretório Estadual no manejo da Representação por propaganda eleitoral antecipada de viés presidencial, por entender que devem ser propostas – ou previamente autorizadas – pelo Diretório Nacional das greis legitimadas, afinal, "as esferas partidárias devem agir de forma sincronizada, dialogada e consensual, a fim de emprestar ao sistema coerência maior e evitar o risco de posturas contraditórias nos planos fático, político e jurídico", de modo que a autonomia partidária seja interpretada em consonância com o princípio da eficiência.[440]

Antes da realização daquelas eleições, o Ministro Presidente do TSE levou ao Plenário uma proposta de revogação do art. 30 da Res.-TSE n. 21.841/2004[441] – norma que já havia sido impugnada, sob outro fundamento, por partidos há quatro anos[442] –, que trata do envio da prestação de contas referente aos

[438] BRASIL. Lei n. 9.504/1997. Art. 6º, § 1º-A. – A denominação da coligação não poderá coincidir, incluir ou fazer referência a nome ou número de candidato, nem conter pedido de voto para partido político.

[439] BRASIL. TSE. Registro de Partido Político n. 141796. Rel. Min. Laurita Vaz, acórdão 6-5-14, DJe em 5-6-14.

[440] De acordo com voto do Ministro Tarcisio Vieira de Carvalho, "(...) a decisão agravada, como explicitado, está alicerçada no sentido de otimizar, em atenção ao princípio constitucional da eficiência (art. 37, *caput*, da CF/88), o trabalho da Justiça Eleitoral, a partir de critérios de repartições de competência, típicos de Estados Federados e de logísticas administrativas inteligentes. (...) Com razão o recorrido, no ponto, ao sustentar que a combinação dos arts. 96, da Lei n. 9.504/97, e 11, da Lei n. 9.096/95, é sugestiva de que 'qualquer partido político pode propor representação, porém, cada órgão partidário possui sua circunscrição de competência e atuação'". BRASIL. TSE. Representação n. 24347. Relator Ministro Tarcisio Vieira de Carvalho Neto, acórdão de 29-05-2014, p. 11.

[441] BRASIL. TSE. Res. n. 21.841/2004. Art. 30 – Após o julgamento definitivo das prestações de contas, os juízes eleitorais, os tribunais regionais eleitorais e o Tribunal Superior Eleitoral devem informar ao órgão do Ministério Público responsável pela fiscalização das fundações e dos institutos os valores declarados e comprovados nas prestações de contas dos diretórios municipais, estaduais e nacional como destinados à criação e manutenção dos institutos ou fundações de que trata o inciso IV do art. 44 da Lei n. 9.096/95, identificando-os.

[442] No TSE, PET n. 1499. Relatora Ministra Cármen Lúcia, Resolução de 20-04-2010; e no STF, ADI n. 4591. Relator Ministro Dias Toffoli. (com pauta de julgamento publicada desde 2018).

recursos do Fundo Partidário para o órgão do Ministério Público responsável pela fiscalização das Fundações e Institutos. Segundo o Ministro Dias Toffoli, essa norma viola o princípio da autonomia partidária, na medida em que não cabe à Justiça Eleitoral transferir ao Ministério Público do Estado no qual esteja sediada o controle sobre os valores do Fundo Partidário que lhe são destinados.[443]

A temática da (ir)regularidade na convenção partidária volta à baila no TSE durante o pleito eleitoral de 2014, desta feita sob a alegação de ter sido realizada por uma "comissão provisória", cuja criação está prevista no estatuto do Partido Democrático Trabalhista (PDT),[444] inclusive com a possibilidade de prorrogação ilimitada. Apesar disso, o TSE decidiu que essa criação de órgãos ou comissões provisórias, na estruturação interna das greis, está abrangida pelo princípio constitucional da autonomia partidária, porquanto não ofende os preceitos constitucionais da soberania nacional, do regime democrático, do pluripartidarismo e os direitos fundamentais da pessoa humana.[445]

Por fim, com a aprovação da minirreforma eleitoral de 2015, o Partido Republicano da Ordem Social (PROS) ajuizou uma Ação Direta de Inconstitucionalidade contra o art. 2º da Lei n. 13.107/2015, que alterou a Lei dos Partidos

[443] Segundo o relator, "(...) a fiscalização de tais recursos por parte do Ministério Público fere a autonomia partidária e está em desacordo com o disposto no Parágrafo único do art. 2.031 do Código Civil Brasileiro, que exclui as organizações religiosas e os partidos políticos da necessidade de se adaptar às disposições do referido Codex.(...) **No que tange à prestação de contas, a Constituição Federal é clara ao dispor que os partidos políticos devem prestá-las à Justiça Eleitoral** (art. 17, III, da CF/88), **o que distingue**, por completo, **a disciplina partidária dos parâmetros que regem as demais pessoas jurídicas contempladas no Código Civil Brasileiro.** (...)". BRASIL. TSE. Processo Administrativo n. 59335. Relator Ministro Dias Toffoli, resolução de 25-06-2014, DJe em 29-08-2014, p. 5-6. (grifo nosso)

[444] Estatuto Partidário do PDT. Art. 11, § 3º – Consideram-se, também, órgãos partidários as Comissões Provisórias instituídas na forma deste Estatuto. (...). Art. 16 – As Comissões Provisórias terão as atribuições de Diretórios. Serão constituídas de cinco (5) a onze (11) membros pelas Executivas Nacional e Estaduais nos Estados ou nos Municípios onde não houver diretórios próprios, para organizar as convenções e demais órgãos partidários em sua área de atuação. Os Presidentes das comissões provisórias estaduais as representarão nas convenções, com direito a 01 (um) voto. Parágrafo único – **A Comissão; Provisória Estadual terá o mandato de 6 meses e a Municipal de 90 dias, ambas [sic] prorrogáveis**". (grifo nosso)

[445] BRASIL. TSE. RESPE n. 70195. Relator Ministro Gilmar Mendes, acórdão de 30-9-14, PSESS 30-09-2014.

Políticos.[446] No que toca à exigência do prazo mínimo de cinco anos para a realização de fusão ou incorporação, o STF decidiu que essa liberdade não é absoluta, condiciona-se aos princípios do sistema democrático-representativo e do pluripartidarismo. Com efeito, as normas que visam fortalecer o controle quantitativo e qualitativo dos partidos não afrontam a autonomia partidária.[447] Essa decisão foi, recentemente, confirmada no julgamento de mérito.[448]

3.4 Da Criação da Emenda Constitucional N. 97/2017 à Lei N. 13.831/2019

No final de 2015, o TSE promoveu uma verdadeira viragem jurisprudencial, que se tornou conhecida como o "caso das comissões provisórias". O prazo

[446] BRASIL. Lei n. 13.107, de 24.3.2015. Art. 2º Os artigos 7º, §1º e 29, §9º da Lei n. 9.096, de 19.9.1995, passam a vigorar com as seguintes alterações: "Art. 7º, §1º – Só é admitido o registro do estatuto de partido político que tenha caráter nacional, considerando-se como tal aquele que comprove o apoiamento de eleitores não filiados a partido político, correspondente a, pelo menos, 0,5% (cinco décimos por cento) dos votos dados na última eleição geral para a Câmara dos Deputados, não computados os votos em branco e os nulos, distribuídos por 1/3 (um terço), ou mais, dos Estados, com um mínimo de 0,1% (um décimo por cento) do eleitorado que haja votado em cada um deles." (NR) "Art.29, § 9º – **Somente será admitida a fusão ou incorporação de partidos políticos que haja obtido o registro definitivo do Tribunal Superior Eleitoral há, pelo menos, 5 (cinco) anos**". (grifo nosso)

[447] BRASIL. STF (Tribunal Pleno). Ação Direta de Inconstitucionalidade n. 5311-MC. AÇÃO DIRETA DE INCONSTITUCIONALIDADE. LEI NACIONAL N. 13.107, DE 24 DE MAÇO DE 2015. ALTERAÇÃO DA LEI DOS PARTIDOS POLÍTICOS E DA LEI ELEITORAL (LEI 9.096/1995 E 9.504/1997). NOVAS CONDIÇÕES LEGAIS PARA CRIAÇÃO, FUSÃO E INCORPORAÇÃO DE PARTIDOS POLÍTICOS. APOIO DE ELEITORES NÃO FILIADOS E PRAZO MÍNIMO DE CINCO ANOS DE EXISTÊNCIA DOS PATIDOS. FORTALECIMENTO DO MODELO REPRESENTATIVO E DENSIFICAÇÃO DO PLURIPARTIDARISMO. FUNDAMENTO DO PRINCÍPIO DEMOCRÁTICO. FIDELIDADE PARTIDÁRIA. INDEFERIDMENTO DA CAUTELAR. 1. A Constituição da República assegura a livre criação, fusão e incorporação de partidos políticos. Liberdade não é absoluta, condicionando-se aos princípios do sistema democrático-representativo e do pluripartidarismo. 2. São constitucionais as normas que fortalecem o controle quantitativo e qualitativo dos partidos, sem afronta ao princípio da igualdade ou qualquer ingerência em seu funcionamento interno. 3. O requisito constitucional do caráter nacional dos partidos políticos objetiva impedir a proliferação de agremiações sem expressão política, que podem atuar como "legendas de aluguel", fraudando a representação, base do regime democrático. 4. Medida cautelar indeferida. Relatora Ministra Cármen Lúcia, julgado em 30-09-2015, DJe em 04-02-2016.

[448] BRASIL. STF (Tribunal Pleno). Ação Direta de Inconstitucionalidade n. 5311. Relatora Ministra Cármen Lúcia, julgado em 04-03-2020, DJe em 06-07-2020.

de duração dos órgãos ou comissões provisórias, estabelecido pelos partidos nos seus respectivos estatutos, sempre foi considerado albergado pelo princípio da autonomia partidária.[449] Todavia, o Ministro Henrique Neves da Silva submeteu à Corte uma proposta[450] de alteração da Resolução n. 23.465/2015, para estabelecer o prazo de validade de apenas 120 dias.[451]

De acordo com o Ministro Henrique Neves, essa mudança visa compatibilizar o princípio da autonomia partidária com o princípio democrático, previsto no art. 17, *caput*, da Constituição Federal, considerando que a investidura nos órgãos ou comissões provisórias se dá por livre nomeação das instâncias partidárias superiores, em detrimento da escolha mediante eleição intrapartidária. Ademais, estabeleceu que as prorrogações ocorrerão somente em "situações excepcionais e devidamente justificadas", pelo período necessário para a realização da eleição dos órgãos permanentes:[452]

> Tanto a Constituição Federal (artigo 17, *caput*) como a Lei n. 9.096/95 (arts. 1, 20, 40 e 15, IV) estabelecem regras que obrigam os partidos a respeitar o regime democrático e realizar eleições para a escolha de seus dirigentes, sendo assegurado a todos os filiados iguais direitos e deveres. A autonomia partidária não revela um direito absoluto. Não há direito absoluto. Se os partidos constituem inegáveis instrumentos

[449] Nesse sentido vide: BRASIL. TSE. Reclamação n. 10952. Relator Ministro Américo Luz, acórdão de 28-04-1992, DJe em 02-06-1992. (Ato de dissolução das comissões provisórias como questão *interna corporis*); BRASIL. TSE. Respe n. 9687, Relator Ministro Hugo Gueiros, acórdão de 03-09-1992, PESS em 03-09-1992. (Prorrogação do prazo); BRASIL. TSE. RESPE n. 14017. Relator Ministro Diniz de Andrada, acórdão de 29-10-1996, PSESS em 29-10-1996. (Prorrogação do prazo); BRASIL. TSE. RESPE n. 14018. Relator Ministro Eduardo Ribeiro, acórdão de 30-10-1996, PSESS em 30-10-1996. (Prorrogação do prazo); BRASIL. TSE. RESPE n. 70195. Relator Ministro Gilmar Mendes, acórdão de 30-09-2014, PSESS em 30-09-2014. (Constitucionalidade da criação das comissões provisórias, cuja prorrogação era ilimitada nos termos do estatuto).

[450] BRASIL. TSE. Resolução n. 23.465. Instrução n. 3. Relator Ministro Henrique Neves da Silva. Acórdão de 17-12-15, DJe em 22-12-15.

[451] BRASIL. Res-TSE n. 23.465/2015. Art. 39 – as anotações relativas aos **órgãos provisórios têm validade de 120 dias.** (grifo nosso)

[452] BRASIL. Res-TSE n. 23.465/2015. Art. 39, §1º – em situações excepcionais e devidamente justificadas, o partido político pode requerer ao presidente do Tribunal Eleitoral competente a prorrogação do prazo de validade previsto neste artigo, pelo período necessário à realização da convenção para escolha dos novos dirigentes.

> de concretização da democracia e atores fundamentais no processo de escolha dos representantes para o exercício dos mandatos eletivos, a autonomia partidária não pode ser invocada para justificar uma atuação sem limites e regras quanto á definição de seus órgãos, em detrimento do Estado Democrático de Direito.[453]

No entanto, diante do relato das greis,[454] que temiam que essa mudança de jurisprudência acarretasse prejuízo para a realização das convenções partidárias destinadas à escolha de candidatos, e compreendendo as dificuldades para a constituição dos diretórios permanentes antes daquelas eleições municipais, o Ministro Henrique Neves apresentou uma nova proposta[455] que, além de facultar a substituição dos 120 dias por outro "prazo razoável",[456] instituiu uma disposição transitória para que a norma passasse a vigorar apenas dentro de um ano.[457] A nova proposta foi aprovada, à unanimidade, pelo TSE.

O Partido Social Democrático (PSD) requereu pedido de anotação de alteração estatutária no qual estabelecia um prazo de duração indeterminado

[453] BRASIL. TSE. Instrução n. 3. Relator Ministro Henrique Neves da Silva, Res. de 17-12-15, DJe em 22-12-15.

[454] Segundo noticiou o jornalista Pedro Canário, "a pedido de um grupo de partidos, os ministros vão esclarecer dúvidas de algumas legendas a respeito da alteração na validade das comissões provisórias. O esclarecimento foi acertado nesta terça-feira (16/2) em reunião do Presidente do Tribunal, ministro Dias Toffoli, do relator do pedido para tirar as dúvidas, o Ministro Henrique Neves, e representantes de alguns partidos, como PSDB, DEM, PP, PTC, PTdoB e PT (...)". CANÁRIO, Pedro. TSE vai esclarecer regra sobre comissões provisórias de partidos nesta quinta. **Conjur**, 16 fev. 2016. Disponível em: https://www.conjur.com.br/2016-fev-16/tse-esclarecer-regra-comissoes-provisorias-partidos. Acesso em: 15 jun. 2019.

[455] BRASIL. TSE. Resolução n. 23.471. Instrução n. 3. Relator Ministro Henrique Neves da Silva. Acórdão de 3-3-16, DJe em 4-3-2016.

[456] BRASIL. Res-TSE n. 23.465/2015. Art. 39 – As anotações relativas aos órgãos provisórios decorrentes de intervenção ou dissolução do órgão definitivo do partido político têm validade de 120 (cento e vinte) dias, **salvo se o estatuto partidário estabelecer prazo razoável diverso**. (Esse artigo foi acrescentado à Res.-TSE n. 23.465/2015 pelo art. 2 da Res.TSE n. 23.471/2016.) (grifo nosso)

[457] BRASIL. Res-TSE n. 23.465/2015. Art. 61 – A regra prevista no art. 39 desta **Resolução somente entrarão em vigor a partir de 10 de marco de 2017**, cabendo aos partidos políticos procederem às alterações dos seus respectivos estatutos até a referida data, para contemplar prazo razoável de duração das comissões provisórias decorrentes de intervenção ou dissolução do órgão definitivo. (Esse artigo foi acrescentado à Res.-TSE n. 23.465/2015 pelo art. 2 da Res.TSE n. 23.471/2016). (grifo nosso)

para o órgão ou comissão provisória, em contrariedade ao art. 39 da Res.-TSE n. 23.465/2015 – alterado, e com o acréscimo do art. 61, pelo art. 2 da Res.-TSE n. 23.471/2016 –, sob a alegação de que essa norma viola o princípio da autonomia partidária. Contudo, o TSE decidiu que o exame do cumprimento das normas constitucionais, legais e das resoluções não viola esse princípio. Com efeito, determinou ao PSD que promovesse, oportunamente, as adequações no estatuto partidário "a fim de contemplar prazo razoável de duração das comissões provisórias".[458]

Iniciado o pleito municipal de 2016, o Partido Renovador Trabalhista Brasileiro (PRTB) ajuizou uma Ação Direta de Inconstitucionalidade contra o art. 46, *caput*, da Lei das Eleições,[459] que trazia critérios que restringiam a participação nos debates eleitorais de greis com pouca ou nenhuma representação na Câmara dos Deputados, por entender, entre outros fundamentos, que essa norma violava a autonomia partidária. O STF, todavia, entendeu que o ordenamento jurídico pátrio não veda qualquer desigualação entre os partidos, mas apenas aquela "desprovida de critério justificador". Com efeito, decidiu que "a calibragem do modelo eleitoral", nos moldes previstos essa norma, não afronta a Constituição.[460]

Ainda naquele ano, o TSE se debruçou sobre a problemática do desvirtuamento do tempo de propaganda partidária gratuita destinado às mulheres. Apesar de o art. 45, IV, da Lei dos Partidos[461] exigir que, pelo menos, 10% do tempo dessa propaganda fosse destinado à promoção da participação feminina

[458] BRASIL. TSE. Registro de Partido Político n. 141796. Relatora Ministra Maria Thereza de Assis Moura. Acórdão de 7-6-2016, DJe em 9-8-2016.

[459] BRASIL. Lei n. 9.504/1997. Art. 46 – Independentemente da veiculação de propaganda eleitoral gratuita no horário definido nesta Lei, é facultada a transmissão por emissora de rádio ou televisão de debates sobre as eleições majoritária ou proporcional, sendo assegurada a participação de candidatos dos partidos com representação superior a nove Deputados, e facultada a dos demais, observado o seguinte: (...).

[460] BRASIL. STF (Tribunal Pleno). Ação Direta de Inconstitucionalidade 5.577. AÇÃO DIRETA DE INCONSTITUCIONALIDADE. ELEIÇÕES. DEBATES ELEITORAIS. LEI N. 13.165/15. ALTERAÇÃO DO ART. 46, *CAPUT*, DA LEI N. 9.405/97. ANTERIORIDADE DA LEI ELEITORAL. REPRESENTATIVIDADE NA CÂMARA DOS DEPUTADOS. EXIGÊNCIA. IMPROCEDÊNCIA. Relatora Ministra Rosa Weber, julgado em 25-08-2016.

[461] BRASIL. Lei n. 9.096/1995. art. 45, IV – promover e difundir a participação política feminina, dedicando às mulheres o tempo que será fixado pelo órgão nacional de direção partidária, observado o mínimo de 10% (dez por cento). (Incluído pela Lei n. 12.034, de 2009).

na política, diversos partidos insistiam em burlá-la. A Corte decidiu[462] que a autonomia partidária não se sobrepõe ao princípio da igualdade, no qual se funda essa norma, cujo objetivo é assegurar uma garantia material para o real e efetivo ingresso das mulheres na política. Porém, ao invés de conferir eficácia plena e genuína a essa ação afirmativa, as greis promoveram a extinção da propaganda partidária.[463]

No ano de 2017, às vésperas do início da vigência da norma que trata do prazo de duração dos órgãos ou comissões provisórias[464] – acolhendo mais um pedido das greis[465] e para facultar uma gradual adequação dos estatutos

[462] Segundo o Ministro Herman Benjamin, "(...) A criação de 'estado de aparências' e a burla ao conjunto de dispositivos e regras que objetivam assegurar isonomia plena devem ser punidas, pronta e rigorosamente, pela Justiça Eleitoral. (...) 14. A autonomia partidária contida no § 1º do art. 17 da CF/88 não significa soberania: é imperativo que agremiações observem a cota de gênero não somente em registro de candidaturas, mas também na propaganda e assegurando às mulheres todos os meios de suporte em âmbito intra ou extrapartidário, sob pena de se manter histórico e indesejável privilégio e, assim, reforçar a nefasta segregação predominante na vida política". Respe n. 12552. Rel. Designado Min. Herman Benjamin, acórdão de 20-09-2016, DJe em 02-08-2018. Decisões nesse mesmo sentido: Respe n. 14272; Respe n. 15826;. Respe n. 29657; RP n. 29220; RP n. 32255; RP n. 29135; RP n. 32255; RP n. 28358; RP 27229; RP n. 29305; RP n. 28965; RP n. 28273; AI n. 15741; Respe n. 50404.

[463] BRASIL. Lei n. 13.487, de 6.10.2017. Publicação Original. Altera as Leis n. 9.504, de 30 de setembro de 1997, e n. 9.096, de 19 de setembro de 1995, para instituir o Fundo Especial de Financiamento de Campanha (FEFC) e extinguir a propaganda partidária no rádio e na televisão. http://www.planalto.gov.br/ccivil_03/_ato2015-2018/2017/lei/l13487.htm. Acesso em: 28 maio 2019.

[464] BRASIL. Res-TSE n. 23.465/2015. Art. 61 – A regra prevista no art. 39 desta **Resolução somente entrarão em vigor a partir de 10 de marco de 2017**, cabendo aos partidos políticos procederem às alterações dos seus respectivos estatutos até a referida data, para contemplar prazo razoável de duração das comissões provisórias decorrentes de intervenção ou dissolução do órgão definitivo. (Esse artigo foi acrescentado à Res.-TSE n. 23.465/2015 pelo art. 2 da Res.TSE n. 23.471/2016.) (grifo nosso)

[465] Conforme explicou o então Presidente do TSE, Ministro Gilmar Mendes, em entrevista: "Depois de termos conversado com o Presidente da Câmara, Rodrigo Maia, fizemos uma reunião com 30 representantes de partidos. Essa reunião foi extremamente frutífera", explicou o ministro ao acrescentar que ficou acertada a criação de uma comissão para discutir um projeto de lei que trate do tema. "Portanto, estamos designando três membros do TSE, juntamente com cinco membros que virão dos partidos, para que nós possamos construir um modelo gradual que permita que as comissões provisórias se transformem em comissões definitivas". Disponível em: http://www.tse.jus.br/imprensa/noticias-tse/2017/Fevereiro/em-entrevista-gilmar-mendes-fala-sobre-diretorios-provisorios-e-foro-privilegiado. Acesso em: 15 jun. 2019.

partidários –, o TSE, novamente, prorrogou a vigência da norma.[466] Porém, ao invés de promover essa adequação, os partidos articularam a aprovação da Emenda Constitucional n. 97/2017, a segunda alteração do §1º do art. 17 da CF/88, para assegurar a autonomia na escolha do prazo de duração dos órgãos permanentes e provisórios.[467] A constitucionalidade desse segundo *backlash* legislativo,[468] em face das interpretações do Poder Judiciário que mitigam o princípio da autonomia partidária, ainda será apreciada pela Suprema Corte.[469]

A evolução da jurisprudência do TSE acerca da interpretação dos limites do princípio da autonomia partidária levou também à mudança de paradigma no julgamento das prestações de contas. Inicialmente, a análise realizada pela Justiça Eleitoral era meramente quantitativa, pois limitava-se a verificar a correlação entre o uso dos recursos públicos e a atividade partidária – como, por exemplo, o gasto com alimentação, passagens aéreas ou hospedagens de dirigentes e filiados[470] – para que essas contas fossem aprovadas.

No entanto, por entender que o princípio da autonomia partidária não poderia "legitimar eventuais desmandos e abusos" cometidos no âmbito interno dos partidos políticos, o Ministro Luiz Fux apresentou à Corte uma

466 BRASIL. Res.-TSE n. 23.511/2017. Art. 61. A regra prevista no art. 39 desta resolução **somente entrará em vigor a partir de 3 de agosto de 2017**, cabendo aos partidos políticos proceder às alterações dos seus respectivos estatutos até a referida data, para contemplar prazo razoável de duração das comissões provisórias". (Esse artigo foi acrescentado à Res.-TSE n. 23.465/2015 pelo art. 2 da Res.TSE n. 23.471/2016.) (grifo nosso)

467 BRASIL. Constituição Federal (1988). EC n. 97, de 4.10.2017. Art. 1º – A Constituição Federal passa a vigorar com as seguintes alterações: "Art. 17, § 1º – É assegurada aos partidos políticos autonomia para definir sua estrutura interna e estabelecer regras sobre escolha, formação e duração de seus órgãos permanentes e provisórios e sobre sua organização e funcionamento e para adotar os critérios de escolha e o regime de suas coligações nas eleições majoritárias, vedada a sua celebração nas eleições proporcionais, sem obrigatoriedade de vinculação entre as candidaturas em âmbito nacional, estadual, distrital ou municipal, devendo seus estatutos estabelecer normas de disciplina e fidelidade partidária".

468 FONTELES, Samuel Sales. **Direito e backlash.** Salvador: JusPodivm, 2019, p. 41.

469 BRASIL. STF. ADI n. 5875. Relator Ministro Luiz Fux, ajuizada em 28.12.2017, pelo Procurador-Geral da República, ainda pendente de julgamento.

470 BRASIL. TSE. PC n. 28. Relator Ministro João Otávio de Noronha acórdão de 21-08-2014. (prova de uso com transporte e alimentação); BRASIL. TSE. PC n. 43. Relator Ministro Henrique Neves da Silva acórdão de 12-09-2013. (prova de uso de passagens aéreas); BRASIL. TSE. PC n. 388215. Relator Ministro Henrique Neves da Silva acórdão de 07-08-2014. (prova de uso com hospedagem); BRASIL. TSE. PC n. 21. Relatora Ministra Luciana Lóssio acórdão de 19-08-2014 (prova de uso com hospedagem).

proposta de análise qualitativa desses gastos, com fundamento no princípio constitucional da economicidade:

> A gerência dos recursos públicos deve atender ao princípio da economicidade, isto é, sempre buscar minimizar os custos relativos a determinada atividade sem que se comprometa a qualidade. 11. **O exame da prestação de contas não pode ficar adstrito apenas e tão somente ao percentual do montante arrecadado e ao total de despesas realizadas em campanhas** (i.e., critério proporcional), **mas também se impõe a análise tomando como critério o valor nominal que ensejou a irregularidade (i.e., critério quantitativo)**, de maneira que, verificadas irregularidades em vultosas quantias em valores absolutos, a desaprovação das contas, ainda que em percentual ínfimo, se globalmente considerada, é medida que se impõe[471] (grifo nosso).

A partir desse julgado, cujo resultado foi unânime, o TSE passou a fazer um controle quantitativo e qualitativo das contas – anuais ou de campanha – para dar prevalência ao princípio da economicidade em detrimento da autonomia partidária, glosando o gasto elevado com recursos de origem pública, tais como "os cancelamentos e remarcações [de passagens aéreas] que representarem valores expressivos que denotem falta de zelo" ou o pagamento de hospedagem em "hotéis reconhecidamente luxuosos e de alto custo", cuja soma *in casu* atingiu o patamar de R$ 77.180,09.[472]

No ano seguinte à aprovação da EC n. 97/2017 – que assegurou autonomia às greis para a definição do prazo de duração de seus órgãos partidários permanentes e provisórios –, o Partido Social Democrático (PSD) requereu, perante o TSE, a anotação de alteração estatutária para adequar o prazo de duração das suas comissões provisórias ao novo texto constitucional, ou seja, para registrar um prazo superior aos 120 dias ou "prazo razoável", nos termos

[471] BRASIL. TSE. Prestação de Contas n. 27268. Rel. Min. Luiz Fux, acórdão de 27-04-2017, DJe em 12-03-2018.

[472] BRASIL. TSE. Prestação de Contas n. 24755. Rel. Min. Luiz Fux, acórdão 27-4-17, DJe em 1-3-18, p. 23-25.

da Res-TSE.[473] O Ministro Herman Benjamin, relator do pedido, entendeu que o óbice para esse registro teria sido afastado com a superveniência da EC n. 97. Entretanto, a Corte acompanhou a divergência inaugurada pelo Ministro Tarcisio Vieira de Carvalho:

> **Por repousar precisamente no *caput* do art. 17 da Constituição Federal, a Res.-TSE nº 23.465/2015 mantém sua higidez, não comportando leitura distinta daquela já adotada neste Tribunal Superior.** 10. A alteração estatutária proposta, além de não satisfazer anterior determinação desta Corte, ofende a regulamentação contida na citada resolução, pois prevê que a vigência do órgão provisório apenas não poderá ultrapassar a data final de validade do diretório definitivo correspondente, sendo, ademais, passível de prorrogação. É o que se extrai dos §§ 3º e 4º do art. 42 do estatuto, na redação submetida. Órgão provisório: substituição, alteração e extinção requisitos constitucionais[474] (grifo nosso).

Após o julgamento do pedido de anotação estatutária do PSD, o prazo de 120 dias previsto no art. 39 da Res.-TSE n. 23.465/2015 – que já havia sido aperfeiçoado pela Res.-TSE n. 23.471/2016 para estabelecer um "prazo razoável diverso" e uma regra de transição, por sua vez, alterada pela Res-TSE n. 23.511/2017 para determinar um novo lapso temporal de conformação –, foi alterada pela Res.-TSE n. 23.571/2018 para estabelecer um prazo de validade de 180 dias para os órgãos ou comissões provisórias, "salvo se o estatuto partidário dispor de prazo inferior diverso",[475] com o início da vigência em 10 de janeiro de 2019.

[473] BRASIL. Res-TSE n. 23.465/2015. Art. 39 – As anotações relativas aos órgãos provisórios decorrentes de intervenção ou dissolução do órgão definitivo do partido político têm validade de 120 (cento e vinte) dias, **salvo se o estatuto partidário estabelecer prazo razoável diverso.** (esse artigo foi acrescentado à Res.-TSE n. 23.465/2015 e cuja vigência foi adiada pelo art. 1 da Res.-TSE n. 23.511/2017) (grifo nosso)

[474] BRASIL. TSE. Registro de Partido Político n. 141796. Rel. Designado Ministro Tarcisio Vieira de Carvalho Neto, acórdão de 20-02-2018, DJe em 15-03-2018.

[475] BRASIL. TSE. Res. n. 23.571. Instrução n. 3, Rel. Min. Admar Gonzaga, Acórdão de 29-5-18, DJe 14-6-18.

No início do ano eleitoral, em 2018, a discussão acerca dos limites da autonomia partidária volta à pauta da Suprema Corte, no julgamento da Ação Direta de Inconstitucionalidade n. 5617, ajuizada contra o art. 9º da Lei n. 13.165/15, que estabeleceu a fixação do piso (5%) e do teto (15%) dos valores do fundo partidário, destinados ao financiamento de campanhas eleitorais, que deveria ser aplicado para as mulheres.[476] Com base no princípio da isonomia, o STF deu interpretação conforme a Constituição para determinar aos partidos que destinassem, pelo menos, 30% dos recursos do fundo partidário – empregados na campanha eleitoral – para as candidaturas femininas:

> **A autonomia partidária não consagra regra que exima o partido do respeito incondicional aos direitos fundamentais**, pois é precisamente na artificiosa segmentação entre o público e o privado que reside a principal forma de discriminação das mulheres[477] (grifo nosso).

Logo após, o Partido Social Democrata Cristão (PSDC) solicitou a anotação de alteração estatutária que estabelecia uma contribuição mensal obrigatória aos seus filiados parlamentares e aos "filiados militantes". Apesar de verificar a compatibilidade das normas estatutárias com o art. 31, V, da Lei de Partidos[478] – que passou a permitir às greis o recebimento de contribuições

[476] BRASIL. Lei n. 13.165/2015. Art. 9 – Nas três eleições que se seguirem à publicação desta Lei, os partidos reservarão, em contas bancárias específicas para este fim, no mínimo 5% (cinco por cento) e no máximo 15% (quinze por cento) do montante do Fundo Partidário destinado ao financiamento das campanhas eleitorais para aplicação nas campanhas de suas candidatas, incluídos nesse valor os recursos a que se refere o inciso V do art. 44 da Lei n. 9.096, de 19 de setembro de 1995.

[477] BRASIL. STF (Tribunal Pleno). Ação Direta de Inconstitucionalidade 5617. EMBARGOS DE DECLARAÇÃO EM AÇÃO DIRETA DE INCONSTITUCIONALIDADE. CONSTITUCIONAL E ELEITORAL. EXTEMPORANEIDADE. IMPUGNAÇÃO DA DECISÃO DEDUZIDA ANTERIORMENTE À PUBLICAÇÃO DO ACÓRDÃO. NÃO CONHECIMENTO DOS EMBARGOS. PRECEDENTES. 1. Preliminar. Não conhecimento dos embargos por falta de publicação do acórdão. São extemporâneos os embargos de declaração opostos previamente à publicação do acórdão que julga o mérito da ação direta, uma vez que a publicação constitui o próprio objeto dos embargos. Precedentes. 2. Mérito. Embargos de declaração não conhecidos. Relator Ministro EDSON FACHIN, julgado em 15-03-2018.

[478] BRASIL. Lei n. 9.096/1995. Art. 31 – É vedado ao partido receber, direta ou indiretamente, sob qualquer forma ou pretexto, contribuição ou auxílio pecuniário ou estimável em dinheiro,

de seus filiados que exercem cargos ou funções demissíveis *ad nutum* e de cargos ou empregos temporários –, o TSE mitigou a autonomia partidária para rechaçar essa norma, ao aduzir que essas doações, que se constituem de ato espontâneo, não podem ser impostas nem mesmo em razão do exercício do cargo público.[479]

Às vésperas das eleições gerais de 2018, um grupo de Senadoras e Deputadas formulou Consulta ao TSE, para indagar se, a partir da decisão tomada pelo STF na ADI n. 5617 – que determinou a destinação mínima de 30% do fundo partidário para as candidaturas femininas –, 30% do Fundo Especial para Financiamento de Campanha (FEFC) e do direito de antena (propaganda eleitoral gratuita no rádio e na TV) também deveriam ser destinados às mulheres. A Ministra Rosa Weber, relatora, respondeu que deveria se aplicar à espécie a mesma *ratio decidendi* da decisão da Suprema Corte, com a prevalência do direito à dignidade da pessoa humana e à igualdade de gênero em detrimento da autonomia partidária.[480]

Após, o Partido da Mobilização Nacional (PMN) requereu a anotação de alteração estatutária para alterar para oito anos o prazo de duração dos mandatos dos seus dirigentes e para conter os recursos partidários no órgão nacional. Contudo, o Ministro Admar Gonzaga Neto, relator, advertiu que a autonomia partidária não isenta as greis do respeito à Constituição e à legislação na elaboração dos estatutos partidários e que, na espécie, a previsão de mandato com oito anos de duração "viola o princípio democrático e republicano, especificamente no que tange às balizas constitucionais alusivas à limitação temporal dos mandatos eletivos".[481] No que toca à concentração integral dos recursos:

inclusive através de publicidade de qualquer espécie, procedente de: (...) V – pessoas físicas que exerçam função ou cargo público de livre nomeação e exoneração, ou cargo ou emprego público temporário, ressalvados os filiados a partido político. (Incluído pela Lei n. 13.488, de 2017).

[479] BRASIL. TSE. Petição n. 96. Relator Ministro Jorge Mussi, acórdão de 17-05-2018, DJe em 26-06-2018.

[480] BRASIL. TSE. Consulta n. 060025218. Relatora Ministra Rosa Weber, acórdão de 22-5-18, DJe em 15-8-2018.

[481] BRASIL. TSE. Petição n. 100. Relator Ministro Admar Gonzaga Neto, acórdão de 5-6-18, DJe em 7-8-2018.

> Deve observar, entre outras prescrições, a aplicação vinculada na manutenção das sedes e dos serviços do partido, considerado o seu caráter nacional e a totalidade de órgãos fracionários de direção partidária. 5. **Ofende o comando do art. 44, I, da Lei 9.096/95 a disposição partidária que, sem a indicação de critérios precisos, prevê a concentração total de recursos no órgão diretivo nacional**, sem nenhum repasse aos órgãos partidários estaduais ou municipais[482] (grifo nosso).

Muito embora o TSE tenha decidido, por maioria, nos termos do voto do Ministro Admar Gonzaga Neto, o PMN apresentou pedido de reconsideração com relação à anotação do prazo de 8 anos de duração dos mandatos dos membros dos seus órgãos partidários. Por 4x3, a Corte rechaçou a anotação, por entender que esses mandatos devem ter a duração de apenas quatro anos, seguindo o mesmo período de duração dos cargos do Poder Executivo, em razão de suas funções se assemelharem àquelas e não às do Poder Legislativo, que possui cargo de Senador da República com a duração de oito anos.[483]

Contudo, nos termos do voto vencido do Ministro Edson Fachin, que inaugurou a divergência, o TSE deveria evitar a delimitação de lapso temporal diverso do proposto pelo PMN, por ausência de parâmetro constitucional ou infraconstitucional e em respeito ao princípio da autonomia partidária. Igualmente, o Ministro Alexandre de Moraes aduziu que essa fixação de prazo pela Corte, sem previsão constitucional, viola a autonomia do partido. O Ministro Og Fernandes também acompanhou a divergência.[484]

O Partido da Mulher Brasileira (PMB), além de solicitar anotação estatutária de normas contrárias a diversas posições já consolidadas pelo TSE,[485]

[482] *Ibidem.*

[483] BRASIL. TSE. Petição n. 100. Relator Ministro Admar Gonzaga, acórdão de 19-02-2019, DJe em 15-4-2019.

[484] TSE. Negado pedido do PMN para ampliar mandatos de dirigentes do diretório e da executiva nacional. Disponível em: http://www.tse.jus.br/imprensa/noticias-tse/2019/Fevereiro/tse-nega-pedido-do-pmn-para-ampliacao-de-mandatos-de-dirigentes-do-diretorio-e-da-executiva-nacional. Acesso em: 20 jun. 2019.

[485] Tais como: o prazo de duração de órgãos partidários provisórios com vigência de 365 dias ou indeterminadas; a extinção de órgãos partidários provisórios, a qualquer tempo pelo órgão superior, sem as garantias constitucionais do contraditório e da ampla defesa; o prazo de 10 anos para a duração de mandatos dos dirigentes partidários; as contribuições partidárias obrigatórias de filiados que exerçam cargos políticos; o pagamento de multa em caso

requereu a anotação de norma que trazia a pré-seleção de candidaturas, segundo a qual os filiados que pretendessem se candidatar aos cargos eletivos seriam submetidos ao "Conselho Gestor Nacional", órgão partidário composto por apenas cinco membros, responsável pela seleção prévia dos filiados aptos a submeterem para escolha em convenção. Contudo, o Ministro Luís Roberto Barroso, entendeu que, "sem estabelecer, de forma clara, como se daria essa análise", essa norma estatutária viola "os princípios democrático e da isonomia, que devem garantir a todos os filiados do partido a possibilidade de acesso à disputa eleitoral".[486]

Irresignados com uma interpretação cada vez mais restritiva do Poder Judiciário ao princípio constitucional da autonomia partidária, os partidos políticos uniram-se novamente em busca de apoio no Poder Legislativo. Assim, sobreveio a Lei n. 13.831/2019, a qual assegurou às greis autonomia para definir o prazo de duração dos mandatos dos membros dos seus órgãos partidários permanentes ou provisórios[487] e que o prazo de vigência dos órgãos ou comissões provisórias poderá ser de até oito anos.[488] Além disso, vedou a extinção automática e o cancelamento no Cadastro Nacional da Pessoa Jurídica (CNPJ).[489]

Porém, assim como ocorrera com a Emenda Constitucional n. 97/2017,[490] a Lei n. 13.831/2019 – que alterou a Lei dos Partidos Políticos (Lei n. 9.096/95) – também tornou-se objeto de Ação Direta de Inconstitucionalidade,[491]

de desfiliação; a destinação de recursos do fundo partidário a programas de participação feminina em inobservância ao entendimento do STF na ADI n. 5617; infidelidade partidária no caso de Senador.

486 BRASIL. TSE. Registro de Partido Político n. 155473. Relator Ministro Luís Roberto Barroso, acórdão de 4-4-2019, DJe em 9-5-2019.

487 BRASIL. Lei n. 9.906/1995. Art. 3º, §2º – É assegurada aos partidos políticos autonomia para definir o prazo de duração dos mandatos dos membros dos seus órgãos partidários permanentes ou provisórios.

488 BRASIL. Lei n. 9.906/1995. Art. 3º, §3º – O prazo de vigência dos órgãos provisórios dos partidos políticos poderá ser de até 8 (oito) anos.

489 BRASIL. Lei n. 9.906/1995. Art. 3º, §4º – Exaurido o prazo de vigência de um órgão partidário, ficam vedados a extinção automática do órgão e o cancelamento de sua inscrição no Cadastro Nacional da Pessoa Jurídica (CNPJ).

490 BRASIL. STF. ADI n. 5875, Relator Ministro Luiz Fux. (julgamento pendente)

491 BRASIL. STF. ADI n. 6230. Relator Ministro Ricardo Lewandowski. (julgamento pendente)

por iniciativa da Procuradoria-Geral da República. Igualmente, a ação encontra-se pendente de apreciação pela Suprema Corte.

Naquele ano, em 2019, o Partido Democratas (DEM) requereu a anotação de normas estatutárias que alteravam a composição e as atribuições da sua Comissão Executiva Nacional, até mesmo para incluir membros natos com direito a voz e voto, e para estabelecer a dissolução e as novas eleições para a composição dos diretórios e comissões executivas em todas as esferas partidárias. O Ministro Tarcisio Vieira de Carvalho Neto, relator, entendeu que essa "refundação intramuros" – por meio da extinção e da recriação de órgãos de direção – se insere no âmbito da autonomia partidária, porquanto não se verifica na espécie um "viés casuístico", ao contrário, está "arrimada em repactuação legitimamente exercida por seus filiados, por meio de deliberação em convenção nacional".[492]

A Primeira Turma do STF, posteriormente, apreciou um Recurso Extraordinário que tratava da delegação de poderes entre órgãos partidários. O Ministro Alexandre de Moraes, relator, lembrou que o princípio da autonomia partidária não pode ser exercido em contrariedade aos preceitos constitucionais nem à legislação eleitoral. Assim, a Turma decidiu que não cabe aos órgãos diretivos nacionais dos partidos, cuja legitimação fora outorgada pela Lei das Eleições,[493]delegar poderes de maneira genérica aos seus órgãos estaduais, para estabelecer as diretrizes partidárias que deverão ser observadas pelos órgãos partidários inferiores na escolha de candidatos em convenção.[494]

[492] BRASIL. TSE. Pet. n. 2813. Rel. Min. Tarcisio Vieira de Carvalho Neto, acórdão de 29-4-19, DJe 14-6-2019.

[493] BRASIL. Lei n. 9.504/1997. Art. 7, §2 – Se a convenção partidária de nível inferior se opuser, na deliberação sobre coligações, às diretrizes legitimamente estabelecidas pelo órgão de direção nacional, nos termos do respectivo estatuto, poderá esse órgão anular a deliberação e os atos dela decorrentes.

[494] BRASIL. STF (Primeira Turma). ARE 1193427 ED. Relator Ministro ALEXANDRE DE MORAES, julgado em 07-06-2019, DJe em 14-06-2019: EMBARGOS DE DECLARAÇÃO RECEBIDOS COMO AGRAVO INTERNO. RECURSO EXTRAORDINÁRIO COM AGRAVO. AUTONOMIA DOS PARTIDOS POLÍTICOS. OBSERVÂNCIA DA LEGISLAÇÃO ELEITORAL. NÃO VIOLAÇÃO AO CARÁTER NACIONAL DOS PARTIDOS POLÍTICOS. 1. No acórdão recorrido, o Tribunal Superior Eleitoral entendeu que, por força da expressão contida no § 2° do art. 7º da Lei 9.504/97, assim como em razão do caráter nacional dos partidos políticos (CF. Art. 17, I), não há como ser admitido que o órgão nacional da agremiação

A discussão acerca do prazo de duração dos órgãos ou comissões provisórias, no âmbito do TSE, é retomada no julgamento do pedido de alteração estatutária apresentado pelo Partido Social Liberal (PSL). Muito embora tenha estabelecido um "prazo razoável" de 120 dias, a norma estatutária dispunha que esse prazo poderia ser prorrogado "por igual período, tantas e quantas vezes forem necessárias, e destituídas ou modificadas a qualquer tempo, a critério dos órgãos hierarquicamente superiores". Corte, entretanto, glosou esse pedido de anotação, reafirmando a sua jurisprudência acerca da mitigação da autonomia partidária quando há colisão com o princípio democrático.[495]

Ademais, segundo o Ministro Sérgio Silveira Banhos, relator do pedido, a novel redação do §3º do art. 3º da Lei dos Partidos Políticos (alterada pela Lei n. 13.831/2019), apesar de assegurar que o prazo de vigência dos órgãos ou comissões provisórias poderá ser de até oito anos – tal qual o advento da EC n. 97/2017 –, não teve o condão de derrogar o disposto no art. 39 da Res.-TSE n. 23.571/2018,[496] tendo em vista que a edição dessa resolução pelo TSE

– legitimado pela lei a estabelecer diretrizes partidárias cujo descumprimento pode levar à anulação das convenções partidárias – possa delegar de forma generalizada para os órgãos estaduais o poder de definir quais orientações devem ser observadas para a escolha de candidatos e a realização de coligações". 2. A Justiça Eleitoral tem o dever de garantir que a autonomia partidária não ofenda a legislação eleitoral a que as agremiações partidárias estão subordinadas; e, sobretudo, cabe ao SUPREMO TRIBUNAL FEDERAL assegurar a observância dos preceitos constitucionais regentes da atividade político-partidária. 3. O Plenário já enfatizou que o art. 17 da Constituição estabelece parâmetros claros para o funcionamento dos partidos, resguardando a soberania nacional, o regime democrático, o pluripartidarismo, os direitos fundamentais da pessoa humana, dentre outros preceitos (ADI 4.617, Relator Ministro LUIZ FUX, Tribunal Pleno, DJe de 12/2/2014), entre os quais figura o caráter nacional dos partidos políticos. 4. O acórdão ora recorrido, ao interpretar o art. 7º, § 2º, da Lei 9.504/1997 (Lei das Eleições), entendeu que a competência ali deferida ao diretório nacional do partido, justamente por ser exclusiva, não pode ser objeto de delegação genérica. Trata-se de orientação fiel à jurisprudência do SUPREMO TRIBUNAL FEDERAL. 5. Recente precedente da 1ª Turma em caso idêntico: ARE 1.193.427 ED, julgado em 17-5-2019. 6. Embargos de Declaração recebidos como Agravo Interno, ao qual se nega provimento.

[495] BRASIL. TSE. Petição n. 18, Relator Ministro Sérgio Silveira Banhos, Acórdão de 5-9-19, DJe em 23-10-2019.

[496] BRASIL. Res.-TSE n. 23.571/2018. Art. 39 – As anotações relativas aos órgãos provisórios **têm validade de 180 (cento e oitenta) dias, salvo se o estatuto partidário estabelecer prazo inferior diverso.** (grifo nosso)

teve por objetivo adequar o funcionamento das agremiações partidárias aos princípios fundamentais da Constituição Federal.[497]

No julgamento do registro do estatuto do Partido da Unidade Popular (UP), o TSE, porém, reconsiderou o entendimento firmado anteriormente, quando a Corte apreciou o pedido de anotação estatutária do PSL. Ao analisar que a norma estatutária previa a prorrogação ilimitada do prazo de validade dos órgãos ou comissões provisórias, o TSE determinou a adequação do estatuto partidário do UP ao novel prazo previsto no §3º do art. 3º da Lei dos Partidos Políticos (alterada pela Lei n. 13.831/2019),[498] de modo a possibilitar que o prazo de vigência desses órgãos seja de até 8 anos.

A mudança de jurisprudência, conduzida pelo voto divergente do Ministro Edson Fachin, ocorreu sob o fundamento de que não seria possível ao TSE, no âmbito da sua competência administrativa, "resolver incidente de inconstitucionalidade de norma que requer controle judicial difuso ou concentrado". Assim, muito embora a Corte ainda considere que a referida norma representa uma potencial afronta ao princípio democrático, decidiu que "descabe pronunciar sua inconstitucionalidade na via administrativa".[499]

3.5 O Impacto das Ações Afirmativas e da Pandemia da Covid-19 na Autonomia Partidária em 2020

Conforme visto no tópico anterior, em 2018, a Suprema Corte e o TSE decidiram que os partidos políticos têm que destinar, pelo menos, 30% dos recursos – do Fundo Partidário empregado nas eleições e do Fundo Especial de Financiamento de Campanha (FEFC) – para as campanhas femininas nas eleições proporcionais e majoritárias, considerando o percentual mínimo estabelecido na lei das eleições.[500] Com efeito, ambas as Cortes mitigaram a

[497] BRASIL. TSE. Pet n. 18, Rel. Min. Sérgio Silveira Banhos, Acórdão de 5-9-19, DJe em 23-10-2019, p. 24-30.

[498] *Ibidem.*

[499] BRASIL. TSE. Registro de Partido Político n. 0600412-09, Relator Ministro Jorge Mussi, Relator designado Ministro Edson Fachin. Acórdão de 10-12-2019, DJE de 5.3.2020.

[500] BRASIL. Lei n. 9.504/1997, – Art. 10, §3 – Do número de vagas resultante das regras previstas neste artigo, cada partido ou coligação preencherá o **mínimo de 30%** (trinta por

autonomia partidária para assegurar às mulheres uma igualdade material de participação na política.

A partir dessas decisões, a Senadora Lídice da Mata formulou a Consulta n. 0603816-39 ao TSE indagando se o preenchimento obrigatório do mínimo de 30% das vagas, destinadas às eleições proporcionais, com a candidatura de mulheres – prevista na Lei n. 9.504/97[501] – também deverá ser observado na composição das comissões executivas e dos diretórios partidários permanentes e provisórios (nas esferas nacional, estadual e municipal) e nos demais órgãos equivalentes. Além disso, a Senadora questionou se o descumprimento a essa regra acarretará o indeferimento da anotação desses órgãos perante a Justiça Eleitoral.

A então Ministra Presidente Rosa Weber, relatora da consulta, asseverou que a não incidência dessa regra de 30% da cota feminina, no âmbito interno e externo das greis, levaria a "um verdadeiro paradoxo democrático, não sendo crível que a democracia interna dos partidos políticos não reflita a democracia que se busca vivenciar, em última instância, nas próprias bases estatais".[502] Assim, à unanimidade, a Corte deu ao princípio democrático mais peso do que à autonomia partidária, respondendo afirmativamente ao primeiro quesito.

No que concerne ao segundo quesito, todavia, decidiu que *a priori* não caberia à Corte estabelecer a sanção de indeferimento da anotação dos órgãos partidários em face da inobservância dos 30% de gênero. Por 4x3, o TSE acolheu a proposta do Ministro Barroso, no sentido de encaminhar um apelo ao Congresso Nacional para a inclusão dessa sanção na lei, por entender que essas sanções deveriam ser aplicadas apenas após a declaração de omissão legislativa. A divergência, por outro lado, defendia a sua aplicação imediata.[503]

cento) e o máximo de 70% (setenta por cento) para candidaturas de cada sexo. (Redação dada pela Lei n. 12.034, de 2009) (grifo nosso)

501 *Ibidem.*

502 Disponível em: http://www.tse.jus.br/imprensa/noticias-tse/2020/Maio/tse-entende-ser--aplicavel-reserva-de-genero-para-mulheres-nas-eleicoes-para-orgaos-partidarios. Acesso em: 19 maio. 2020.

503 Disponível em: http://www.tse.jus.br/imprensa/noticias-tse/2020/Maio/tse-entende-ser--aplicavel-reserva-de-genero-para-mulheres-nas-eleicoes-para-orgaos-partidarios. Acesso em: 19 maio. 2020.

Na véspera do pleito municipal de 2020,[504] em razão da pandemia da Covid--19,[505] o órgão máximo da Justiça Eleitoral se viu compelido a regulamentar a realização de convenções partidárias virtuais, isto é, a dispor sobre "as regras destinadas a viabilizar o controle de autenticidade da ata de convenção partidária", facultando a sua realização no formato virtual – para a escolha de candidatos e a formação de coligações – ainda que não haja previsão estatutária ou diretrizes partidárias. [506]

O TSE, porém, preservou a autonomia partidária na escolha das ferramentas tecnológicas,[507] como ressaltou o Ministro Presidente Roberto Barroso:

> A tarefa era desafiadora, uma vez que a opção encontrada não podia avançar sobre a autonomia partidária, devendo ser adotada com a mínima alteração das instruções normativas já aprovadas e publicadas que serão aplicadas nas Eleições Municipais de 2020.[508]

No semestre seguinte, em 25.8.2020, o TSE respondeu à Consulta n. 600306-47, formulada pela Deputada Federal Benedita da Silva, acerca da obrigatoriedade da divisão proporcional dos recursos eleitorais e do direito de antena (tempo de rádio e televisão) para candidatos negros e negras. A parlamentar indagou à Corte se 50% dos incentivos que já são empregados nas candidaturas femininas poderiam ser destinados às candidatas negras, assim como sobre a possibilidade da reserva de 30% das vagas de candidatura e demais incentivos para os candidatos negros.

[504] BRASIL. EC n. 107, de 2.7.2020, Art. 1º – As eleições municipais previstas para outubro de 2020 realizar-se-ão no dia 15 de novembro, em primeiro turno, e no dia 29 de novembro de 2020, em segundo turno, onde houver, observado o disposto no § 4º deste artigo.

[505] A Organização Mundial da Saúde, em 11.3.2020, declarou um surto da pandemia de Covid-19 (SARS-CoV-2). Assim, considerando que os órgãos de saúde recomendaram o "distanciamento social" para impedir a propagação do vírus, os eventos com uma grande aglomeração de pessoas – tais como as convenções partidárias – precisaram ser realizados por meio da internet.

[506] BRASIL. TSE. Instrução n. 060071841, Res. n. 23623, de 30.6.20, Rel. Min. Luís Roberto Barroso, DJE 2.7.2020.

[507] *Ibidem.*

[508] Disponível em: http://www.tse.jus.br/imprensa/noticias-tse/2020/Junho/tse-aprova-regras-sobre-controle-de-autenticidade-da-ata-das-convencoes-virtuais-nas-eleicoes-2020. Acesso: 30 jun. 2020.

A Procuradoria-Geral Eleitoral, contudo, opinou pela reposta negativa aos questionamentos da Consulente, por entender que não há legislação que assegure os incentivos eleitorais e a reserva de vagas. Em que pese a ausência de previsão legal, a PGE ponderou que a sua prática é permitida pelo princípio da autonomia partidária, ou seja, que os próprios partidos políticos, "no exercício de sua autonomia, poderão fixar critérios de reserva de vagas e recursos financeiros para candidatas e candidatos negros". [509]

Por 6x1, o TSE respondeu afirmativamente, em parte, ao primeiro quesito, e propôs que os recursos eleitorais e o direito de antena sejam destinados de forma proporcional ao número de candidatos negros registrados na disputa, sejam homens ou mulheres. Porém, respondeu negativamente ao segundo quesito, por entender que caberá somente ao Congresso Nacional, pela via legislativa, criar os instrumentos legais para que as cotas de vagas para negros se concretizem[510].

No entanto, por 4x3, o TSE aplicou o princípio da anualidade eleitoral, previsto no artigo 16 da Constituição Federal, determinando que essa medida fosse aplicada tão somente no próximo pleito de 2022, precedida de uma resolução que será editada pela Corte. Irresignado, o Partido Socialismo e Liberdade (PSOL) ajuizou uma Ação por Descumprimento de Preceito Fundamental (ADPF) na Suprema Corte para que essa determinação tivesse validade imediata para as eleições municipais de 2020. [511]

No último caso analisado nesta obra, a paradigmática ADPF n. 738, o Ministro relator Ricardo Lewandowski, deferiu a medida cautelar *ad referendum* para "determinar a imediata aplicação dos incentivos às candidaturas de pessoas negras, nos exatos termos da resposta do TSE à Consulta 600306-47, ainda nas eleições de 2020".[512] Após, o Ministro Presidente do TSE encaminhou ofício, ao relator, informando que os partidos políticos estavam a solicitar uma orientação para cumprir a decisão adequadamente. O Ministro Lewandowski, então, proferiu um despacho com os seguintes esclarecimentos:

[509] BRASIL. TSE. Consulta n. 600306-47. Parecer do Procurador-Geral Eleitoral (PGE).

[510] Disponível em: http://www.tse.jus.br/imprensa/noticias-tse/2020/Agosto/tse-distribuicao-fefc-candidatos-negros. Acesso em: 25 ago. 2020.

[511] *Ibidem.*

[512] BRASIL. STF. MC na ADPF n. 738, Rel. Min. Ricardo Lewandowski, decisão cautelar de 9.9.2020, DJE em 11.9.2020.

> 1. O volume de recursos destinados a candidaturas de pessoas negras deve ser calculado a partir do percentual dessas candidaturas dentro de cada gênero, e não de forma global. [...] 2. Ademais, deve-se observar as particularidades do regime do FEFC e do Fundo Partidário, ajustando-se as regras já aplicadas para cálculo e fiscalização de recursos destinados às mulheres; 3. A aplicação de recursos do FEFC em candidaturas femininas é calculada e fiscalizada em âmbito nacional. [...] 4. A aplicação de recursos do Fundo Partidário em candidaturas femininas é calculada e fiscalizada em cada esfera partidária.[513]

Logo após, em julgamento virtual, a Suprema Corte referendou, por 10x1, a liminar concedida, nos termos do voto proferido pelo Ministro relator Ricardo Lewandowski, para determinar a aplicação imediata dos incentivos às candidaturas de pessoas negras no pleito eleitoral de 2020.[514]

3.6 O balanço dos 32 anos de jurisprudência

O exame da jurisprudência do TSE e da Suprema Corte, nos últimos 32 anos de vigência da Constituição Federal de 1988, mediante uma análise quantitativa e qualitativa dos *leading cases* selecionados, teve por objetivo compreender como se deu a concretização e quais foram os limites estabelecidos, por essas Cortes, para exercício do princípio constitucional da autonomia partidária e, por fim, elucidar em que medida essa jurisprudência influencia as sucessivas alterações legislativas acerca dessa temática.

Após uma extensa análise da jurisprudência dessas Cortes, TSE e STF, foi possível constatar que ambas têm utilizado como parâmetro decisório – para a interpretação do princípio da autonomia partidária – a própria hierarquia legal estabelecida no ordenamento jurídico pátrio, com exceção das hipóteses nas quais as normas previstas na legislação infraconstitucional tão somente reiteram esse princípio.

[513] BRASIL. STF. MC na ADPF n. 738, Rel. Ministro Ricardo Lewandowski, despacho de 24.9.2020, DJE em 25.9.2020.

[514] BRASIL. STF. MC na ADPF n. 738, Rel. Ministro Ricardo Lewandowski, julgamento no plenário virtual de 25.9 à 2.9.2020.

Na maior parte dos julgados analisados nesta pesquisa, a interpretação judicial dessas Cortes atribuiu menor peso à autonomia partidária em relação às demais normas constitucionais, à legislação infraconstitucional e às Resoluções do TSE. Com base nessa percepção, para fins de análise qualitativa da jurisprudência, atribuí os quatro graus de interpretação judicial da autonomia partidária: i) autonomia plena (grau 1); ii) autonomia máxima (grau 2); iii) autonomia média (grau 3); e iv) autonomia mínima (grau 4).

Cumpre esclarecer, ainda, que essa análise jurisprudencial não pretendeu determinar o grau de intervenção das normas interpretadas pelo TSE e STF – considerando que uma norma prevista em legislação hierarquicamente inferior, em alguns casos, poderá ser considerada mais intervencionista do que uma norma prevista em legislação superior –, o que se buscou estabelecer foi o grau de autonomia que os partidos efetivamente possuem, em razão da interpretação dessas Cortes a esse princípio, empregando a hierarquia posta pela legislação de regência.

A "autonomia plena" se verifica quando o Poder Judiciário, ao decidir um litígio envolvendo um ato partidário ou norma estatutária – seja ao apreciar casos concretos, seja na apreciação de homologação de estatutos ou de pedido de anotação de normas estatutárias – dá prevalência à escolha partidária com base no princípio da autonomia partidária. Com efeito, atribuí a essa espécie de interpretação o grau 1, por entender que, nessa hipótese, a autonomia será exercida em toda a sua plenitude, posto que, na solução da controvérsia, prevalecerá a vontade do partido político.

Por outro lado, quando o TSE e o STF solucionam a controvérsia atribuindo maior peso a outras normas constitucionais – como, por exemplo, o respeito ao caráter nacional dos partidos, ao princípio democrático ou à dignidade da pessoa humana – em detrimento da autonomia dos partidos políticos, por manterem como parâmetro decisório a própria Constituição, entendo que essa interpretação dá "autonomia máxima" às greis, a qual atribuo o grau 2 de interpretação da autonomia partidária.

Observei, também, que o Poder Judiciário tem atribuído menor peso ao princípio da autonomia partidária em relação à aplicação da legislação infraconstitucional, até mesmo quando se trata de espécies normativas distintas, isto é, ainda que a Lei dos Partidos Políticos regulamente esse princípio e a Lei das Eleições, por sua vez, o processo eleitoral, essas Cortes atribuem a ambas um peso maior do que à autonomia. Com efeito, a "autonomia média", que recebeu o grau 3 de interpretação, é observada em decisões judiciais que mitigam esse princípio em favor da legislação infraconstitucional.

Por fim, a "autonomia mínima", se verifica quando o princípio constitucional da autonomia partidária é mitigado em favor das Resoluções editadas pelo TSE, mesmo em hipóteses nas quais essa regulamentação decorra de interpretação do texto constitucional ou da legislação infraconstitucional, ou seja, o fundamento normativo que prevalece para justificar a decisão dessas Cortes será uma norma prevista na Resolução. A essa espécie de autonomia atribuí o grau 4, que é o menor nessa escala de interpretação.

Com relação à análise quantitativa da jurisprudência, estudei os 201 julgados por essas Cortes nas últimas três décadas, os quais foram identificados de acordo com um, ou mais de um, dos quatro graus da escala de interpretação da autonomia.[515] Dos 182 casos analisados pelo TSE, em apenas 57 prevaleceu a autonomia plena (grau 1); 74 casos foram decididos com base no grau dois (autonomia máxima); 54 casos foram decididos pelo grau 3 (autonomia média); 12 casos foram decididos com base no grau 4 (autonomia mínima); e em 11 casos o grau não pôde ser avaliado.[516]

Na Suprema Corte, dos 19 casos analisados, em 5 o maior peso foi dado à autonomia partidária (grau 1); em 8 prevaleceu alguma outra disposição constitucional (grau 2); em 10 casos a legislação infraconstitucional teve peso maior que a autonomia partidária (grau 3); em 2 casos prevaleceram as Resoluções (grau 4); e em 3 casos o grau de interpretação da autonomia não pôde ser avaliado.[517]

Verifiquei, ainda de acordo com essa pesquisa, que, na medida em que profere decisões que mitigam o princípio constitucional da autonomia partidária, o Poder Judiciário tem acionado uma espécie de "gatilho político invisível", [518]

[515] Em alguns casos, em razão dos múltiplos fundamentos presentes nas decisões analisadas, foi atribuído mais de um grau de autonomia partidária a uma mesma decisão.

[516] O grau de interpretação não foi avaliado nas hipóteses em que, apesar da temática ter sido ventilada no acórdão, emenda, indexação, referência ou na observação – locais nos quais o termo buscado, dos sítios eletrônicos das Cortes, captura a pesquisa – por alguma deficiência processual ou porque o princípio da autonomia não fez parte dos fundamentos do caso julgado.

[517] *Ibidem.*

[518] FONTELES, Samuel Sales. **Direito e backlash**. Salvador: JusPodivm, 2019, p. 23.

denominado de *backlash* por doutrinadores como Cass Sustein,[519] isto é, uma reação legislativa negativa a essas decisões, que culmina na superveniência de emendas constitucionais ou de legislações eleitoral-partidárias em sentido diametralmente oposto à pretensão dessas Cortes.

A partir desses julgados, muito embora se depreenda que o TSE e o STF costumam limitar o princípio constitucional da autonomia partidária movidos pelos melhores propósitos, sobretudo pelo desejo de aprimorar o sistema partidário brasileiro, essas Cortes acabam por causar reações políticas significativas, que, em alguns casos, acabam por minar a própria causa que suas decisões visam promover.[520]

Assim, constatamos que os partidos políticos, diante da insatisfação com as decisões judiciais que mitigam a sua autonomia interna, conseguem angariar, de maneira rápida e eficiente – até mesmo por gozarem de posição privilegiada no parlamento em relação aos demais grupos da sociedade brasileira –, o apoio institucional do Poder Legislativo para alterar o parâmetro normativo dessas decisões judiciais.

Ainda que doutrinadores como Samuel Fonteles afirmem que seja possível haver um "*backlash* sem reação legislativa" ou uma "reação legislativa sem *backlash*",[521] isto é, que nem toda reação legislativa significa um efeito negativo em relação ao que decidido pelo Poder Judiciário, constatei que todas as alterações realizadas na Constituição e na legislação infraconstitucional – no sentido de reafirmar a autonomia partidária – foram reações legislativas imediatas e em sentido oposto às decisões judiciais que interferiram na liberdade interna das greis, a revelar a concretização do fenômeno do *backlash* legislativo.

519 Segundo Cass Sustein, *backlash* é a "intensa e duradoura desaprovação social de uma decisão do judiciário, acompanhada de medidas agressivas para resistir a esta decisão e remover sua força jurídica". No original: "Intense and sustained public disapproval of a judicial ruling, accompanied by agressive steps to resist that ruling and to remove its legal force". SUSTEIN, Cass R. Backlash's Travels. **University of Chicago Public Law & Legal Theory**, Working Paper n. 157, 2007, p. 1.

520 Nesse mesmo sentido, é o magistério de Cass Sustein: "*If the Court rules in a certain way in such cases, public outrage could significantly affect national politics and undermine the very cause that the ruling is attempting to promote*". SUSTEIN, Cass R. Backlash's Travels. **University of Chicago Public Law & Legal Theory**, Working Paper n. 157, 2007, p. 1.

521 FONTELES, Samuel Sales. **Direito e backlash**. Salvador: JusPodivm, 2019, p. 84.

No que toca, especificamente, à diferença entre reação legislativa por meio da legislação eleitoral-partidária e aquela por emenda constitucional, a única distinção é que a primeira será regida pela cláusula *rebus sic stantibus*, e a segunda limitar-se-á à análise de eventual vulneração de cláusulas pétreas,[522] mas em ambos os casos a reação legislativa possui aptidão para dar o "golpe de misericórdia" [523] àquelas decisões judiciais rechaçadas pelos partidos políticos.

Nessa perspectiva, o *backlash* legislativo – causado pela interpretação judicial que limita a autonomia partidária – conduz a um diálogo institucional entre o Poder Judiciário e o Poder Legislativo que não considero negativo. Conforme leciona Sérgio Antônio Ferreira Victor, longe de violar as competências dos poderes envolvidos, o diálogo permanente entre essas instituições as "(re)insere no sistema de freios e contrapesos em um nível não previsto por Montesquieu, concernente à interpretação da Constituição". [524]

Portanto, entendo que a participação do Poder Legislativo no debate sobre a concretização da autonomia partidária, ao invés de representar um retrocesso ou uma ameaça ao jogo democrático, expressa o dissenso característico do pluralismo. A par de alguns prejuízos, esse salutar dissenso "aumenta o nível e a qualidade da democracia",[525] na medida em que o diálogo institucional – surgido a partir do *backlash* Legislativo – garantirá que as decisões tomadas com a participação de todos os Poderes sejam mais duradouras e conduzam para a tão sonhada paz social, consolidando a nossa democracia.

[522] "Na hipótese de reação legislativa veiculada por Lei Ordinária ou Complementar, o diploma com idêntico teor ao censurado já nasce com uma presunção de inconstitucionalidade. (...) Tem-se, pois, uma deferência raquítica do STF, que só se retratará caso o Congresso consiga demonstrar que sobrevieram mudanças no arcabouço fático-jurídico. A grande verdade é que as reações legislativas veiculadas por leis infraconstitucionais situam-se nos domínios da cláusula *rebus sic stantibus*. Diferentemente, nas hipóteses de reação legislativa veiculada por emenda à Constituição, a deferência é sobremodo maior, porque altera-se o próprio parâmetro utilizado pela Corte para a interpretação constitucional. Nesse caso, a análise do STF limitar-se-á a aferir se a emenda vulnerou cláusulas pétreas. Não sendo o caso, promove-se uma alteração de interpretação constitucional, por meio dessa superação legislativa". FONTELES, Samuel Sales. **Direito e backlash**. Salvador: JusPodivm, 2019, p. 84.

[523] FONTELES, Samuel Sales. **Direito e backlash**. Salvador: JusPodivm, 2019, p. 83-84.

[524] VICTOR, Sérgio Antônio Ferreira. **Diálogo institucional e controle de constitucionalidade**: debate entre o STF e o Congresso Nacional. São Paulo: Saraiva, 2015, p. 259.

[525] *Ibidem*, p. 259.

4.
A Tensão entre a Autonomia Partidária e o Controle de Constitucionalidade dos Estatutos dos Partidos Políticos

> A liberdade reservada unicamente aos partidários do governo, unicamente aos membros do partido – por maior que venha a ser – não é liberdade. A liberdade é sempre a liberdade para aquele que pensa diferente. Não pelo fanatismo pela "justiça", mas porque tudo o que há de educativo, de salutar e de purificador na liberdade política resume-se ao fato de que ela perde toda a sua eficácia quando a liberdade se torna um privilégio.
>
> Rosa Luxemburgo[526]

O princípio da autonomia partidária foi concebido durante a Assembleia Nacional Constituinte de 1987-1988 – conforme evidenciado no Capítulo 1 – para assegurar ampla liberdade interna aos partidos políticos. Contudo, essa autonomia não deve ser confundida com a ideia de soberania ou supremacia partidária, pois, apesar de o texto constitucional garantir uma extensa liberdade intrapartidária, esse direito fundamental das agremiações, não pode ser interpretado de maneira que lhes seja assegurada uma liberdade absoluta.

[526] VARES, Luiz Pilla. **Rosa, a Vermelha**: vida e obra de Rosa Luxemburgo. v. 1. 2. ed. rev. e aum. São Paulo: Busca Vida, 1988, p. 73. (Coleção sempre viva)

Assim, demonstrarei neste capítulo que, seja por uma imposição do próprio Poder Constituinte Originário, seja por uma interpretação sistemática da Magna Carta de 1988, a despeito da sua amplitude – e tal qual o exercício dos demais direitos e garantias fundamentais –, essa prerrogativa partidária não poderá ser utilizada pelas greis como uma espécie de supertrunfo, que autorize toda sorte de violação a direitos fundamentais dos seus respectivos filiados ou órgãos de hierarquia inferior, cabendo ao Poder Judiciário intervir na medida em que os limites ao exercício dessa autonomia forem excedidos.

Por outro lado, no que concerne à intervenção judicial no âmbito interno dos partidos políticos, ao longo deste quarto capítulo, também buscarei esclarecer quais são as balizas constitucionais para o exercício do controle judicial das questões *interna corporis* ou intrapartidárias, além de elucidar se é legítimo e em quais circunstâncias caberá ao Tribunal Superior Eleitoral realizar o controle de constitucionalidade, judicial e administrativo, dos estatutos partidários.

4.1 Os Limites Constitucionais ao Exercício da Autonomia Partidária

A positivação do princípio da autonomia partidária na Constituição Federal de 1988 possui como finalidade precípua assegurar uma ampla liberdade interna aos partidos políticos. Com efeito, a sua concretização se revela necessária para o melhor funcionamento das instituições democráticas do país, posto que essas greis são responsáveis pela formação política do povo, pela seleção de candidaturas a todos os cargos eletivos e, em especial, porque atuam como verdadeiros corpos intermediários entre os anseios sociais e o Estado.

Conforme o magistério de Gilmar Ferreira Mendes, essa autonomia não poderá ser exercida sem a devida observância dos princípios basilares da Magna Carta, sobretudo no que diz respeito àqueles previstos no *caput* do art. 17, quais sejam: o respeito à soberania nacional, ao regime democrático, ao pluripartidarismo e aos direitos fundamentais da pessoa humana.[527] Igualmente,

[527] MENDES, Gilmar Ferreira; BRANCO, Paulo Gustavo Gonet. **Curso de direito constitucional**. 13. ed. rev. e atual. São Paulo: Saraiva Educação, 2018, p. 819. (Série IDP)

o doutrinador Alexandre de Moraes aduz que a atuação dos partidos políticos deverá ser pautada pelos preceitos dispostos no art. 17 da Constituição,[528] enquanto instrumentos necessários para a preservação do Estado Democrático de Direito.

Por outro lado, representando uma segunda corrente doutrinária, Rafael Moreira Mota defende que o princípio da autonomia partidária deverá ser exercido pelos partidos políticos sem que nenhuma limitação lhes seja imposta. Segundo Mota, "conferir 'ao Estado' o poder de determinar os limites da Autonomia pode ser perigoso, pois este 'Estado' raramente é neutro e apartidário". Com efeito, ainda segundo o autor, o papel do Estado brasileiro deve ser tão somente o de referendar a autonomia partidária "em sua plenitude".[529]

A despeito de reconhecer a importância que essa liberdade interna possui para a estruturação, organização e funcionamento dos partidos políticos, nesta obra adoto o entendimento esposado pela primeira corrente, representada por Mendes e Moraes, por compreender que em um Estado Democrático de Direito não se admite a existência de direitos e garantias fundamentais absolutos, tampouco que a Constituição vigente tolere que as instituições partidárias funcionem à margem do ordenamento jurídico pátrio.

Afinal, ainda que o princípio da autonomia partidária seja considerado um direito ou uma garantia fundamental dos partidos políticos – conforme visto no tópico 2.4 –, não poderá ser exercido de maneira absoluta e ilimitada, tendo em vista que encontra limites nos demais direitos ou garantias igualmente consagrados pela Constituição Federal de 1988, em atenção ao princípio da relatividade ou conveniência das liberdades públicas.

Dito de outra forma, a constitucionalização do princípio da autonomia partidária não assegura aos partidos políticos uma espécie de imunidade para que funcionem à margem da ordem jurídica estabelecida. Ao contrário,

[528] MORAES, Alexandre de. **Jurisdição constitucional e tribunais constitucionais**: garantia suprema da constituição. 3. ed. São Paulo: Atlas, 2013, p. 32.

[529] Segundo Rafael Mota, "o papel do Estado na autonomia partidária deve ser o de referendá-la em sua plenitude, promovendo, paralelamente, incentivos à participação direta dos cidadãos na vida política, para que estes possam navegar no mar revolto do sistema político como capitães mais bem preparados e, assim, questionarem as disciplinas internas de seus partidos". MOTA, Rafael Moreira. **O controle judicial da autonomia partidária**. Rio de Janeiro: Lumen Juris, 2018, p. 156-157.

as agremiações partidárias nela estão inseridas.[530] A sua positivação, para além de assegurar um funcionamento independente do Poder Estatal, objetivou nortear a atuação das greis dentro dos ditames constitucionais, a fim de evitar que atuassem como um "elemento perturbador" das instituições democráticas:[531]

> Numa democracia os partidos são ambivalentes: de uma parte, servem para organizá-la sem que ninguém possa substituí-los, nessa função; de outra parte, contém em si um certo número de venenos capazes de destruí-la ou, ao menos, de deformá-la.[Maurice Duverger].[532]

Igualmente, Manoel Gonçalves Ferreira Filho pondera que, mesmo a democracia se realizando somente através dos partidos, essas agremiações podem também "ser o meio mais eficaz de deformá-la ou matá-la", notadamente em razão de suas tendências à implantação de "oligarquias partidárias" e do "perigo totalitário". Com efeito, aduz que é necessário impor restrições às greis, para que a ação partidária não ponha em risco ou destrua a democracia.[533] Assim, por reconhecer essa ambivalência característica dos partidos, que possuem o potencial para organizar e destruir a democracia – enfatizado por Maurice Duverger[534] e corroborado por Manoel Gonçalves[535] –, e com o propósito de impor limites ao exercício da sua autonomia, foi que o Constituinte Originário afixou os balizamentos mínimos que devem nortear o emprego do princípio constitucional da autonomia partidária, previstos no

530 CLÈVE, Clèmerson Merlin. **Fidelidade partidária**: impeachment e justiça eleitoral – estudo de caso. 1. ed. 5. tir. Curitiba: Juruá, 2005, p. 65.

531 FERREIRA FILHO, Manoel Gonçalves. **Comentários à Constituição brasileira de 1988**. v. 1. São Paulo: Saraiva, 1990, p. 135.

532 DUVERGER, Maurice. *Partis politiques et démocracie*. **Vie intelectualle**, out./1946, p. 63, *apud*, FERREIRA FILHO, Manoel Gonçalves. **Comentários à Constituição brasileira de 1988.** v. 1. São Paulo: Saraiva, 1990, p. 135.

533 Afinal, "a democracia perfeita defende-se contra os seus inimigos". FERREIRA FILHO, Manoel Gonçalves. **Os partidos políticos nas constituições democráticas**: O Estatuto Constitucional dos Partidos Políticos no Brasil, na Itália, na Alemanha e na França. Estudos sociais e políticos n. 26. Edições da Revista Brasileira de Estudos Políticos (RBEP). Belo Horizonte: Imprensa da Universidade de Minas Gerais, 1966, p. 58-60.

534 DUVERGER, Maurice. *Op. cit.*, p. 63.

535 FERREIRA FILHO, Manoel Gonçalves. *Op. cit.*, p. 58-60.

caput, do artigo 17, da Carta Política de 1988, quais sejam: o respeito à soberania nacional, ao regime democrático, ao pluripartidarismo e aos direitos fundamentais da pessoa humana.

Além disso, nos incisos e parágrafos da mesma norma, do artigo 17, determinou também o estabelecimento de normas de disciplina e fidelidade partidária nos seus estatutos, a observância do caráter nacional dos partidos políticos, a proibição à subordinação ou o recebimento de recursos financeiros de entidades ou governos estrangeiros, a obrigatoriedade de prestar contas à Justiça Eleitoral, o funcionamento parlamentar de acordo com a lei e a vedação à manutenção de organização paramilitar. De modo que a concretização desse princípio deverá respeitar esses preceitos constitucionais.[536]

O controle ideológico ao qual são submetidas as agremiações partidárias no Brasil, por meio dessas salvaguardas inseridas na Magna Carta de 1988, decorre da ideia de uma "democracia defensiva" (*die wehrhafte Demokratie*), que, de acordo com a doutrina alemã, consubstancia-se na "proscrição jurídica de forças políticas antissistêmicas", com a previsão de disposições normativas que impossibilitam a criação e o funcionamento de grupos ou facções que objetivem a abolição dos governos democráticos.[537]

A concepção foi desenvolvida pioneiramente por Karl Loewenstein, em 1937, após a ascensão do Partido Nazista (*Nationalsozialistische Deutsche Arbeiterpartei* ou NSDAP)[538] ao poder na Alemanha e, posteriormente, foi incorporada pela Lei Fundamental em 1949. A teoria da "democracia militante" (*streitbare Demokratie*), enquanto mecanismo de proteção do regime democrático, permite a restrição aos direitos de agentes políticos e partidos para

[536] MEZZAROBA, Orides. **Teoria geral do direito partidário e eleitoral.** 1. ed. Florianópolis: Qualis, 2018, p. 280.

[537] ALVIM, Frederico Franco. Bases e princípios do direito partidário brasileiro. **Revista Brasileira de Direito Eleitoral – RBDE**, Belo Horizonte: Fórum, ano 5, n. 8, jan./jun. 2013, p. 1-258, p. 43.

[538] O Partido Nazista, originalmente denominado de Partido Nacional Socialista dos Trabalhadores Alemães (*Nationalsozialistische Deutsche Arbeiterpartei* ou NSDAP), foi uma grei de extrema-direita fundada em ideias nacionalistas, populistas, antissemitas, anticomunistas, antimarxistas e de caráter paramilitar. De acordo com as palavras de Adolf Hitler, que liderou a agremiação a partir de 1921, o NSDAP: "apropria-se nas características iniciais do pensamento fundamental de uma concepção geral racista do mundo". HITLER, Adolf. **Mein Kampf** – Minha Luta – Edição Histórica. Tradutor Klaus von Punchen. 510 p. São Paulo, Centauro, 2016. p. 245-293.

evitar o seu aniquilamento, ao impedir que os instrumentos democráticos – tais como a liberdade de expressão, de reunião e de participação eleitoral – sejam utilizados para viabilizar a implementação de regimes autocráticos ou totalitários.[539]

Como bem destacado por Ronald Krotoszynski, outro expoente da democracia militante, "qualquer discurso que tenha por objetivo a destruição do governo democrático não possui qualquer proteção de acordo com a Lei Fundamental". Com base nessa teoria, durante o ano de 1950, o Tribunal Constitucional Federal alemão decretou o banimento do Partido Socialista do Império (*Sozialistische Reichspartei* ou SRP) e do Partido Comunista da Alemanha (*Kommunistische Partei Deutschlands* ou KPD), agremiações que possuíam projetos políticos contrários à ordem constitucional vigente.[540]

Ainda que, em 2017, a Corte Constitucional alemã (*Bundesverfassungsgericht* ou BVerfG) tenha negado o pedido de banimento[541] do Partido Nacional Democrático da Alemanha (*Nationaldemokratische Partei Deutschlands* ou NPD) – formulado pela Câmara Alta (*Bundesrat*) –, grei de extrema-direita e de matriz neonazista, não se cogita do esvaziamento da teoria de democracia militante, apesar de ter havido uma aproximação com a doutrina do *clear and present danger*,[542] pois o BVerfG baseou a sua decisão na ausência de um perigo real e iminente, isto é, de "indicações específicas e densas" de que o

[539] LOEWENSTEIN, Karl. "Militant Democracy and Fundamental Rights", I e II. *In*: **The American Political Science Review**, vol. XXXI, n. 03 e 04 (jun. e ago. 1937), p. 417-432 e p. 638-658.

[540] KROTOSZYNSKI, Ronald J. A Comparative Perspective of The First Amendement: Free Speech, Militant Democracy, and the Primacy of Dignity as a Preferred Constitutional Value in Germany. **Tulane Law Review**. V. 78. N. 5. p. 1590-1591.

[541] BVerfG, Julgamento do Segundo Senado em 17 de janeiro de 2017 – 2 BvB 1/13 –, paras. 1-1010, disponível: https://www.bundesverfassungsgericht.de/SharedDocs/Entscheidungen/EN/2017/01/bs20170117_2bvb000113en.html. Acesso em 22 jun. 2018.

[542] A doutrina do *clear and present danger* (perigo real e iminente), oriunda do constitucionalismo estadunidense, foi idealizada pelo *Justice Oliver Wendel Holmes* como uma metodologia para aferir a liberdade de expressão, de modo que esse direito fundamental pudesse subsistir mesmo quando fosse utilizado para a apologia de condutas ilícitas, desde que fosse realizada uma "probabilidade de risco". Desse modo, de acordo com o *Justice Holmes*, deve-se aplicar o "teste *clear and present danger*", na apreciação dos casos concretos, para aferir se as palavras foram proferidas em um contexto que represente um perigo real e iminente. Com efeito, somente diante da possibilidade de concretude – das consequências vedadas pelo ordenamento jurídico – se configuraria uma ameaça que justificaria a restrição da liberdade expressão.

NPD conseguiria implementar os seus ideais antidemocráticos em um futuro próximo.[543]

Assim, considerando que a finalidade precípua da democracia militante é impedir a instrumentalização das vias democráticas para a sua própria destruição, os textos normativos contemplam essa teoria alemã, geralmente, por intermédio de normas que "proíbem a criação de partidos políticos fundados em bandeiras contrárias ao núcleo dos valores democráticos".[544] Com efeito, essas limitações impostas ao exercício da autonomia partidária têm por escopo evitar que a própria estabilidade democrática seja vulnerada por greis que defendam práticas contrárias à Constituição Federal de 1988.

Nesta obra denominarei as balizas constitucionais previstas em todo o art. 17 (*caput*, incisos e parágrafos) de limites explícitos à autonomia partidária. Além desses, verifiquei também a presença de limites implícitos, haja vista que há sempre uma "conexão e interdependência" entre as normas constitucionais que impedem que sejam interpretadas de forma individualizada,[545] a exigir

FONTELES, Samuel Sales. **Direitos Fundamentais.** 3a Ed. Salvador: Juspodivm, 2019. p. 91-92.

[543] A despeito de reconhecer caráter segregacionista do NPD, bem como a sua intenção de lutar contra a ordem democrática vigente para a implementação de um Estado nacional autoritário, a Corte alemã concluiu que não havia "indicações específicas e de peso" que indicassem que esses objetivos fossem atingidos pelo partido político em breve, por considerar impossível – ante o número inexpressivo de membros e o grau de desorganização – que o NPD alcançasse o Poder de modo a influenciar políticas públicas discriminatórias. (BVerfG, Julgamento do Segundo Senado em 17 de janeiro de 2017 – 2 BvB 1/13 –, paras. 1-1010).

[544] Conforme exemplificam Sarmento e Pontes, "dentre os casos mais notórios de consagração da democracia militante, destaca-se a Alemanha. Sua Lei Fundamental prevê a inconstitucionalidade de associações "cujas finalidades ou cuja atividade [...] estejam orientadas contra a ordem constitucional ou os ideais do entendimento entre os povos" (Artigo 9) e de partidos que, "pelos seus objetivos ou pelas atitudes dos seus adeptos, tentarem prejudicar ou eliminar a ordem fundamental livre e democrática ou pôr em perigo a existência da República Federal da Alemanha" (Artigo 21.2). Não à toa, a jurisprudência da Corte Constitucional germânica possui algumas das mais paradigmáticas decisões sobre democracia militante". SARMENTO, Daniel; PONTES, João Gabriel M. **Democracia militante e a candidatura de Bolsonaro**: Inelegibilidade a partir de interpretação teleológica do art. 17 da Constituição?. Jota, 24 ago. 2018. Disponível em: https://www.jota.info/opiniao-e-analise/artigos/democracia-militante-e-a-candidatura-de-bolsonaro-24082018. Acesso em: 15 jun. 2019.

[545] Segundo Konrad Hesse: "A conexão e a interdependência dos elementos individuais da Constituição fundamentam a necessidade de olhar nunca somente a norma individual, senão sempre também a conexão total na qual ela deve ser colocada". HESSE, Konrad. **Elementos**

uma interpretação sistemática – materializada pelo princípio da unidade da Constituição – para que o texto constitucional seja considerado "como um todo integrado de normas que se completam e se limitam reciprocamente".[546]

Desse modo, à luz do princípio da unidade da Constituição, entendo que uma adequada interpretação do princípio da autonomia partidária não poderá se restringir aos limites explícitos – previstos no art. 17, *caput*, incisos e parágrafos –, mas que deverá ser consentânea com toda a Constituição Federal. Assim sendo, essa autonomia inevitavelmente também encontrará limites implícitos em todo o texto constitucional, como, por exemplo, a necessária observância aos direitos e garantias fundamentais previstos no rol do art. 5º ou o respeito aos princípios estruturantes dispostos no art. 1º.

Entretanto, por opção de recorte metodológico, nesta obra abordarei de forma pormenorizada apenas os 9 limites explícitos à autonomia partidária, são eles: a Soberania Nacional; o Regime Democrático; o Pluripartidarismo; os Direitos Fundamentais da Pessoa Humana; a Obrigatoriedade da Previsão Estatutária de Normas de Disciplina e Fidelidade Partidária; o Caráter Nacional; a Proibição de Subordinação ou de Recebimento de Recursos Financeiros de Entidade ou Governo Estrangeiros; a Obrigatoriedade de Prestação de Contas à Justiça Eleitoral; e a proibição da utilização de Organização Paramilitar.

O respeito à Soberania Nacional (art. 17, *caput*, CF/88) – prevista na Constituição Federal como um dos princípios estruturantes da República Federativa do Brasil e do Estado Democrático de Direito[547] –, enquanto preceito balizador da liberdade interna das greis, assume contorno de uma limitação ideológica aos estatutos, que não poderão adotar princípios programáticos com objetivo de colocar "em risco a plenitude da soberania nacional". Sendo assim, em razão dessa primeira limitação explícita no texto constitucional, os partidos estão impedidos de defender a "submissão do Estado brasileiro

de direito constitucional da República Federal da Alemanha. Tradução Luís Afonso Heck. Porto Alegre: SAFE, 1998, p. 65.

[546] SOUZA NETO, Cláudio Pereira de; SARMENTO, Daniel. **Direito constitucional**: teoria, história e métodos de trabalho. 2. ed. Belo Horizonte: Fórum, 2019, p. 439.

[547] BRASIL. Constituição Federal (1988). Art. 1º – A República Federativa do Brasil, formada pela união indissolúvel dos Estados e Municípios e do Distrito Federal, constitui-se em Estado Democrático de Direito e tem como fundamentos: I – a soberania;

a qualquer outro estado ou organismo internacional"[548] nos seus programas e estatutos partidários.

O respeito ao Regime Democrático (art. 17, *caput*, CF/88), que também constitui um dos princípios fundamentais da democracia brasileira,[549] é a segunda limitação explícita ao exercício da autonomia partidária. O respeito a esse postulado é uma imposição às atividades partidárias, internas e externas, por força do importante papel de mediação que essas organizações exercem entre a sociedade brasileira e o Estado, em especial por possuírem a prerrogativa do monopólio das candidaturas no país.

Esse preceito reafirma o compromisso dos partidos políticos com o respeito ao princípio democrático em toda a sua dimensão, isto é, afiança o comprometimento com o respeito à dignidade da pessoa humana (art. 1º, III), a inviolabilidade da cidadania (art. 1º, II), da vida, da liberdade, da igualdade e da segurança dos cidadãos (*caput*, art. 5º) e, fundamentalmente, o empenho na construção de uma sociedade livre, justa, solidária e sem qualquer tipo de preconceito (art. 3, II e IV).[550]

De tal modo, em respeito à observância do regime democrático, essa liberdade interna deverá ser exercida sem o sacrifício dos referenciais democráticos, afinal, "como observa Canotilho, 'a democracia de partidos' postula 'a democracia no partido'".[551] O que significa dizer que, a despeito dessa autonomia, as greis não poderão adotar princípios programáticos ou estatutários que se revelem incompatíveis com a ideia de democracia, pois essa "autonomia é conferida na suposição de que cada partido busque, de acordo com as suas concepções, realizar uma estrutura interna democrática".[552]

548 MEZZAROBA, Orides. **Comentários à Constituição do Brasil**. *In:* CANOTILHO, J.J. Gomes *et al.* 2. ed. São Paulo: Saraiva Educação, 2018, p. 756. (Série IDP)

549 BRASIL. Constituição Federal (1988). Art. 1º – A República Federativa do Brasil, formada pela união indissolúvel dos Estados e Municípios e do Distrito Federal, constitui-se em Estado Democrático de Direito e tem como fundamentos: [...].

550 MEZZAROBA, Orides. **Comentários à Constituição do Brasil**. *In*: CANOTILHO, J.J. Gomes *et al.* 2. ed. São Paulo: Saraiva Educação, 2018, p. 756. (Série IDP)

551 MENDES, Gilmar Ferreira; BRANCO, Paulo Gustavo Gonet. **Curso de direito constitucional**. 13. ed. rev. e atual. São Paulo: Saraiva Educação, 2018, p. 821. (Série IDP)

552 SILVA, José Afonso da. **Curso de direito constitucional positivo**. 34. ed. São Paulo: Malheiros, 2010, p. 407.

O renomado jurista Manoel Gonçalves Ferreira Filho avalia, inclusive, que a observância do princípio democrático pelos partidos – na sua organização, funcionamento e financiamento – é mais relevante, para a ordem democrática, do que o seu programa partidário, na medida em que será a sua estruturação interna que conduzirá a uma "democracia real".[553]

Assim, entendo que a deferência ao princípio democrático, enquanto limitação explícita ao exercício da autonomia partidária, está intimamente relacionada à ideia de participação dos filiados nos processos decisórios internos dos partidos políticos, ou seja, que as agremiações partidárias deverão dar prevalência à igualdade de condições entre os seus respectivos filiados, em detrimento de uma classificação hierárquica, por meio do "exercício do sufrágio na universalidade partidária."[554]

Nessa perspectiva, o princípio da autonomia partidária se projetará em duas dimensões: a primeira, relativa à capacidade de auto-organização por seus próprios filiados, e a segunda dimensão, que se refere ao autogoverno, compreende a necessidade de se conferir uma periodicidade ao prazo de duração dos mandatos dos dirigentes partidários, dos órgãos ou comissões provisórias e dos seus candidatos, por meio do exercício do sufrágio intrapartidário, de maneira que o revezamento entre todos os filiados seja possível.[555]

Dito de outro modo, a Constituição Federal exige que os partidos políticos exerçam a sua liberdade interna – a autonomia partidária – respeitando o princípio democrático em sua estruturação, organização e funcionamento internos, pois não é crível que as instituições responsáveis pela defesa da democracia não observem internamente o mesmo regime.

Portanto, as agremiações partidárias devem assegurar a maior participação dos seus respectivos filiados nos processos de tomada de decisão *interna corporis*; na elaboração do programa; na criação ou alteração das normas estatutárias, das diretrizes e das resoluções; na escolha de um modelo partidário entre

[553] FERREIRA FILHO, Manoel Gonçalves. **Os partidos políticos nas constituições democráticas:** O Estatuto Constitucional dos Partidos Políticos no Brasil, na Itália, na Alemanha e na França. Estudos sociais e políticos n. 26. Edições da Revista Brasileira de Estudos Políticos (RBEP). Belo Horizonte: Imprensa da Universidade de Minas Gerais, 1966, p. 124.

[554] RIBEIRO, Fávila. **Direito eleitoral**. 4. ed. Rio de Janeiro: Forense, 1997, p. 311.

[555] RIBEIRO, Fávila. *Op. cit.*, p. 311.

a tipologia clássica existente[556] ou de uma mescla das características desses modelos, considerando o contexto social no qual estiverem inseridos e a sua ideologia, desde que esta encontre respaldo na ordem constitucional vigente.

O respeito ao Pluripartidarismo (art. 17, *caput,* CF/88), enquanto limite explícito à autonomia partidária, deriva da concepção de pluralismo político, outro fundamento principiológico estruturante da República brasileira – previsto no art. 1º, V, da Constituição Federal –, que exprime a liberdade de expressão política, ou seja, o respeito à diversidade de opiniões políticas, sociais, econômicas, culturais e de comunicação em um Estado Democrático de Direito. O pluralismo político expressa uma ideia de tolerância mútua, que, segundo os autores estadunidenses Levitsky e Ziblatt, é uma das normas fundamentais para o funcionamento das democracias.[557]

Deveras, conforme preleciona Hans Kelsen, em uma democracia não há que se falar em verdades ou valores absolutos, inclusive essa é a principal antítese entre a autocracia e a democracia. Enquanto a autocracia nos leva à negação de verdades ou à defesa de valores absolutos, é o pluralismo político que nos conduz a uma posição criticista e positivista, segundo a qual o mundo

[556] Segundo Blanco de Morais, a evolução histórica da tipologia clássica dos partidos se deu de forma cumulativa com a formação dos partidos de quadro (caracterizados pela participação de figuras notáveis), depois com os partidos de massa (com base social de apoio e ideologia bem definidas), evoluindo para o partido de eleitores ou *catch all parties* (com pouco ideário definido e forte organização eleitoral), posteriormente, com o surgimento o partido cartel (domínio do sistema por consórcio de greis adversárias que convergem na posição contrária a criação novos partidos) e, por fim, chegou-se ao modelo de partido populista (formações que crescem em torno de figuras carismáticas com discurso forte e emocional no sentido maniqueísta). MORAIS, Carlos Blanco de. **O sistema político no contexto da erosão da democracia representativa.** Coimbra: Almedina, 2017, p. 269-270.

[557] De acordo com os autores, as democracias funcionam melhor e sobrevivem mais tempo quando observam duas normas que não estão, necessariamente, escritas no texto constitucional: a tolerância mútua e a reserva institucional. A tolerância mútua se refere "à ideia de que, enquanto nossos rivais jogarem pelas regras institucionais, nós aceitaremos que eles tenham direito igual de existir, competir pelo poder e governar. Podemos divergir, e mesmo não gostar deles nem um pouco, mas os aceitaremos como legítimos". A reserva institucional, enquanto segunda norma crucial para a democracia, significa "o ato de evitar ações que, embora respeitem a letra da lei, violam claramente o seu espírito". LEVITSKY, Steven; ZIBLATT, Daniel. **Como as democracias morrem.** 1. ed. Rio de Janeiro: Zahar, 2018, p. 103-107.

sempre poderá mudar, considerando a opinião própria sem desconsiderar a opinião alheia, relativismo esse que representa a base da democracia.[558]

Foi com base nessas premissas do pluralismo político que surgiu o preceito do pluripartidarismo, previsto no *caput* do art. 17, que se revela indispensável à sobrevivência da experiência democrática, porquanto a democracia não costuma se apresentar como um consenso, muito pelo contrário, manifesta-se pela institucionalização do dissenso por meio da diversificação de correntes ideológicas representativas na sociedade a fim de garantir, inclusive, a salutar existência da oposição.[559]

Nesse mesmo sentido, aliás, em recente discurso proferido por ocasião da posse no cargo de Presidente do Tribunal Superior Eleitoral, o Ministro Luís Roberto Barroso aduziu:

> Democracia não é o regime político do consenso, mas aquele em que o dissenso é legítimo, civilizado e absorvido institucionalmente. Quem pensa diferente de mim não é meu inimigo, mas meu parceiro na construção de uma sociedade aberta e de um mundo plural.[560]

Assim, na perspectiva da limitação explícita à autonomia partidária, para além da necessidade de assegurar-se a pluralidade de agremiações no país, também se revela fundamental garantir o pluralismo *interna corporis*, isto é, o respeito às oposições que naturalmente surgem nas disputas intrapartidárias, propiciando a existência harmônica de diversas correntes políticas no âmbito interno de todos partidos políticos brasileiros.

O respeito aos Direitos Fundamentais da Pessoa Humana (art. 17, *caput*, CF/88), também consagrado como um dos princípios fundamentais do Estado

[558] "A democracia julga da mesma maneira a vontade política de cada um, assim como respeita igualmente cada credo político, cada opinião política cuja expressão, aliás, é a vontade política. Por isso, a democracia dá a cada convicção política a mesma possibilidade de exprimir-se e de buscar conquistar o ânimo dos homens através da livre concorrência". KELSEN, Hans. **A democracia**. 2. ed. São Paulo: Martins Fontes, 2000, p. 105.

[559] ALVIM, Frederico Franco. **Curso de direito eleitoral**. 2. ed. Curitiba: Juruá, 2016, p. 222.

[560] Disponível em: http://www.tse.jus.br/imprensa/noticias-tse/arquivos/discurso-de-posse-ministro-luis-roberto-barroso-25-05-2020/rybena_pdf?file=http://www.tse.jus.br/imprensa/noticias-tse/arquivos/discurso-de-posse-ministro-luis-roberto-barroso-25-05-2020/at_download/file. Acesso em: 25-5-2020.

Democrático (e social) de Direito,[561] está diretamente relacionado aos compromissos que os partidos políticos devem assumir, externa e internamente, em defesa e preservação dos direitos e garantias fundamentais (art. 5º); dos direitos sociais (arts. 6º e 193 e ss); dos direitos à nacionalidade (art. 12); dos direitos políticos (art. 14 ao 17) e de outros direitos fundamentais que a Constituição Federal venha a instituir.[562]

No que concerne à limitação explícita da autonomia partidária, esse preceito alude à vedação da adoção de princípios programáticos e estatutários que restrinjam os direitos fundamentais "em prol da dignidade, igualdade e liberdade da pessoa humana",[563] obrigando os partidos a concretizá-los no âmbito interno das suas estruturas partidárias.

A Obrigatoriedade da Previsão Estatutária de Normas de Disciplina e Fidelidade Partidária (art. 17, §1º, CF/88) é uma condição para o exercício da autonomia partidária e está prevista na parte final da redação da norma que rege esse princípio. O instituto da fidelidade partidária foi mantido na Magna Carta para garantir o compromisso que os filiados assumem perante as deliberações democraticamente aprovadas pelo seu partido, sobretudo aqueles que estejam no exercício de mandatos eletivos no âmbito do Poder Legislativo ou do Poder Executivo. O instituto da disciplina partidária, por sua vez, impõe aos filiados "o respeito aos princípios, programa e às finalidades políticas" da grei.[564]

[561] Conforme preceitua Ingo Sarlet, "A Constituição Federal de 1988 [no art. 1º, III], além de ter tomado uma decisão fundamental a respeito do sentido, da finalidade e da justificação do próprio estado e do poder estatal, reconheceu categoricamente que o estado existe em função da pessoa humana e não o contrário. (...) Não foi por acidente que a dignidade não constou do rol de direitos e garantias fundamentais, tendo sido consagrada em primeira linha como princípio (e valor) fundamental, que, como tal, deve servir de norte ao intérprete, ao qual incumbe a missão de assegurar-lhe a necessária formação normativa". SARLET, Ingo Wolfgang. **Comentários à Constituição do Brasil.** *In:* CANOTILHO, J. J. Gomes *et al.* 2. ed. São Paulo: Saraiva Educação, 2018, p. 126. Série IDP)

[562] MEZZAROBA, Orides. **Comentários à Constituição do Brasil.** *In:* CANOTILHO, J.J. Gomes *et al.* 2. ed. São Paulo: Saraiva Educação, 2018, p. 757. (Série IDP)

[563] Para José Afonso da Silva, o direito fundamental da pessoa humana está intimamente relacionado com as "situações jurídicas, objetivas e subjetivas, definidas no direito positivo, em prol da dignidade, igualdade e liberdade da pessoa humana". SILVA, José Afonso da. **Curso de direito constitucional positivo.** 34. ed. São Paulo: Malheiros, 2010, p. 178.

[564] MEZZAROBA, Orides. **Comentários à Constituição do Brasil.** *In:* CANOTILHO, J.J. Gomes *et al.* 2. ed. São Paulo: Saraiva Educação, 2018, p. 761. (Série IDP)

Conforme ensina a doutrina de Augusto Aras, a disciplina e a fidelidade partidária, enquanto institutos que visam o fortalecimento do sistema partidário e da democracia representativa brasileira, devem ser regulamentadas com exclusividade pelos próprios partidos políticos, no exercício de sua autonomia, tendo em vista que a obrigatoriedade da previsão estatutária de normas que regulamentam esses institutos – com a descrição dos tipos de infração e das penalidades – "deflui diretamente do texto constitucional, não podendo sofrer restrição por parte de lei ou ato normativo de hierarquia inferior".[565]

Por outro lado, a ausência da previsão dessas normas poderá ensejar o indeferimento do pedido de homologação do estatuto partidário, como advertira o TSE no julgamento do Registro de Partido Definitivo do Partido Social Cristão (PSC).[566] Nessa esteira, a obrigatoriedade da regulamentação das normas de disciplina e fidelidade partidária, para a homologação dos estatutos partidários perante a Corte – conforme exigido pelo art. 17, §2º, CF/88 –, representa mais uma limitação explícita da Constituição para o exercício dessa autonomia pelos partidos políticos.

O Caráter Nacional (art. 17, I, CF/88) vincula-se à exigência de um programa partidário que contemple propostas para todo o território nacional, tanto para a arregimentação de filiados quanto para a nacionalização dos debates partidários, evitando que eventuais delimitações regionalistas inflamem dissensões sociais.[567]Assim, parte da doutrina defende até mesmo que o caráter nacional seja sopesado com o princípio federativo, "a fim de que possam ser maximizados, ou seja, realizados na maior medida possível".[568]

[565] ARAS, Augusto. **Fidelidade partidária**: efetividade e aplicabilidade. 1. ed. Rio de Janeiro: LMJ Mundo Jurídico, 2016, p. 320-321.

[566] Na época do registro provisório do PSC – uma etapa anterior ao pedido de registro partidário definitivo –, o TSE já havia recomendado a inclusão de normas de disciplina e fidelidade partidária, sob pena de indeferimento do registro definitivo. Assim, na apreciação do pedido definitivo, a Corte ressaltou que estava a homologar o estatuto em decorrência do cumprimento dessa exigência constitucional. BRASIL. TSE. Registro de Partido n. 174. Relator Ministro Sepúlveda Pertence, resolução de 02-04-1992, DJe em 06-05-1992.

[567] RIBEIRO, Fávila. A lei dos partidos políticos. **Cadernos de Direito Constitucional e Eleitoral**, Tribunal Regional Eleitoral do Estado de São Paulo, São Paulo, n. 36, v. 11, out./nov./dez. 1996.

[568] "Dessa maneira, levando-se em conta a previsão constitucional e a efetiva implementação de um Estado federal no Brasil, aliada à consagração do princípio da liberdade partidária,

Nessa perspectiva, na qualidade de limitação explícita, o respeito a esse preceito não se refere somente ao aspecto territorial das ramificações partidárias, ou seja, à vedação da criação de partidos regionais, mas constitui o compromisso ideológico de uma "identificação estatutária" e "programática" com "atributos de nacionalidade".[569] O que significa dizer que, quanto à limitação da autonomia partidária, os estatutos e programas das greis deverão contemplar um conjunto de interesses nacionais e não o de grupos ou facções regionais.

A Proibição de Subordinação ou de Recebimento de Recursos Financeiros de Entidade ou Governo Estrangeiros (art. 17, II, CF/88) está intrinsecamente relacionada à observância, pelos partidos políticos, do postulado da Soberania Nacional, previsto no *caput* da norma, na medida em que essa limitação constitucional impede qualquer tipo de interferência de organismos estrangeiros em matérias que devem ficar reservadas aos próprios cidadãos brasileiros.

Cumpre ressaltar que, enquanto limitação explícita à autonomia partidária, essa vedação não impede que as greis adotem correntes ideológicas internacionais que correspondam aos princípios previstos no seu respectivo programa ou estatuto. Afinal, considerando a internacionalização de princípios políticos que ultrapassam fronteiras culturais ou geográficas, a mera existência de uma aproximação ideológica não caracteriza necessariamente qualquer tipo de subordinação,[570] como ocorre, por exemplo, nos casos de partidos políticos que defendem a pauta internacional de defesa do meio ambiente.

A Obrigatoriedade de Prestação de Contas à Justiça Eleitoral (art. 17, III, CF/88) é uma limitação explícita imposta aos partidos políticos sobre a arrecadação e os gastos dos recursos partidários. O recebimento de recursos do Fundo Partidário (FP) e do Fundo Especial de Financiamento de Campanha

chega-se à conclusão que é inevitável um certo grau de regionalização dos partidos políticos e do sistema partidário". BRAGA, Cláudio Mendonça. **O caráter nacional dos partidos políticos na federação brasileira**. 2009. 146 f. Dissertação (Mestrado) – Faculdade de Direito da Universidade de São Paulo – USP, São Paulo, 2009, p. 134.

569 CUNHA, Sérgio Sérvulo da. Reforma eleitoral-partidária. **Revista de Informação Legislativa**, Brasília: Senado Federal, n. 125, jan./mar 1995, p. 7.

570 MEZZAROBA, Orides. **Teoria geral do direito partidário e eleitoral**. 1. ed. Florianópolis: Qualis, 2018, p. 270-271.

(FEFC) impõe o dever de prestar contas desses valores, assim como a toda pessoa física ou jurídica que recebe dinheiro público.[571]

É importante ressaltar que mesmo as agremiações partidárias que recebem apenas recursos de origem privada – por questões ideológicas ou por não terem atingido a cláusula de barreira ou desempenho[572] – devem prestar contas, posto que o objetivo desse preceito é o de possibilitar o controle externo das contas, seja pelos seus próprios filiados, seja pela sociedade brasileira, a fim de dar maior transparência às atividades partidárias, bem como de "evitar o abuso de poder econômico.[573]

Por fim, a última limitação explícita à autonomia partidária diz respeito à proibição da utilização de Organização Paramilitar (art. 17, §4º, CF/88), que, devido ao caráter associativo das greis, é reforçada pela vedação contida no art. 5º, XVII, da Constituição Federal de 1988. De acordo com esse preceito, é vedada aos partidos a estruturação interna "na forma de corporação fardada ou armada", assim como é defeso o estabelecimento de "uma estrutura hierárquica rígida que configure uma relação de comando e obediência".[574]

A implementação desse modelo de estruturação partidária colocaria em xeque os fundamentos estruturantes da democracia representativa brasileira, pois acabaria por impedir o livre debate de ideias e estimularia a violência entre os inúmeros grupos políticos existentes no país, considerando que esse

[571] SALGADO, Eneida Desiree. Os partidos e o estado democrático: a tensão entre a autonomia partidária e a exigência de democracia interna. *In:* SALGADO, Eneida Desiree; DANTAS, Ivo (coord.). **Partidos políticos e seu regime jurídico**. Curitiba: Juruá, 2013, p. 141.

[572] BRASIL. Constituição Federal (1988). EC n. 97/2017. Art. 3º, Parágrafo único, I – na legislatura seguinte às eleições de 2018: a) obtiverem, nas eleições para a Câmara dos Deputados, no mínimo, 1,5% (um e meio por cento) dos votos válidos, distribuídos em pelo menos um terço das unidades da Federação, com um mínimo de 1% (um por cento) dos votos válidos em cada uma delas; ou b) tiverem elegido pelo menos nove Deputados Federais distribuídos em pelo menos um terço das unidades da Federação.

[573] VELLOSO, Carlos Mário da Silva; AGRA, Walber de Moura. **Elementos de direito eleitoral**. São Paulo: Saraiva, 2009, p. 88. Nesse mesmo sentido, MEZZAROBA, Orides. **Teoria geral do direito partidário e eleitoral**. 1. ed. Florianópolis: Qualis, 2018, p. 758.

[574] MEZZAROBA, Orides. **Comentários à Constituição do Brasil**. *In*: CANOTILHO, J.J. Gomes *et al*. 2. ed. São Paulo: Saraiva Educação, 2018, p. 759. (Série IDP)

formato "de estruturação dos partidos políticos é o pórtico das ditaduras, foi assim que Hitler e Mussolini tomaram o poder".[575]

Ademais, além dessas limitações explícitas contidas no texto constitucional, a Lei dos Partidos Políticos, no seu art. 28, considera que algumas delas são verdadeiras vedações,[576] cujo descumprimento poderá ocasionar, após o trânsito em julgado da decisão proferida pelo TSE – em processo regular no qual seja assegurada ampla defesa –, no cancelamento do registro civil e do estatuto partidário, ou seja, na extinção da agremiação.

A despeito da existência dessas limitações constitucionais, implícitas e explicitas, previstas na Carta Magna de 1988, não se pode perder de vista que o princípio da autonomia partidária é um direito fundamental, uma cláusula pétrea que não admite redução sequer pelo Poder Constituinte Derivado – e não pode ser abolida por meio de emenda constitucional[577] – tampouco está sujeito a restrição pela legislação infraconstitucional,[578] ressalvadas as hipóteses mencionadas no tópico 2.5.

Assim, enquanto pré-compromisso assumido pelo Poder Constituinte Originário, o princípio da autonomia partidária demanda igual respeito e consideração na sua concretização, sobretudo ante "a inexistência de hierarquia formal entre as normas constitucionais que compõem o texto originário".[579] Nesse mesmo sentido, a própria Suprema Corte brasileira já decidiu que a

[575] VELLOSO, Carlos Mário da Silva; AGRA, Walber de Moura. **Elementos de direito eleitoral**. São Paulo: Saraiva, 2009, p. 88. Nesse mesmo sentido é o magistério de José Afonso da Silva, que aduz que a vedação de utilização de organização paramilitar equivale a um "controle qualitativo" dos partidos políticos, que visa "repelir partidos fascistas, nazistas ou integralistas do tipo que vigoraram na Itália de Mussolini e na Alemanha de Hitler e no Brasil de Plínio Salgado". SILVA, José Afonso da. **Curso de direito constitucional positivo**. 34. ed. São Paulo: Malheiros, 2010, p 409.

[576] BRASIL. Lei dos Partidos Políticos (Lei n. 9.096/1995), Art. 28. I – ter recebido ou estar recebendo recursos financeiros de procedência estrangeira; II – estar subordinado a entidade ou governo estrangeiros; III – não ter prestado, nos termos desta Lei, as devidas contas à Justiça Eleitoral; IV – que mantém organização paramilitar.

[577] BRASIL. Constituição Federal (1988). Art. 60, § 4º – Não será objeto de deliberação a proposta de emenda tendente a abolir: (...) IV – os direitos e garantias individuais.

[578] ARAS, Augusto. **Fidelidade partidária**: efetividade e aplicabilidade. 1. ed. Rio de Janeiro: LMJ Mundo Jurídico, 2016, p. 451.

[579] SOUZA NETO, Cláudio Pereira de; SARMENTO, Daniel. **Direito constitucional**: teoria, história e métodos de trabalho. 2. ed. Belo Horizonte: Fórum, 2019, p. 439.

defesa de uma hierarquia entre normas constitucionais originárias é incompatível com o sistema de Constituição rígida.[580]

Apesar da inexistência de uma hierarquia formal entre as normas constitucionais originárias, não ignoro o entendimento jurisprudencial[581] e doutrinário acerca de uma hierarquia material, segundo o qual há "normas [constitucionais] mais importantes do que outras".[582] Esse maior peso abstrato que determinadas normas constitucionais possuem em face de outras – mormente aquelas que versam sobre direitos ou garantias fundamentais[583] – revela-se até mesmo um elemento possivelmente favorável no caso de colisão de direitos,[584]

[580] Nos termos do voto proferido pelo Ministro Moreira Alves, a Corte decidiu que "A tese de que há hierarquia entre normas constitucionais originárias dando azo à declaração de inconstitucionalidade de umas em face de outras é incompossível com o sistema de Constituição rígida. Na atual Carta Magna, "compete ao Supremo Tribunal Federal, precipuamente, a guarda da Constituição" (art. 102, *caput*), o que implica dizer que essa jurisdição lhe é atribuída para impedir que se desrespeite a Constituição como um todo, e não para, com relação a ela, exercer o papel de fiscal do Poder Constituinte originário, a fim de verificar se este teria, ou não, violado os princípios de direito suprapositivo que ele próprio havia incluído no texto da mesma Constituição. (...)". BRASIL. STF (Tribunal Pleno). Ação Direta de Inconstitucionalidade 815. Ação direta de inconstitucionalidade. §§ 1º e 2º do art. 45 da Constituição Federal. "Por outro lado, as cláusulas pétreas não podem ser invocadas para sustentação da tese da inconstitucionalidade de normas constitucionais inferiores em face de normas constitucionais superiores, porquanto a Constituição as prevê apenas como limites ao Poder Constituinte derivado ao rever ou ao emendar a Constituição elaborada pelo Poder Constituinte originário, e não como abarcando normas cuja observância se impôs ao próprio Poder Constituinte originário com relação as outras que não sejam consideradas como cláusulas pétreas e, portanto, possam ser emendadas. Ação não conhecida por impossibilidade jurídica do pedido". Min. MOREIRA ALVES, julgado em 28-03-1996, DJe 10-05-1996. Nesse mesmo sentido, vide a ADI-AgR n. 4097, Relator Ministro Cézar Peluso.

[581] Conforme asseveraram Souza Neto e Sarmento, "na jurisprudência do STF, o reconhecimento da existência de hierarquia material costuma legitimar a utilização do parâmetro da *interpretação restritiva das exceções*. A norma constitucional originária que excepciona princípio constitucional provido de hierarquia material superior deve ser interpretada restritivamente". SOUZA NETO, Cláudio Pereira de; SARMENTO, Daniel. **Direito constitucional**: teoria, história e métodos de trabalho. 2. ed. Belo Horizonte: Fórum, 2019, p. 439.

[582] *Ibidem.*

[583] O tema relativo à colisão de direitos fundamentais – dos partidos políticos e dos seus respectivos filiados – será abordado com maior profundidade no próximo tópico (4.2).

[584] De acordo com Robert Alexy, quando há prevalência de um princípio em relação a outro – num caso de colisão entre princípios constitucionais –, isso não significa "nem que o princípio cedente deva ser declarado inválido, nem que nele deverá ser introduzida uma cláusula de exceção. Na verdade, o que ocorre é que um dos princípios tem precedência em face de

em que se recorra à técnica da ponderação[585] como método de interpretação constitucional.

Contudo, mesmo para os doutrinadores entusiastas da técnica da ponderação, como Daniel Sarmento e Cláudio Pereira Souza Neto, o reconhecimento de maior peso abstrato de determinado princípio não assegura sua preponderância automática na aplicação aos casos concretos.[586] Dito isso, ainda que se admita a existência de limites constitucionais, implícitos e explícitos, ao exercício da autonomia partidária – e que algumas dessas balizas constitucionais possam ter maior peso de abstração em relação a esse princípio –, diante de um [aparente] conflito[587] normativo, não seria possível afirmar de imediato que estes sempre irão preponderar em relação a essa liberdade interna das greis.

Assim, com base no princípio da unidade da Constituição, ainda que se reconheçam limites constitucionais – implícitos e explícitos – ao exercício da autonomia partidária, não há que falar em uma submissão automática a esses preceitos constitucionais. Na hipótese de eventual colisão, à luz do princípio da harmonização ou da concordância prática, será necessário coordenar e

outro sob determinadas condições. Sob outras condições a questão da precedência pode ser resolvida de forma oposta. Isso é o que se quer dizer quando se afirma que, nos casos concretos, os princípios têm pesos diferentes e que os princípios com maior peso têm precedência". ALEXY, Robert. **Teoria dos direitos fundamentais.** Tradução Virgílio Afonso da Silva. 2. ed. São Paulo: Malheiros, 2011, p. 93-94.

585 BRANCO, Paulo Gonet. **Juízo de ponderação na jurisdição constitucional**. – São Paulo: Saraiva, 2009. – (Série IDP). p. 45-150.

586 SOUZA NETO, Cláudio Pereira de; SARMENTO, Daniel. **Direito constitucional**: teoria, história e métodos de trabalho. 2. ed. Belo Horizonte: Fórum, 2019, p. 439.

587 Ronald Dworkin – que interpreta o direito como integridade – não reconhece a existência de conflitos entre direitos, mas admite um aparente conflito normativo entre direitos fundamentais que leva o intérprete a buscar, ao longo da leitura desse romance em cadeia, as concepções de cada um desses direitos, "estabelecendo e ao longo do tempo refinando (ou redefinindo, mas não de maneira a romper com a integridade jurídica) as margens ou fronteiras de cada um dos direitos". ABADOUCH, Rafael Parisi. O direito como integridade e a ponderação de princípios: é possível compatibilizar a teoria do direito de Dworkin com a de Alexy?. **Revista da Faculdade de Direito de São Bernardo do Campo**, São Paulo: Faculdade de Direito de São Bernardo do Campo, v. 23, n. 1, 2017, p. 10.

combinar os bens jurídicos envolvidos, de maneira a evitar o sacrifício total de um em relação ao outro, buscando preservar o núcleo essencial.[588]

Com efeito, na apreciação do caso concreto, caberá ao intérprete realizar uma redução proporcional do âmbito de alcance dos direitos ou garantias em [aparente] conflito com o princípio constitucional da autonomia partidária, a fim de harmonizar o texto constitucional com a sua finalidade precípua, sempre observando o seu núcleo essencial dessa autonomia, qual seja, a discricionariedade partidária, que será abordada no tópico 4.3.

Assim, ao adotar a teoria mista do núcleo essencial dos direitos fundamentais,[589] defendo que a interpretação judicial sempre deverá procurar preservar – ainda que minimamente – o núcleo essencial[590] desse importante

[588] A necessidade de proteção do núcleo essencial dos direitos fundamentais, ou, da "consagração da garantia do conteúdo essencial" surgiu, na Lei Fundamental de Bonn, com o propósito de atribuir um sentido constitucional efetivo aos direitos fundamentais. NOVAIS, Jorge Reis. **As restrições aos direitos fundamentais não expressamente autorizadas pela Constituição**. Coimbra: Coimbra, 2003, p. 779.

[589] Conforme leciona Konrad Hesse, "na discussão sobre a interpretação indicada do artigo 19, alínea 2, da Lei Fundamental, é sustentada tanto a concepção, que a prescrição proíbe limitações desproporcionais como esta, que a determinação subtrai o "núcleo essencial absoluto" dos direitos fundamentais da disposição do legislador. A partir do ponto de vista aqui defendido, a proibição de limitações desproporcionais efetua também uma proteção absoluta do 'núcleo essencial' dos direitos fundamentais, naturalmente, sob o pressuposto, que Proporcionalidade seja entendida não no sentido de uma mera perseguição de uma finalidade econômica, mas que a admissibilidade de tal perseguição de uma finalidade, exatamente, também seja aferida ao direito fundamental a ser limitado. Desse modo, são evitadas as debilidades de ambas as concepções, ou seja, por um lado, uma relativização do artigo 19, alínea 2, da Lei Fundamental, por outro, o abandono dos direitos fundamentais, que estão sob reserva legal, à disposição discricional do legislador, que só não deve violar o 'núcleo essencial absoluto' a ser determinado não facilmente" HESSE, Konrad. **Elementos de direito constitucional da República Federal da Alemanha**. Tradução Luís Afonso Heck. Porto Alegre: SAFE, 1998, p. 267-268.

[590] Segundo Jorge Miranda, o núcleo ou "conteúdo essencial de um direito vem a ser a faculdade ou o acervo de faculdades atribuídas em razão de um bem jurídico relevante, quer dizer, numa realidade antropológica que, no sistema constitucional de valores, merece garantia e proteção frente ao poder público e a qualquer outra manifestação de poder". O autor aduz que, nos casos nos quais a própria Constituição não delimita o núcleo essencial de um direito, faz-se necessário "levar a cabo um trabalho interpretativo aparentemente dos mais árduos e melindrosos para estabelecer o que seja o conteúdo essencial dos preceitos constitucionais (ou dos direitos neles consignados)". MIRANDA, Jorge. **Direitos fundamentais**. 2. ed. Coimbra: Almedina, 2017, p. 373-374.

princípio constitucional, sob pena de total esvaziamento desse direito fundamental dos partidos políticos brasileiros.

Portanto, ainda que se admita que a autonomia partidária não encerra um direito fundamental absoluto, posto que encontra limites explícitos e implícitos na própria Constituição, entendo que, ante a necessidade de proteção do núcleo essencial desse princípio – que é a discricionariedade partidária –, deve-se exigir, por parte do intérprete, um ônus argumentativo muito maior para afastar a sua aplicação na apreciação do caso concreto.

4.2 A Incidência dos Direitos Fundamentais nas Relações Intrapartidárias

Após a análise dos limites constitucionais, explícitos e implícitos, ao exercício do princípio da autonomia partidária, a revelar que esse direito fundamental dos partidos políticos não lhes assegura uma soberania partidária, em decorrência de inexistirem direitos ou garantias absolutos no nosso ordenamento jurídico pátrio –, neste tópico me dedicarei a discorrer sobre a incidência dos direitos fundamentais, previstos na Constituição Federal de 1988, nas relações intrapartidárias.

Contudo, antes de determinar a sua aplicação na dinâmica das relações entre as agremiações partidárias brasileiras e os seus respectivos filiados ou órgãos de hierarquia inferior – mormente em atenção ao postulado da inafastabilidade de jurisdição –, [591] preliminarmente, será necessário esclarecer qual é a natureza jurídica dessas instituições responsáveis pela mediação entre a sociedade e o Estado. Serão órgãos estatais, entidades paraestatais ou pessoas jurídicas de direito privado? É o que responderei a seguir.

[591] BRASIL. Constituição Federal (1988). Art. 5º. XXXV – a lei não excluirá da apreciação do Poder Judiciário lesão ou ameaça a direito;

Logo após, verificada a natureza jurídica dos partidos políticos brasileiros, será possível estabelecer "se e como"[592] ou "como e em que extensão"[593] os direitos fundamentais incidirão nas relações intrapartidárias, bem como de que maneira será possível assegurar a máxima efetividade na concretização dos direitos e garantias fundamentais, dos seus respetivos filiados ou órgãos de hierarquia inferior, por meio da atuação do Poder Judiciário.

4.2.1 A Natureza Jurídica dos Partidos Políticos

A natureza jurídica dos partidos políticos brasileiros costuma ser apontada, pelas próprias greis nas suas defesas judiciais, como um fator significativo para assegurar um caráter absoluto à autonomia partidária, isto é, para que não seja possível nenhuma intervenção do Poder Judiciário nas suas relações ou questões *interna corporis* ou intrapartidárias. Nessa perspectiva, a pretensa autonomia absoluta das agremiações partidárias se justificaria em razão da sua natureza jurídica de direito privado.

A corrente doutrinária pátria dominante[594] compreende que o §2º do art. 17 da Constituição Federal de 1988 – que prevê a aquisição de personalidade jurídica na forma da lei civil e o registro dos estatutos partidários no Tribunal Superior Eleitoral – atribuiu aos partidos políticos a natureza de pessoa jurídica de direito privado, até mesmo com o objetivo de reforçar a independência dessas greis em relação ao Estado.

[592] De acordo com Claus Canaris, antes de compreendermos "se" e "como" os sujeitos podem estar vinculados aos direitos fundamentais (*Drittwirkung*), se faz necessário respondermos a três perguntas: 1- quem é o destinatário? 2- de quem é comportamento objeto de controle? 3- "em que função são aplicados os direitos fundamentais (proibições de intervenção ou como imperativo de tutela?". CANARIS, Claus-Wilhelm. **Direitos fundamentais e direito privado**. Tradução Ingo Wolfgang Sarlet e Paulo Mota Pinto. 4. reimp. Lisboa: Almedina, 2003, p. 52.
[593] Por outro lado, para Robert Alexy, hodiernamente descabe discutir sobre a incidência dos direitos fundamentais apenas nas relações entre particulares e o Estado (vertical), a polêmica está voltada à resposta de "como e em que extensão" se dará a aplicação dos direitos fundamentais nas relações privadas (horizontal). ALEXY, Robert. **Teoria dos direitos fundamentais**. Tradução Virgílio Afonso da Silva. 2. ed. São Paulo: Malheiros, 2011, p. 528.
[594] SILVA, 2010, p. 404-405; ALVIM, 2016, p. 216; MEZZAROBA, 2018, p. 264; ARAS, 2016, p. 131-132; VIOLIN, 2013, p. 97-98; VELLOSO e AGRA, 2009, p. 87; SIMÕES, 2016, p. 25; CAMPOS NETO, 2017, p. 31; RIBEIRO, 1997, p. 52.

De fato, não há dúvidas de que o constituinte originário buscou se opor a toda a legislação eleitoral-partidária elaborada para a estatização das greis, desde o Código Eleitoral de 1950[595] até a última Lei Orgânica dos Partidos Políticos (Lei n. 5.682/1971),[596] entendimento também incorporado pelo legislador ordinário na atual Lei dos Partidos Políticos (Lei 9.096/1995), que passou a dispor, expressamente, acerca da personalidade de direito privado das agremiações partidárias.[597]

Além disso, com o advento da Lei n. 13.488/2017, a atual Lei dos Partidos Políticos (Lei n. 9.096/95) dispôs acerca da impossibilidade de equiparação das agremiações partidárias às entidades paraestatais,[598] natureza jurídica também enfatizada pelo inciso V do art. 44 do Código Civil Brasileiro,[599] senão vejamos a evolução legal da temática:

[595] BRASIL. Código Eleitoral de 1950 (Lei n.1.164/1950). Art. 132 – Os partidos políticos são pessoas jurídicas de direito público interno.

[596] BRASIL. Lei n. 5.682, de 1971. Art. 2º – Os Partidos Políticos, pessoas jurídicas de direito público interno, destinam-se a assegurar, no interesse do regime democrático, a autenticidade do sistema representativo.

[597] Brasil. Lei n. 9.096, de 1995. Art. 1º – O partido político, pessoa jurídica de direito privado, destina-se a assegurar, no interesse do regime democrático, a autenticidade do sistema representativo e a defender os direitos fundamentais definidos na Constituição Federal.

[598] Brasil. Lei n. 9.096, de 1995. Art. 2º – Parágrafo único. O partido político não se equipara às entidades paraestatais. (incluído pela Lei n. 13.488, de 2017)

[599] BRASIL. Código Civil Brasileiro. Art. 44. – São pessoas jurídicas de direito privado: (...) V – os partidos políticos.

Evolução legal da natureza jurídica dos partidos políticos

Código Eleitoral de 1932	Art. 99 – Consideram-se partidos políticos para os efeitos deste decreto: 1) os que adquirirem personalidade jurídica, mediante inscrição no registro a que se refere o art. 18 do Código Civil;
Código Eleitoral de 1950	Art. 132 – Os partidos políticos são pessoas jurídicas de direito público interno.
1ª LOPP/65 (Lei n. 4.740/65)	Art. 2º – Os partidos políticos, pessoas jurídicas de direito público interno, destinam-se a assegurar, no interesse do regime democrático, a autenticidade do sistema representativo.
2ª LOPP/71 (Lei n. 5.682/71)	Art. 2º – Os Partidos Políticos, pessoas jurídicas de direito público interno, destinam-se a assegurar, no interesse do regime democrático, a autenticidade do sistema representativo.
Reforma Partidária de 1979 (Lei n. 6.767/79)	Art. 2º – Os partidos políticos, pessoas jurídicas de direito público interno, destinam-se a assegurar, no interesse do regime democrático, a autenticidade do sistema representativo e a defender os direitos humanos fundamentais, definidos na Constituição.
Constituição Federal de 1988	Art. 17. § 2º – Os partidos políticos, após adquirirem personalidade jurídica, na forma da lei civil, registrarão seus estatutos no Tribunal Superior Eleitoral.
Lei dos Partidos Políticos (Lei n. 9.096/1995)	Art. 1º – O partido político, pessoa jurídica de direito privado, destina-se a assegurar, no interesse do regime democrático, a autenticidade do sistema representativo e a defender os direitos fundamentais definidos na Constituição Federal.
Lei dos Partidos Políticos (Lei n. 13.488/2017)	Art. 1º, Parágrafo único – O partido político não se equipara às entidades paraestatais.

Com efeito, não restam dúvidas de que os partidos políticos – tal qual as demais associações civis – são, inicialmente, constituídos na forma da lei civil, mediante o registro no cartório cível, momento a partir do qual adquirem a personalidade jurídica de direito privado. Todavia, a controvérsia doutrinaria se instala pela exigência de um segundo registro, perante o TSE, que é a homologação do estatuto partidário.

As consequências jurídicas da exigência constitucional de homologação dos estatutos partidários, após a sua criação e registro no cartório civil, bem como da necessidade da anotação de quaisquer alterações no estatuto, após essa homologação, perante a Corte Superior Eleitoral, somadas à função pública exercida pelas greis, enquanto corpos intermediários entre a sociedade o Estado, levaram à formação de três correntes doutrinárias que buscam a definição da natureza jurídica dos partidos políticos.

De acordo com a corrente majoritária,[600] ao estabelecer que essas agremiações adquirem personalidade jurídica na forma da lei civil, a Magna Carta teria incorporado o entendimento segundo o qual são dotadas de personalidade com natureza de direito privado, ou seja, são associações de direito privado com "funções constitucionais" que objetivam "expressar a vontade política do cidadão". Para essa corrente, a obrigação do registro dos estatutos no TSE não teria o condão de conferir existência jurídica às greis, seria um mero "rito de controle da adequação dos estatutos partidários" aos princípios constitucionais.[601]

A doutrina de José Afonso da Silva aduz que não seria possível encontrar nas greis as "notas essenciais das pessoas jurídicas de direito público", por se tratar de associações compostas pela adesão voluntária de particulares com o objetivo de realizar "fins políticos" e não propriamente "fins públicos". Apesar de reconhecer o exercício da prestação de serviço público pelos partidos, afirma que esse papel é exercido somente no âmbito de suas "funções governamentais", por se constituírem meros "instrumentos" de prestação de serviços que não se confundem com o Estado.[602] De modo que, segundo o autor, o exercício de tais funções públicas não teria o condão de alterar o seu regime jurídico, tal como ocorre com as demais entidades privadas do terceiro setor da sociedade civil organizada.[603]

600 SILVA, 2010, p. 404-405; ALVIM, 2016, p. 216; MEZZAROBA, 2018, p. 264; ARAS, 2016, p. 131-132; VIOLIN, 2013. p. 97-98; VELLOSO e AGRA, 2009, p. 87; SIMÕES, 2016, p. 25; CAMPOS NETO, 2017, p. 31; RIBEIRO, 1997, p. 52.

601 MEZZAROBA, Orides. **Teoria geral do direito partidário e eleitoral**. 1. ed. Florianópolis: Qualis, 2018, p. 276.

602 SILVA, José Afonso da. **Curso de direito constitucional positivo**. 34. ed. São Paulo: Malheiros, 2010, p. 404-405.

603 VIOLIN, Tarso Cabral. O regime jurídico dos partidos políticos no Brasil. *In*: SALGADO, Eneida; DANTAS, Ivo (coord.). **Partidos políticos e seu regime jurídico**. Curitiba: Juruá, 2013, p. 97-98.

Em sentido oposto, há uma segunda corrente, que defende a natureza pública dos partidos políticos, por entender que, logo após esse segundo registro, dos estatutos no TSE, as greis "deixam de ser mera associação de direito civil para se tornarem partido no sentido próprio e, assim, tornarem-se pessoa jurídica de direito público interno".[604] Ainda de acordo com essa corrente, essa natureza pública estaria evidenciada pela impossibilidade de assunção de cargos eletivos através do processo eleitoral que, por disposição constitucional (art. 14, §3º, inciso V), só admite a candidatura daqueles que estejam devidamente filiados aos partidos, é dizer, sem a essencial participação das agremiações, não haveria sequer o desempenho das funções estatais dos poderes Legislativo e Executivo.[605]

Por fim, surge ainda uma terceira corrente, segundo a qual a personalidade jurídica das greis é complexa ou bifronte, tendo em vista a "duplicidade do *status*" que ocupam na Constituição,[606] a qual, mesmo lhes atribuindo a natureza privada, confere inúmeros privilégios inerentes à sua função pública – tais como o monopólio das candidaturas,[607] a imunidade tributária[608] e a legitimidade para proposição de ação de controle abstrato de constitucionalidade sem a exigência de pertinência temática[609] –, além da equiparação dos

[604] JARDIM, Torquato. **Direito eleitoral positivo**: conforme a nova lei eleitoral. 2. ed. Brasília: Brasília Jurídica, 1998, p. 99.

[605] CUNHA, Sérgio Sérvulo da. A lei dos partidos políticos (Lei n. 9.096, de 19 de setembro de 1995). *In*: VELLOSO, Carlos Mário da Silva; ROCHA, Cármen Lúcia Antunes (coord.). **Direito eleitoral**. Belo Horizonte: Del Rey, 1996, p. 142.

[606] O Ministro Sepúlveda Pertence, em célebre voto-vista, afirmou que "(...) essa **natureza bifronte** e suas prerrogativas, tem a ver a duplicidade do *status* do partido político, que está à base do regime do art. 17, § 2, CF, a teor do qual 'os partidos políticos, após adquirirem personalidade jurídica, na forma da lei civil, registrarão seus estatutos no Tribunal Superior Eleitoral' (...)". BRASIL. TSE. RESPE n. 9464. Relator Ministro Américo Luz, acórdão de 10-03-1992, DJe em 27-04-1992, p. 10-11. (grifo nosso)

[607] CF/88. Art. 14, § 3º- São condições de elegibilidade, na forma da lei: [...] V – **a filiação partidária**;

[608] CF/88, Art. 150, inciso VI, c) patrimônio, renda ou serviços **dos partidos políticos**, inclusive suas fundações, das entidades sindicais dos trabalhadores, das instituições de educação e de assistência social, sem fins lucrativos, atendidos os requisitos da lei;

[609] "Os Partidos Políticos, desde que possuam representação no Congresso Nacional, podem, em sede de controle abstrato, argüir, perante o Supremo Tribunal Federal, a inconstitucionalidade de atos normativos federais, estaduais ou distritais, independentemente de seu conteúdo material, eis que não incide sobre as agremiações partidárias a restrição jurisprudencial derivada do vínculo de pertinência temática". BRASIL. STF. ADI n. 1407, Relator

atos praticados pelos seus dirigentes, representantes ou órgãos partidários às autoridades que praticam atos por delegação pública[610] e que, por essa razão, poderão ser objeto de mandado de segurança.[611]

De acordo com as valiosas lições de Gilmar Ferreira Mendes, um dos grandes expoentes dessa terceira corrente, muito embora se afirme a personalidade de direito privado dos partidos políticos brasileiros:

> sob a Constituição de 1988, é certo que o seu papel, enquanto instituição que exerce relevante função de mediação entre o povo e o estado, confere-lhe características especiais e diferenciadas, que não se deixam confundir com uma simples instituição privada. Daí ressaltar que o partido [político] **é dotado de natureza complexa, que transita entre a esfera puramente privada e a própria esfera pública.**[612] (grifo nosso)

Assim, a despeito da forma de aquisição da personalidade jurídica prevista na Constituição e de a legislação infraconstitucional atribuir às greis a natureza de pessoa jurídica de direito privado, entendo que, no plano hermenêutico, essa personalidade privada não pode ser interpretada de forma dissociada da norma constitucional, que dá às agremiações partidárias um tratamento diferenciado das demais associações civis, justamente pela importante função social que exercem na democracia.

Por fim, essa natureza complexa ou bifronte dos partidos políticos se evidencia pela dupla obrigação para viabilizar o seu funcionamento enquanto

Ministro Celso de Mello, Julgada em: 7/3/1996. Nesse sentido vide ADI n. 1.096, Relator Ministro Celso de Mello.

610 AIETA, Vânia Siciliano. **Partidos políticos**: estudos em homenagem ao Prof. Siqueira Castro. Rio de Janeiro: Lumen Juris, 2006, p. 185-186. t. IV. (Coleção Tratado de Direito Político)

611 BRASIL. Lei do Mandado de Segurança (Lei n. 12.016, de 2009). Art. 1º, § 1º – Equiparam-se às autoridades, para os efeitos desta Lei, os representantes ou órgãos de partidos políticos e os administradores de entidades autárquicas, bem como os dirigentes de pessoas jurídicas ou as pessoas naturais no exercício de atribuições do poder público, somente no que disser respeito a essas atribuições.

612 MENDES, Gilmar Ferreira; BRANCO, Paulo Gustavo Gonet. **Curso de direito constitucional**. 13. ed. rev. e atual. São Paulo: Saraiva Educação, 2018, p. 821. (Série IDP)

legítimo representante da sociedade civil, qual seja, o registro dos seus estatutos no cartório civil[613] e no TSE.[614]

Tanto isso é verdade que, ainda que seja permitido aos partidos políticos dispor somente de registro no cartório civil – tal como a qualquer associação civil de direito privado, desde que atendidos os requisitos necessários para legitimar a propositura de instrumentos de defesa da ordem democrática –, impetrar Mandado de Segurança Coletivo ou ajuizar Ação Civil Pública em defesa dos direitos humanos, da cidadania e do erário, estes não poderão exercer funções tipicamente partidárias, ou seja, não lhes é conferida a capacidade jurídica para participar do processo eleitoral.[615]

Dito de outro modo, as associações de direito privado que dispõem de registro no cartório civil, mas que ainda não conquistaram a homologação dos seus estatutos perante o TSE – mesmo que sejam denominadas de partidos políticos –, não poderão funcionar enquanto agremiações partidárias propriamente ditas, porquanto não poderão lançar candidaturas nas eleições, não receberão cotas do Fundo Partidário (FP) nem do Fundo Especial de Financiamento de Campanha (FEFC), não terão acesso ao Direito de Antena (horário eleitoral gratuito no Rádio e na TV), tampouco poderão defender a exclusividade do seu nome, da sua sigla, do seu número de urna e dos seus símbolos.

Desse modo, seja por entender que há uma intrínseca relação entre as agremiações partidárias brasileiras e o Estado, as quais inquestionavelmente desempenham uma importante função social de canal essencial de comunicação entre a sociedade civil e o Estado, seja porque somente por meio da homologação dos estatutos partidários pelo TSE[616] é possível a uma mera

613 BRASIL. Lei n. 9096, de 1995. Art. 8º O requerimento do registro de partido político, dirigido ao cartório competente do Registro Civil das Pessoas Jurídicas, da Capital Federal, deve ser subscrito pelos seus fundadores, em número nunca inferior a cento e um, com domicílio eleitoral em, no mínimo, um terço dos Estados, e será acompanhado de: (...).

614 BRASIL. Constituição Federal (1988). Art. 17, § 2º – Os partidos políticos, após adquirirem personalidade jurídica, na forma da lei civil, registrarão seus estatutos no Tribunal Superior Eleitoral.

615 ARAS, Augusto. **Fidelidade partidária**: efetividade e aplicabilidade. 1. ed. Rio de Janeiro: LMJ Mundo Jurídico, 2016, p. 131-132.

616 BRASIL. Lei n. 9096, de 1995. Art. 9º – Feita a constituição e designação, referidas no § 3º do artigo anterior, os dirigentes nacionais promoverão o registro do estatuto do partido junto ao Tribunal Superior Eleitoral, através de requerimento acompanhado de: (...).

associação civil transmutar-se em um autêntico partido político, nesta obra me filio à posição defendida pela terceira corrente.

4.2.2 A Eficácia dos Direitos Fundamentais nas Relações Privadas

Os partidos políticos no Brasil, segundo defende a corrente doutrinária dominante,[617] possuem a natureza jurídica de direito privado, circunstância que *a priori* poderia afastar a incidência dos direitos fundamentais nas relações intrapartidárias, considerando que esses direitos surgiram no constitucionalismo liberal como um movimento de limitação do Poder do Estado entre si e perante o cidadão.

A essa "eficácia dos direitos fundamentais nas relações entre um poder 'superior' (o Estado) e um 'inferior' (o cidadão ou particular)",[618] isto é, a esses direitos como uma garantia de liberdade do cidadão oponível ao Estado, se deu a denominação de eficácia vertical dos direitos fundamentais.

No século XX, durante a passagem do Estado Liberal para o Social, essa concepção foi modificada, porquanto, no Estado Social, a Constituição passou a ter um caráter mais político, abrangendo direitos sociais, econômicos e metas, a serem perseguidas pelos Poderes Públicos, com a finalidade de tornar a sociedade mais igualitária. Contudo, como a incidência indireta dos direitos fundamentais nas relações privadas ficou na dependência de uma regulamentação por lei ordinária, por "inércia ou acanhamento" do legislador, essas potencialidades transformadoras da Constituição foram sendo frustradas.[619]

[617] SILVA, 2010, p. 404-405; GOMES, 2017, p. 112; ALVIM, 2016, p. 216; MEZZAROBA, 2018, p. 264; ARAS, 2016, p. 131-132; VIOLIN, 2013, p. 97-98; VELLOSO e AGRA, 2009, p. 87; SIMÕES, 2016, p. 25; CAMPOS NETO, 2017, p. 31; RIBEIRO, 1997, p. 52.

[618] CAVALCANTI FILHO, João Trindade. **Teoria geral dos direitos fundamentais**. Disponível em: https://www.stf.jus.br/repositorio/cms/portaltvjustica/portaltvjusticanoticia/anexo/joao_trindadade__teoria_geral_dos_direitos_fundamentais.pdf. Acesso em: 25 ago. 2019, p. 8.

[619] PIRES, Eduardo; ADOLFO, Luiz Gonzaga da Silva. **A incidência dos direitos fundamentais nas relações privadas e o papel da jurisdição constitucional neste contexto**: uma análise a partir da relação entre o público e o privado em sua perspectiva histórica. *In*: XII SEMINÁRIO INTERNACIONAL DE DEMANDAS SOCIAIS E POLÍTICAS PÚBLICAS NA SOCIEDADE CONTEMPORÂNEA, Rio Grande do Sul: Departamento de Direito da UNISC, 2015, p. 9-10.

A partir do segundo pós-guerra, porém, uma mudança no paradigma do *status* das normas constitucionais levou à superação de um modelo de Constituição como documento essencialmente político para o "reconhecimento de sua força normativa, o fortalecimento da jurisdição constitucional e a penetração dos seus princípios e valores por todos os ramos do ordenamento", passando a estabelecer um caráter vinculativo e obrigatório a todo o ordenamento jurídico.[620]

O processo de constitucionalização do direito privado, por sua vez, teve como marco o julgamento do Caso Lüth,[621] em 1958, no qual o Tribunal Constitucional Federal alemão (*Bundesverfassungsgericht*) "introduziu a chamada *Drittwirkung* indireta (*mittelbare*) dos direitos fundamentais", passando a considerar a incidência dos direitos fundamentais nas relações privadas, o que, a partir da década de 1950, deu início à doutrina da eficácia horizontal dos direitos fundamentais, a *Drittwirkung der Grundrechte*.[622]

[620] SARMENTO, Daniel. **Direitos fundamentais e relações privadas**. 2. ed. Rio de Janeiro: Lumen Juris, 2010, p. 56.

[621] "Em 1950, o Presidente do Clube de Imprensa de Hamburgo, Erich Lüth, defendeu um boicote contra o filme '*Unsterbliche Geliebte*', de Veit Harlan, diretor do filme '*Jud Süs*', produzido durante o 3º Reich. Harlan logrou decisão do Tribunal estadual de Hamburgo no sentido de determinar que Lüth se abstivesse de conclamar o boicote contra o referido filme com base no § 826 do Código Civil (BGB). Contra essa decisão foi interposto recurso constitucional (*Verfassungsbeschwerde*) perante o *Bundesverfassungsgericht*. A Corte Constitucional deu pela procedência do recurso, enfatizando que decisões de tribunais civis, com base em leis gerais de natureza privada, podem lesar o direito de livre manifestação de opinião consagrado no art. 5, 1, da Lei Fundamental. Os tribunais ordinários estariam obrigados a levar em consideração o significado dos direitos fundamentais em face dos bens juridicamente tutelados pelas leis gerais (juízo de ponderação). Na espécie, entendeu a Corte que, ao apreciar a conduta do recorrente, o Tribunal estadual teria desconsiderado (*verkannt*) o especial significado que se atribui ao direito de livre manifestação de opinião também nos casos em que ele se confronta com interesses privados". MENDES, Gilmar Ferreira. **Direitos fundamentais e controle de constitucionalidade**: estudos de direito constitucional. 2. ed. rev. e ampl. São Paulo: Instituto Brasileiro de Direito Constitucional, 1999, p. 225-226.

[622] Aduz André Rufino que, "desde a sentença do caso Lüth, o Tribunal Constitucional Federal Alemão mantém a interpretação da denominada *Drittwirkung* indireta dos direitos fundamentais, por meio de uma jurisprudência constante, que, contudo, não mais acrescentou ao entendimento que ficou delineado no caso Lüth. Os tribunais da República Federal Alemã aderiram a essa interpretação". VALE, André Rufino do. **Eficácia dos direitos fundamentais nas relações privadas**. Porto Alegre: SAFE, 2004, p. 111-112.

Assim, muito embora tenha rejeitado expressamente a aplicação direta dos direitos fundamentais nas relações entre particulares (*unmittelbare Drittwirkung*), a Corte Constitucional Alemã afirmou que "a ordem de valores formulada pelos direitos fundamentais deveria ser fortemente considerada na interpretação do Direito Privado".[623]

Essa Teoria da Eficácia Mediata ou Indireta dos direitos fundamentais nas relações particulares – tal como posta pelo *Bundesverfassungsgericht* no caso Lüth – foi preconizada na doutrina alemã por Günter Düring, em 1956, ao entendimento de que os direitos fundamentais integram uma ordem objetiva de valores que "lhes permite irradiar por todo o ordenamento jurídico".[624]

Düring, contudo, ponderou que a incidência dessas normas jusfundamentais nas relações jurídico-privadas necessitava de um "mecanismo de intermediação", qual seja, a imprescindível atuação do Poder Legislativo para estabelecer os "parâmetros para a delimitação do conteúdo normativo". Nessa perspectiva, os direitos fundamentais somente produziriam efeitos nas relações entre os particulares por intermédio de previsão legal.[625]

Com o objetivo de sanar a insuficiência da Teoria da Eficácia Mediata ou Indireta dos direitos fundamentais nas relações *inter privatos* – que reclamaria a atuação legislativa para possibilitar a sua irradiação no âmbito do Direito Privado –, essa corrente doutrinária apontou como alternativa a atuação judicial por meio das Cláusulas Gerais (*Generalklause*) e pelos Conceitos Indeterminados (*unbestimmte Rechtsbegriffe*).[626]

Em sentido oposto e de forma pioneira na doutrina, Hans Carl Nipperday, então presidente do Tribunal Federal do Trabalho da Alemanha (*Bundesarbeitsgericht*), com base na Lei Fundamental de Bonn, idealizou a Teoria da Eficácia Direta ou Imediata (*unmittelbare Drittwirkung*) dos direitos fundamentais nas

[623] MENDES, Gilmar Ferreira. *Op. cit.*, p. 223-225.

[624] SOMBRA, Thiago Luís Santos. **A eficácia dos direitos fundamentais nas relações privadas**. 2. ed. São Paulo: Atlas, 2011, p. 75.

[625] É dizer, segundo essa corrente doutrinária, que os direitos fundamentais somente incidirão nas relações particulares mediante a atuação do legislador e no "grau de intensidade" por ele estabelecido. *Ibidem*. p. 75-79.

[626] Afinal, ainda de acordo com essa corrente, essas normas teriam sido idealizados pelo legislador com o propósito de assegurar "uma relativa margem" de intervenção judicial na análise dos casos concretos. *Ibid*. p. 82-83.

relações privadas.[627] De acordo com Nipperday, o fundamento para se dar eficácia imediata "pode ser retirado da concepção desses valores que emergem por todo o ordenamento", pois é uma consequência inevitável do "princípio da unidade do ordenamento jurídico e da força normativa da constituição".[628]

A despeito das inúmeras críticas[629] que recebera, essa teoria de Nipperday preencheu um "vazio axiológico-normativo" da concepção clássica dos direitos fundamentais por meio da concretização da sua "fundamentabilidade e aplicabilidade direta" às relações particulares.[630] Posteriormente, a denominação alemã *Drittwirkung* – que significa uma "eficácia perante terceiros" – foi substituída, doutrinariamente, por *Horizontalwirkung* (eficácia horizontal) com a finalidade de abranger um segundo âmbito de vigência dos direitos fundamentais.[631]

O Tribunal Federal do Trabalho, presidido por Nipperday, que inicialmente adotara a teoria do autor, depois da decisão no Caso Lüth aderiu à jurisprudência do Tribunal Federal Constitucional. Igualmente, a maior parte

[627] Conforme leciona André Ramos Tavares, antes mesmo da apreciação do Caso Lüth pelo Tribunal Constitucional Federal Alemão – julgado em 1958 –, Hans Nipperday já havia defendido na doutrina, de maneira pioneira, em 1954, a tese da eficácia imediata dos direitos fundamentais nas relações privadas. TAVARES, André Ramos. **Curso de direito constitucional**. 17. ed. São Paulo: Saraiva Educação, 2019, p. 387-388.

[628] SOMBRA, Thiago Luís Santos. *Op. cit.*, p. 87-88.

[629] A teoria de Nipperday foi criticada, sobretudo, por uma suposta deficiência de justificação constitucional, porquanto a Lei Fundamental de Bonn (art. 1, III) somente previa uma vinculação expressa do Estado aos direitos fundamentais. Além disso, sustentou-se que essa eficácia imediata sobre as relações particulares acabaria por suprimir o princípio da autonomia privada. Por fim, afirmou-se que essa teoria "encontraria óbice insuperável no fato de que, ao contrário da relação Estado-Cidadão, os sujeitos dessas relações reclamam e merecem, em princípio, a mesma proteção". MENDES, Gilmar Ferreira. **Direitos fundamentais e controle de constitucionalidade**: estudos de direito constitucional. 2. ed. rev. e ampl. São Paulo: Instituto Brasileiro de Direito Constitucional, 1999, p. 222-223.

[630] Conforme Thiago Sombra, "mediante a realização dos preceitos de fundamentabilidade e aplicabilidade direta dos direitos fundamentais, a *Drittwirkung* impõe-se como mais um desdobramento dos mecanismos propagadores da unidade e supremacia da constituição". SOMBRA, Thiago Luís Santos. *Op. cit.*, p. 99.

[631] Sendo assim, segundo André Rufino, "ao lado de um plano vertical, no qual se dá as relações entre indivíduo e Estado, existe um plano horizontal, formado pelas relações entre indivíduos e entes privados entre si". VALE, André Rufino do. *Drittwirkung* de direitos fundamentais e associações privadas. **Revista de Direito Público**, Brasília: Instituto Brasiliense de Direito Público (IDP), n. 9, jul./set. 2005, p. 59.

da doutrina jurídico-constitucional alemã passou a seguir a orientação do *Bundesverfassungsgericht*, muito embora ainda existam embates polêmicos por parte da doutrina que, contrária a essa posição, preconiza uma eficácia direta ou imediata dos direitos fundamentais nas relações privadas.[632].

No entanto, para alguns doutrinadores, como Canotilho[633] e Alexy, esse debate tem perdido a relevância. Robert Alexy salienta que, tanto as construções da eficácia mediata quanto as da eficácia imediata são equivalentes em termos de resultado, já que ambas estão vinculadas à atividade jurisdicional. É dizer, no final das contas, que o efeito dos direitos fundamentais nas relações particulares não será decidido pela construção, mas em razão do resultado alcançado pelo *sopesamento*, que decidirá a valoração que a preenche.[634]

Por outro lado, Jürgen Schwabe – que rejeita a Teoria Mediata (indireta) e a Teoria Imediata (direta) – admite a aplicação imediata (direta) dos direitos fundamentais nas relações particulares em decorrência do caráter estatal do direito privado, considerando que, "no âmbito do direito privado, as pretensões não representariam mais do que o poder estatal sob a forma de proibição ou prescrição". Schwabe, porém, nega a concepção de uma eficácia horizontal, ao fundamento de que esses direitos devem ser aplicados até mesmo em face de uma decisão estatal, posição similar à doutrina estadunidense da *state action*.[635]

Na Suprema Corte americana, esse debate se iniciou a partir da doutrina da *state action* – que afastava a incidência dos direitos fundamentais nas relações particulares –, mas, posteriormente, sob a denominação de *public function theory*, passou a admitir a vinculação direta dos limites constitucionais nas relações privadas nas hipóteses em que os particulares exerçam uma

632 VALE, André Rufino do. **Eficácia dos direitos fundamentais nas relações privadas.** Porto Alegre: SAFE, 2004, p. 112.

633 De acordo com Canotilho, a partir do tipo de direito fundamental posto em questão no caso concreto, "o problema da eficácia dos direitos, liberdades e garantias na ordem jurídica privada tendem hoje para uma superação da dicotomia eficácia mediata/imediata a favor de soluções diferenciadas". CANOTILHO, J. J. Gomes. **Direito constitucional e teoria da constituição.** 3. ed. Coimbra: Almedina, 1999, p. 1208.

634 ALEXY, Robert. **Teoria dos direitos fundamentais.** Tradução Virgílio Afonso da Silva. 2. ed. São Paulo: Malheiros, 2011, p. 528-532.

635 MENDES, Gilmar Ferreira. **Direitos fundamentais e controle de constitucionalidade**: estudos de direito constitucional. 2. ed. rev. e ampl. São Paulo: Instituto Brasileiro de Direito Constitucional, 1999, p. 229-230.

atividade de natureza tipicamente estatal. Com efeito, apesar de não admitir uma ampla aplicação da eficácia direta (imediata), a Suprema Corte passou a admitir a sua incidência nesta restrita hipótese, por considerar que a *Bill of Rights* prevê, de maneira expressa, a aplicação dos direitos fundamentais aos Poderes Públicos.[636]

Dessa forma, apesar de algumas divergências doutrinárias, ao lado da compreensão vertical (particular-Estado), foi difundida, pela doutrina e pela jurisprudência, uma compreensão horizontal (particular-particular) dos direitos fundamentais, além da possibilidade de atuação judicial, mediata ou imediata, na aplicação dos direitos fundamentais nas relações entre particulares. Conforme ensina Ney de Barros Bello Filho, o reconhecimento dessa "horizontalidade para os direitos fundamentais significou uma conquista dos direitos públicos sobre os direitos privados.[637]

No Brasil, essa importante discussão teve início com o brilhante voto divergente proferido pelo Ministro Gilmar Mendes, em *leading case* julgado pela Segunda Turma do Supremo Tribunal Federal , que se tornou conhecido como o Caso da União Brasileira de Compositores (UBC).[638] Na hipótese,

[636] SARMENTO, Daniel. **Direitos fundamentais e relações privadas**. 2. ed. Rio de Janeiro: Lumen Juris, 2010, p. 187-197.

[637] Afinal, os "institutos historicamente existentes para a proteção do homem frente ao Estado estão agora sendo utilizados para a proteção dos homens entre si mesmos, malgrado a existência de outros direitos privados que foram criados para este mister". BELLO FILHO, Ney de Barros. A eficácia horizontal do direito fundamental ao ambiente. **Cadernos UNDB**, São Luís, v. 4, jan./dez. 2014, p. 1-3.

[638] BRASIL. STF (Segunda Turma). Recurso Extraordinário n. 201.819. Relatora Ministra Ellen Gracie; Rel. para Acórdão: Ministro Gilmar Mendes, julgado em 11-10-2005, publicado no DJe em 27-10-2006. "SOCIEDADE CIVIL SEM FINS LUCRATIVOS. UNIÃO BRASILEIRA DE COMPOSITORES. EXCLUSÃO DE SÓCIO SEM GARANTIA DA AMPLA DEFESA E DO CONTRADITÓRIO. EFICÁCIA DOS DIREITOS FUNDAMENTAIS NAS RELAÇÕES PRIVADAS. RECURSO DESPROVIDO. I. EFICÁCIA DOS DIREITOS FUNDAMENTAIS NAS RELAÇÕES PRIVADAS. As violações a direitos fundamentais não ocorrem somente no âmbito das relações entre o cidadão e o Estado, mas igualmente nas relações travadas entre pessoas físicas e jurídicas de direito privado. Assim, os direitos fundamentais assegurados pela Constituição vinculam diretamente não apenas os poderes públicos, estando direcionados também à proteção dos particulares em face dos poderes privados. II. OS PRINCÍPIOS CONSTITUCIONAIS COMO LIMITES À AUTONOMIA PRIVADA DAS ASSOCIAÇÕES. A ordem jurídico-constitucional brasileira não conferiu a qualquer associação civil a possibilidade de agir à revelia dos princípios inscritos nas leis e, em especial, dos postulados que têm por fundamento direto o próprio texto da Constituição da República, notadamente em tema

a UBC interpôs recurso extraordinário contra o acórdão do Tribunal de Justiça do Estado do Rio de Janeiro que anulou a expulsão de sócio, realizada pela entidade, por considerar que a norma estatutária[639] que embasava tal ato não previa um procedimento que assegurasse a ampla defesa e o contraditório.

Nas razões do recurso extraordinário, todavia, a UBC alegou que o princípio constitucional da ampla defesa e do contraditório – invocado pelo TJ/RJ para anular a expulsão – seria inaplicável à espécie, uma vez que a entidade não é órgão da administração pública, trata-se de uma entidade civil dotada de personalidade jurídica de direito privado, cujo relacionamento com os sócios seria regido somente pelos seus estatutos e regimentos próprios. Nesse

de proteção às liberdades e garantias fundamentais. O espaço de autonomia privada garantido pela Constituição às associações não está imune à incidência dos princípios constitucionais que asseguram o respeito aos direitos fundamentais de seus associados. A autonomia privada, que encontra claras limitações de ordem jurídica, não pode ser exercida em detrimento ou com desrespeito aos direitos e garantias de terceiros, especialmente aqueles positivados em sede constitucional, pois a autonomia da vontade não confere aos particulares, no domínio de sua incidência e atuação, o poder de transgredir ou de ignorar as restrições postas e definidas pela própria Constituição, cuja eficácia e força normativa também se impõem, aos particulares, no âmbito de suas relações privadas, em tema de liberdades fundamentais. III. SOCIEDADE CIVIL SEM FINS LUCRATIVOS. ENTIDADE QUE INTEGRA ESPAÇO PÚBLICO, AINDA QUE NÃO-ESTATAL. ATIVIDADE DE CARÁTER PÚBLICO. EXCLUSÃO DE SÓCIO SEM GARANTIA DO DEVIDO PROCESSO LEGAL. APLICAÇÃO DIRETA DOS DIREITOS FUNDAMENTAIS À AMPLA DEFESA E AO CONTRADITÓRIO. As associações privadas que exercem função predominante em determinado âmbito econômico e/ou social, mantendo seus associados em relações de dependência econômica e/ou social, integram o que se pode denominar de espaço público, ainda que não-estatal. A União Brasileira de Compositores – UBC, sociedade civil sem fins lucrativos, integra a estrutura do ECAD e, portanto, assume posição privilegiada para determinar a extensão do gozo e fruição dos direitos autorais de seus associados. A exclusão de sócio do quadro social da UBC, sem qualquer garantia de ampla defesa, do contraditório, ou do devido processo constitucional, onera consideravelmente o recorrido, o qual fica impossibilitado de perceber os direitos autorais relativos à execução de suas obras. A vedação das garantias constitucionais do devido processo legal acaba por restringir a própria liberdade de exercício profissional do sócio. O caráter público da atividade exercida pela sociedade e a dependência do vínculo associativo para o exercício profissional de seus sócios legitimam, no caso concreto, a aplicação direta dos direitos fundamentais concernentes ao devido processo legal, ao contraditório e à ampla defesa (art. 5º, LIV e LV, CF/88). IV. RECURSO EXTRAORDINÁRIO DESPROVIDO".

[639] Estatuto da UBC. Art. 16 – a diretoria nomeará comissão de inquérito composta por três sócios, a fim de apurar indícios, atos ou fatos que tornem necessárias à aplicação de penalidades aos sócios que contrariem os deveres prescritos no Capítulo IV destes estatutos.

mesmo sentido foi o voto da relatora, a Ministra Ellen Gracie, ao aduzir que a exclusão do sócio de uma entidade privada, ainda que naquelas circunstâncias, não possuía "aporte constitucional".[640]

Após um pedido de vista, o Ministro Gilmar Mendes apresentou emblemático voto divergente, pugnando pelo reconhecimento da eficácia imediata dos direitos fundamentais nas relações particulares de entidades que, apesar da natureza jurídica de direito privado, desempenham uma função pública. Como a UBC integra a estrutura do Escritório Central de Arrecadação e Distribuição (ECAD) – que atua como prestador de serviço público por delegação legislativa no âmbito do sistema de proteção de direitos autorais – e possui a função de repassadora do numerário arrecadado pelo ECAD, a entidade "se caracteriza por integrar aquilo que poderíamos denominar como espaço público ainda que não-estatal".[641]

Sendo assim, como salientou o Ministro Gilmar Mendes, ao realizar a exclusão de sócio de quadro social sem que fossem respeitadas as garantias constitucionais – além de restringir as possibilidades de defesa –, a UBC assumiu a privilegiada posição de determinar a extensão do gozo e da fruição dos direitos autorais do sócio excluído, considerando que ele ficaria impossibilitado de perceber os direitos autorais relativos à execução de suas obras, e que a associação a essa entidade representa, para um número significativo de pessoas, quase que um imperativo para o exercício da atividade profissional.

A circunstância decisiva para legitimar a aplicação direta ou imediata dos direitos fundamentais foi o "caráter público ou geral" da UBC. Com efeito, a Segunda Turma do STF, acompanhando a divergência inaugurada pelo Ministro Gilmar Mendes, decidiu que "as associações privadas que exercem função predominante em determinado âmbito econômico e/ou social, mantendo seus

[640] A Ministra Ellen Gracie aduziu que "a controvérsia envolvendo a exclusão de um sócio de entidade privada resolve-se a partir das regras do estatuto social e da legislação civil em vigor. Não tem, portanto, o aporte constitucional atribuído pela instância de origem, sendo totalmente descabida a invocação do disposto no art. 5º, LV, da Constituição para agasalhar a pretensão do recorrido de reingressar nos quadros da UBC". BRASIL. STF, Segunda Turma, Recurso Extraordinário n. 201.819. Relatora Ministra Ellen Gracie; Relator para Acórdão Ministro Gilmar Mendes, julgado em 11-10-2005, publicado no DJe em 27-10-2006, p. 579-581.

[641] *Ibidem*, p. 609.

associados em relações de dependência econômica e/ou social, integram o que se pode denominar de espaço público, ainda que não-estatal".[642]

O caso da UBC foi um importante marco no desenvolvimento da jurisprudência da nossa Suprema Corte sobre a incidência dos direitos fundamentais nas relações particulares, com a aplicação direta ou imediata dos princípios constitucionais no âmbito privado, sobretudo quando a entidade associativa privada desempenha uma função social ou um serviço público por delegação.

A profundidade teórica do voto divergente proferido pelo Ministro Gilmar Mendes, que analisou tanto a relevante discussão doutrinária e jurisprudencial de direito comparado – travada no âmbito da doutrina alemã da *Drittwirkung der Grundrechte* e da doutrina estadunidense da *State Action* – quanto à então embrionária doutrina pátria, foi fundamental para a construção de uma dogmática constitucionalmente adequada ao ordenamento jurídico brasileiro.

Além de proporcionar a construção de uma consistente teoria para a aplicação dos direitos fundamentais nas relações entre particulares, o voto do Ministro Gilmar Mendes possibilitou a delimitação do como e em que extensão[643] as normas de direitos fundamentais incidem no âmbito das relações privadas. No caso da UBC, a Corte assentou que o tipo de direito fundamental em questão e o modo como se configura a relação jurídica entre os particulares serão decisivos para a aplicação da eficácia mediata ou imediata dos direitos fundamentais nas relações privadas, isto é, para a prevalência ou não do direito fundamental violado sobre a autonomia privada.

Assim, com base nas premissas fixadas nesse *leading case*, restou estabelecido que, naquelas hipóteses em que o conflito se instala entre a autonomia privada de entidade associativa que desempenha uma função social – ou um serviço público por delegação – e os direitos fundamentais dos seus respectivos

[642] BRASIL. STF, Segunda Turma, Recurso Extraordinário n. 201.819. Relatora Ministra Ellen Gracie; Relator para Acórdão: Ministro Gilmar Mendes, julgado em 11-10-2005, publicado no DJe em 27-10-2006, p. 612-613.

[643] Segundo Robert Alexy, como a incidência dos direitos fundamentais nas relações entre particulares tem sido amplamente aceita, nos resta responder à polêmica sobre "como e em que extensão" elas incidem. Assim, "a questão é sobre como as normas de direitos fundamentais produzem efeitos na relação cidadão-cidadão é algo que diz respeito a um problema de construção. A questão sobre em que extensão elas o fazem é uma questão que expressa um problema substancial, a saber, um problema de colisão". ALEXY, Robert. **Teoria dos direitos fundamentais**. Tradução Virgílio Afonso da Silva. 2. ed. São Paulo: Malheiros, 2011, p. 528.

associados, a Corte aplicará a eficácia imediata dos direitos fundamentais nas relações particulares. Assim, as normas estatutárias ou regimentais que disponham sobre o poder disciplinar e sancionador da entidade, sobretudo aquelas que regulamentam o procedimento de expulsão dos associados dos quadros dessas entidades, deverão respeitar os direitos e garantias fundamentais previstos na Constituição.

A partir do julgamento do caso da UBC, os demais tribunais brasileiros passaram a reconhecer que os direitos fundamentais previstos na Constituição Federal também incidem nos conflitos travados entre pessoas físicas ou jurídicas no âmbito do direito privado, ou seja, que os direitos fundamentais são igualmente destinados à proteção de particulares em face de outros particulares. Foi com base nesse precedente que o Tribunal Superior Eleitoral deu eficácia imediata aos direitos fundamentais – do devido processo legal e da ampla defesa – nas relações intrapartidárias em detrimento da autonomia partidária, para anular a desconstituição sumária de um órgão partidário municipal pelo órgão superior.[644]

De fato, após o reconhecimento pela Suprema Corte, da eficácia imediata dos direitos fundamentais nas relações das associações de natureza jurídica de direito privado, é incontroverso que os partidos políticos brasileiros – na condição de um tipo especial de associação privada – também estão sujeitos à incidência imediata dos direitos fundamentais nas suas relações intrapartidárias, ou seja, à aplicação dos direitos fundamentais no relacionamento das greis com os seus respectivos filiados ou com os órgãos de hierarquia inferior. Assim sendo, demonstrarei a seguir como e em que extensão os direitos fundamentais incidem nas relações *interna corporis* dos partidos políticos.

4.2.3 Direitos Fundamentais nas Relações Intrapartidárias: Eficácia Horizontal ou Diagonal?

Os partidos políticos brasileiros, evidentemente, não são órgãos públicos ou entidades paraestatais, tampouco podem ser reduzidos ao papel de meras associações privadas, porquanto são entidades que contribuem para a formação

644 BRASIL. TSE. RESPE n. 31913. Relator Ministro Fernando Gonçalves, acórdão de 12-11-08, PSESS em 12-11-2008.

da vontade popular com a designação dos candidatos aptos a disputarem os cargos eletivos que irão compor, em todos os níveis da Federação, os poderes Executivo e Legislativo.

A relevância que essas agremiações partidárias possuem para a concretização da democracia representativa e para a formação do Estado brasileiro, nos permite reconhecer que os seus atos e os seus estatutos partidários devem se submeter à observância dos preceitos constitucionais. Nesse sentido, Jorge Miranda afirma:

> Por isso justifica-se inteiramente que se lhes estendam os grandes princípios constitucionais de organização política, desde os relativos as eleições até os respeitantes à divisão do poder. Não faria sentido que a tantos direitos e poderes não correspondessem deveres e ônus, nem que a democraticidade fosse exigida para o Estado e não também para os partidos, sujeitos determinantes do contraditório político em sufrágio universal.[645]

Conforme visto no tópico anterior, além de oponíveis contra o poder estatal, os direitos fundamentais previstos na Magna Carta de 1988 poderão ser aplicados às pessoas jurídicas de direito privado, principalmente aos partidos políticos,[646] cujas atribuições constitucionais se assemelham àquelas exercidas por entidades que desempenham função social ou função pública por delegação.

É dizer, essas greis, enquanto um tipo de associação privada especial, cuja uma natureza jurídica é complexa ou bifronte, possuem uma autonomia privada mitigada pelos direitos fundamentais dos seus filiados[647] ou dos órgãos de hierarquia inferior, como, por exemplo, em hipóteses nas quais os

[645] MIRANDA, Jorge. Divisão de poder e partidos políticos. NOVELINO, Marcelo; FELLET, André (coord). *In*: **Separação de poderes**: aspectos contemporâneos da relação entre executivo, legislativo e judiciário. Salvador: Juspodivm, 2018, p. 232.

[646] CLÈVE, Clèmerson Merlin. **Fidelidade partidária**: impeachment e justiça eleitoral – estudo de caso. 1. ed. 5. tir. Curitiba: Juruá, 2005, p. 65.

[647] MENDES, Gilmar Ferreira; BRANCO, Paulo Gustavo Gonet. **Curso de direito constitucional**. 13. ed. rev. e atual. São Paulo: Saraiva Educação, 2018, p. 822. (Série IDP)

conflitos ocorrem entre o órgão partidário (permanente ou provisório) hierarquicamente inferior e o órgão partidário superior do mesmo partido.

O Tribunal Superior Eleitoral aplicou, pela vez primeira, o precedente firmado pela Suprema Corte [648] às relações intrapartidárias no julgamento de *leading case* [649] sob a relatoria do Ministro Fernando Gonçalves. Na hipótese apreciada pelo TSE, em 2008, ocorreu a desconstituição do diretório partidário municipal pelo regional – o órgão hierarquicamente superior –, na qual não foram facultados ao diretório municipal o devido processo legal, a ampla defesa e o contraditório, garantias fundamentais previstas no art. 5º, incisos LIV e LV, da Constituição Federal.

Naquela oportunidade, ao se referir expressamente ao Caso da UBC, o Ministro Fernando Gonçalves asseverou:

> Se assim é, no âmbito de uma associação de músicos [UBC], com muito maior razão deve incidir na hipótese em julgamento, porquanto as eventuais ilegalidades cometidas na condução e direção dos trabalhos de partido político, em ordem a provocar colidência de interesses entre diretório regional e municipal, no tocante a registro de coligação e seus respectivos candidatos, têm reflexos contundentes nos direitos de votar e de ser votado, assegurados constitucionalmente e, por isso mesmo, pela magnitude que ostentam, na cidadania, conceito inerente à própria natureza humana e à sua existência social.[650]

Nesse julgamento, ao analisar a suposta ilegalidade do ato praticado pelo órgão partidário regional em detrimento do órgão partidário municipal, o TSE definiu um importante baliza consubstanciada na vinculação das agremiações partidárias aos direitos fundamentais, ou seja, a aplicação da eficácia imediata dos direitos fundamentais nas relações intrapartidárias, tanto no trato dos

[648] O Caso da UBC: STF (Segunda Turma). Recurso Extraordinário n. 201.819. RECURSO EXTRAORDINÁRIO DESPROVIDO. Relatora Ministra Ellen Gracie; Relator para Acórdão: Ministro Gilmar Mendes, julgado em 11-10-2005, publicado no DJe em 27-10-2006.

[649] BRASIL. TSE. RESPE n. 31913. Relator Ministro Fernando Gonçalves, acórdão de 12-11-08, PSESS em 12-11-2008.

[650] *Ibidem*, p. 9.

partidos políticos com seus órgãos de hierarquia inferior quanto nas relações com os seus respectivos filiados.

Como visto, além de reconhecer a violação aos direitos fundamentais dos particulares envolvidos no conflito intrapartidário propriamente dito, o Ministro Fernando Gonçalves afirmou que essas decisões *interna corporis* das greis também possuem reflexos extramuros, isto é, na capacidade passiva e ativa do eleitorado. Afinal, considerando o importante papel que exercem na democracia brasileira, a Constituição assegurou aos partidos políticos o monopólio da apresentação de candidaturas,[651] prerrogativa que evidencia que essas associações privadas desempenham uma função pública e política.

Conforme salienta André Rufino do Vale, o critério da posição de predomínio político, social e econômico exercido por uma associação de natureza jurídica privada, principalmente quando se identifica que essa entidade detém o monopólio de determinada atividade, é um fator que diminui o grau de discricionariedade da autonomia privada e amplia o controle judicial sobre os seus atos.[652] Com efeito, além de encontrar limites nas próprias regras estatutárias que elabora, a autodeterminação dessas associações será mitigada pelas "normas e princípios de ordem pública, mormente os direitos fundamentais assegurados aos sócios".[653]

O reconhecimento do domínio político social e econômico de que gozam as agremiações partidárias – tais como o monopólio das candidaturas, o direito de antena, a percepção de recursos públicos e até mesmo a legitimidade ativa para propor ações de controle concentrado sem pertinência temática[654] – acaba por justificar a mitigação do princípio da autonomia partidária para a incidência imediata dos direitos fundamentais no interior das greis em favor dos filiados ou órgãos de hierarquia inferior, sobretudo quando se tratar

[651] SANTANO, Ana Claudia. **Candidaturas independentes**. Curitiba: Íthala, 2018, p. 51-94.

[652] VALE, André Rufino do. *Drittwirkung* de direitos fundamentais e associações privadas. **Revista de Direito Público**, Brasília: Instituto Brasiliense de Direito Público (IDP), n. 9, jul./set. 2005, p. 66.

[653] *Ibidem*, p. 64.

[654] O STF já reconheceu a legitimidade dos partidos políticos com apenas 1 representante, para propor ação de controle concentrado de constitucionalidade (ADI 1407, de 07/03/1996), bem como assentou a legitimidade das greis para propor ADI sem vínculo de pertinência temática (ADI n. 1096, de 22.5.95, Relator Ministro Celso de Melo).

de atos ou normas estatutárias relativas ao poder partidário disciplinar e sancionador.

Muito embora, aparentemente, essa perspectiva tenha sido adotada pelo TSE, diversamente do que ocorrera no caso da UBC – no qual o STF limitou-se a determinar a aplicação imediata dos direitos fundamentais às relações privadas sem se vincular a nenhuma corrente doutrinária –, a Corte Eleitoral passou a adotar[655] a doutrina da eficácia horizontal para justificar a incidência desses direitos às relações intrapartidárias.

Contudo, entendo que o uso dessa doutrina pela jurisdição eleitoral não se trata de mera preferência terminológica – entre as inúmeras denominações que a *Drittwirkung* recebera ao longo dos anos,[656]– mas, principalmente, sugere também o reconhecimento de uma horizontalidade da relação entre os partidos políticos e seus respectivos filiados ou órgãos de hierarquia inferior.

Dito de outro modo, a escolha da doutrina da eficácia horizontal para determinar a incidência dos direitos fundamentais nas relações intrapartidárias implica o reconhecimento, pelo órgão máximo da Justiça Eleitoral, de que as greis e os seus filiados (ou órgãos de hierarquia inferior) se encontram em condição de igualdade, isto é, que se encontram em uma posição horizontal de direitos e garantias, que reclamam e merecem iguais condições de proteção, atraindo para si, inclusive, a crítica de Konrad Hesse à Teoria da Eficácia Direta ou Imediata concebida por Hans Carl Nipperdey.[657]

[655] BRASIL. TSE. RESPE n. 31913. Relator Ministro Fernando Gonçalves, acórdão de 12-11-2008, PSESS em 12-11-2008. Nesse mesmo sentido: BRASIL. TSE. Petição n. 060364145. Relator Ministro Luiz Fux, acórdão de 29-08-2017, PDJE em 29-08-2017; BRASIL. TSE. Consulta n. 060025218. Relatora Ministra Rosa Weber, acórdão de 22-05-2018, DJe em 15-08-2018; BRASIL. TSE. RPP n. 141796. Rel. design. Min. Tarcisio Vieira de Carvalho Neto, acórdão de 20-02-2018, DJe em 15-03-2018.

[656] Segundo Daniel Sarmento, a aplicação dos direitos fundamentais nas relações privadas recebeu na doutrina diversas denominações, tais "como "eficácia entre terceiros (*Drittwirkung*), "eficácia externa", "eficácia horizontal dos direitos fundamentais", "eficácia dos direitos fundamentais frente a particulares" ou "eficácia dos direitos fundamentais nas relações jurídico-privadas". Há também quem evite o termo "eficácia", e opte pela denominação de "validez" dos direitos fundamentais nas relações entre particulares, "aplicação dos direitos fundamentais às relações privadas ou então que prefira a expressão "vinculação" dos particulares, ou das entidades privadas aos direitos fundamentais". SARMENTO, Daniel. **Direitos fundamentais e relações privadas**. 2. ed. Rio de Janeiro: Lumen Juris, 2010, p. 30-31.

[657] De acordo com Gilmar Mendes, a crítica de Konrad Hesse – à teoria de eficácia direta ou imediata de Nipperday – consistia no fato de Hesse reconhecer essa igualdade de condições

A despeito de não existir um consenso doutrinário acerca da terminologia mais adequada, para designar a vinculatividade dos direitos fundamentais nas relações privadas, a problemática do uso da expressão "eficácia horizontal" – diversamente do que ocorre com o uso das expressões "eficácia privada", "eficácia em relação a terceiros", "*Drittwirkung*" ou "eficácia externa" – leva a uma equivocada concepção de igualdade de condições entre os particulares em litígio, quando, na verdade, muitos dos conflitos que ocorrem nas relações privadas são marcados pelas desigualdades de condições. A rigor, uma parte é hipossuficiente e a outra é monopolizadora do poder político, social e econômico.[658]

Nessas hipóteses, quando há uma evidente condição de submissão de um particular em relação a outro que desempenha uma espécie de autoridade privada – situação de assimetria entre as partes que também foi reconhecida pelo STF no Caso da UBC –, não se estará diante apenas de uma relação horizontal, ou seja, entre iguais, mas sim de uma relação diagonal, caracterizada por assimetrias políticas, sociais e econômicas.

A partir dessa percepção de desigualdade nas relações particulares, mormente nas relações trabalhistas – nas quais se verifica um contraponto entre o poder político, social e econômico de um lado e a vulnerabilidade do outro –, que a autora chilena Pamela Prado concebeu uma terceira espécie de eficácia dos direitos fundamentais: a eficácia diagonal.[659]

entre os particulares, sendo assim "os direitos fundamentais operariam a favor e contra os dois partícipes da relação de direito privado". MENDES, Gilmar Ferreira. **Direitos fundamentais e controle de constitucionalidade**: estudos de direito constitucional. 2. ed. rev. e ampl. São Paulo: Instituto Brasileiro de Direito Constitucional, 1999, p. 220-224.

[658] Até mesmo em razão de desigualdade nestas hipóteses, Bilao Ubillos defende se tratar de uma eficácia vertical e não horizontal. KRETZ, Andrietta. **Autonomia da vontade e eficácia horizontal dos direitos fundamentais.** Florianópolis: Momento Atual, 2005, p. 85-86.

[659] Embora Sergio Gamonal seja o responsável por difundir a Teoria da Eficácia Diagonal na doutrina, o próprio autor informa que "a ideia de uma eficácia diagonal foi sugerida pela professora Pamela Prado, em sua dissertação de mestrado em Direito, intitulada 'Reparación del dãno moral ocasionado por el empleador al trabajador, durante la vigencia del contrato de trabajo', Universidad de Chile, 2005 (inédita), p. 92, na qual cita uma sentença espanhola de 25-09-2001, do Tribunal Superior de Justiça da Comunidade Valenciana, que faz referência à eficácia diagonal dos direitos fundamentais entre o empregador e o trabalhador". CONTRERAS, Sergio Gamonal. **Cidadania na empresa e eficácia diagonal dos direitos fundamentais**. Tradução Jorge Alberto Araújo. São Paulo: LTr, 2011, p. 11-31.

A Teoria da Eficácia Diagonal, difundida doutrinariamente por Sergio Gamonal,[660] surgiu para assegurar a eficácia direta ou imediata dos direitos fundamentais ao empregado dentro da estrutura organizativa do empregador, durante a vigência do contrato empregatício, na sua jornada de trabalho na empresa. Afinal, as relações entre o trabalhador e a empresa são tipicamente marcadas pela subordinação do primeiro em relação ao segundo, isto é, entre um indivíduo que não possui nenhum poder e uma entidade detentora de poder social e econômico.[661]

A dinâmica observada nas relações trabalhistas, isto é, entre o empregador e o empregado – tal qual observadas por Prado e Gamonal – também se reproduz nas relações entre os partidos políticos brasileiros e os seus respetivos filiados (ou órgãos de hierarquia inferior), considerando que os órgãos partidários superiores (nacionais) possuem um expressivo poder social, econômico e político em face dos filiados e dos órgãos inferiores (diretórios estaduais e municipais).

É dizer, assim como o empregador ou as empresas possuem potestidades[662] de mando ou direção – a potestidade regulamentar e a potestidade disciplinar –, que se assemelham ao poderio estatal,[663] os partidos dispõem de autonomia interna para estabelecer normas regimentais com caráter diretivo, regulamentar e disciplinar-sancionador em face dos seus respectivos filiados e órgãos partidários inferiores. É essa característica potestativa, evidenciada tanto nas relações laborais quanto nas relações intrapartidárias, que retira os partidos de uma eficácia horizontal e os coloca no plano de uma eficácia diagonal.

Nesse cenário, assim como a Teoria da Eficácia Diagonal surgiu para evidenciar a necessidade de dar maior peso aos direitos fundamentais do trabalhador hipossuficiente em face da empresa – numa eventual hipótese de colisão de direitos fundamentais com a autonomia privada das empresas

660 CONTRERAS, Sergio Gamonal. **Cidadania na empresa e eficácia diagonal dos direitos fundamentais**. Tradução Jorge Alberto Araújo. São Paulo: LTr, 2011, p. 11-31.

661 *Ibidem*, p. 9-13.

662 De acordo com Sérgio Gamonal, a potestidade se constitui no poder de "efetuar uma mudança em uma relação jurídica em particular", isto é, na capacidade de "causar certos efeitos jurídicos desejados. A potestidade é uma posição em que se encontra uma pessoa quando através da declaração de vontade pode modificar a posição normativa (ou seja, algumas das normas aplicáveis) de outra". CONTRERAS, Sergio Gamonal. *Op. cit.*, p. 28-29.

663 *Ibidem*, p. 28-31.

–,entendo que a sua aplicação às relações intrapartidárias se mostra mais adequada do que a da Teoria da Eficácia Horizontal, posto que as relações das greis com os seus filiados (ou órgãos de hierarquia inferior) são igualmente marcadas por uma flagrante desigualdade de forças, em razão da hipossuficiência e da vulnerabilidade destes em face da poderio econômico, social e monopolizador dos partidos políticos.

Portanto, ainda que se reconheça que o uso da Teoria da Eficácia Horizontal em questões *interna corporis*, pelo TSE, tenha representado um significativo avanço na proteção de direitos fundamentais nas relações intrapartidárias, entendo que o emprego da Teoria da Eficácia Diagonal se mostra mais adequado para evidenciar a grande assimetria existente entre as partes, para que seja atribuído um peso menor à autonomia partidária sempre que os atos intrapartidários ou as normas estatutárias representarem uma ameaça ou lesão aos direitos[664] dos hipossuficientes dessa relação assimétrica, com vistas a garantir a máxima preservação dos direitos fundamentais dos seus respectivos filiados ou dos órgãos de hierarquia inferior.

4.3 A Discricionariedade Partidária como Óbice à Intervenção do Poder Judiciário nas Questões *Interna Corporis* dos Partidos Políticos

A possibilidade de intervenção do Poder Judiciário nas questões *interna corporis* dos partidos políticos brasileiros, em hipóteses nas quais se verifique violação à própria Constituição Federal – mormente para salvaguardar os direitos e garantias fundamentais –, é tema que encontra vasto respaldo doutrinário[665]

[664] BRASIL. Constituição da República Federativa do Brasil. Art. 5º, XXXV – a lei não excluirá da apreciação do Poder Judiciário lesão ou ameaça a direito.

[665] "Aos partidos políticos, o ordenamento jurídico garante a independência, o caráter privado (apesar do enorme interesse público que o permeia) e autonomia administrativo-financeira, o que não retira do Poder Judiciário a possibilidade de intervenção nas agremiações partidárias no Brasil, diante do que dispõe, inclusive, o artigo 5º, inciso XXXV, da Constituição Federal". SIMÕES, Pedro Henrique Moreira. **A intervenção judicial nas decisões internas dos partidos políticos**. Ananindeua: Itacaiúnas, 2016, p. 198. Ainda nesse mesmo sentido: ARAS, Augusto. **Fidelidade partidária**: efetividade e aplicabilidade. 1. ed. Rio de Janeiro: LMJ Mundo Jurídico, 2016, p. 151-152.

e jurisprudencial,[666] com fundamento no princípio da inafastabilidade de jurisdição[667] e na teoria da aplicação direta ou imediata dos direitos fundamentais nas relações privadas.[668]

Assim o é, de modo que me parece evidente que os atos intrapartidários e as normas previstas nos estatutos partidários que violem o texto constitucional – sobretudo os direitos e garantias fundamentais dos seus respectivos filiados ou dos órgãos de hierarquia inferior – poderão sofrer intervenção judicial, principalmente quando malferem o direito de participação dos filiados nos processos de tomada de decisão intrapartidária, considerando que cabe ao Poder Judiciário, pela via do controle de constitucionalidade, desobstruir "os canais de mudança política" que embaraçam o processo democrático.[669]

A despeito de a jurisprudência do Tribunal Superior Eleitoral e a do Supremo Tribunal Federal admitirem que o princípio constitucional da autonomia partidária, em alguns casos, também deve se sujeitar à legislação infraconstitucional e às Resoluções do TSE – como demonstrado no Capítulo 3 –, é incontroverso que, quando decidem pela impossibilidade de intervenção judicial, ambas as Cortes utilizam a expressão "questão ou matéria *interna corporis*" para se referir ao que seria o limite constitucional que o Poder Judiciário não deverá ultrapassar:

[666] Nesse sentido, o TSE firmou posição a partir do *leading case* mencionado no Capítulo 3: "PARTIDO POLÍTICO – AUTONOMIA PARTIDÁRIA – PRINCÍPIO DA INAFASTABILIDADE DO CONTROLE JURISDICIONAL – Os atos partidários que importem em lesão à direito subjetivo não estão excluídos da apreciação pelo Poder Judiciário, não importando a prestação jurisdicional violação da autonomia constitucional conferida aos partidos. (BRASIL. TSE. RESPE n. 13750. Relator Ministro Eduardo Alckmin, acórdão de 12-11-1996, PSESS em 12-11-1996).

[667] BRASIL. Constituição Federal (1988). Art. 5º, XXXV – a lei não excluirá da apreciação do Poder Judiciário lesão ou ameaça a direito;

[668] BRASIL. TSE. RESPE n. 31913. Rel. Min. Fernando Gonçalves, acórdão de 12-11-08, PSESS em 12-11-2008.

[669] Afinal, de acordo com John Hart Ely, "o controle judicial de constitucionalidade deve ocupar-se basicamente de eliminar as obstruções ao processo democrático e a negação do voto parece ser a mais representativa das obstruções". ELY, John Hart. **Democracia e desconfiança**: uma teoria do controle judicial de constitucionalidade. 1. ed. 2. tir. São Paulo: WMF Martins Fontes, 2016, p. 156.

> A suposta incoerência da propaganda eleitoral gratuita é uma consequência lógica do fim da verticalização que permitiu a livre escolha das agremiações partidárias, independentemente da convergência ou não de ideários partidários. Entendo que **estipular a maneira com que a coligação vai interagir no ambiente sociopolítico invade seara que se situa entre as questões *interna corporis* resguardadas pela autonomia partidária** estampada exatamente no art. 17, §1º, da Carta da República[670] (grifo nosso).

De acordo com o julgado acima referido – posterior à alteração do §1º do art. 17 da CF/88 pela EC n. 52/2006 –, o Ministro Ricardo Lewandowski afirmou que não caberia ao Poder Judiciário, a pretexto de resguardar o eleitorado de uma suposta incoerência ideológica na propaganda eleitoral gratuita, estabelecer uma espécie de "verticalização da propaganda eleitoral", caso a propaganda estadual fosse ideologicamente diversa do plano nacional, por se tratar de uma escolha político-partidária. Com efeito, caberia à Corte tão somente reconhecer a mesma liberdade assegurada pela Constituição às formações de coligações.

Por outro lado, em circunstâncias diametralmente opostas, quando o STF ou o TSE entendem que é possível a interferência do Poder Judiciário nos conflitos que versem sobre atos ou normas intrapartidárias – por violação à Constituição Federal, à legislação infraconstitucional ou à Resolução do TSE –, a mesma expressão "matéria *interna corporis*" é utilizada para justificar a mitigação do princípio da autonomia partidária e autorizar a intervenção judicial no âmbito interno dos partidos:

> Precisamente por isso, **ao conteúdo em questionamento não se deve atribuir o tratamento de "*típica hipótese de matéria interna corporis dos partidos políticos*", mediante o estrito o exercício da autonomia** a eles conferida pelo art. 17, § 1º, da Constituição Federal. Antes, cumpre à Justiça Eleitoral, chamada ao enfrentamento da questão,

670 BRASIL. TSE. Consulta n. 64740. Relator Ministro Marco Aurélio, Rel. Designado Ricardo Lewandowski, acórdão de 12-08-2010, DJe em 21-02-2013, p. 9.

> dirimi-la à luz dos cânones normativos, legais e constitucionais[671] (grifo nosso).

A propagação jurisprudencial (e até mesmo doutrinária) do uso da mesma expressão "questão ou matéria *interna corporis*" para designar duas hipóteses completamente distintas – tanto para justificar quanto para impossibilitar a intervenção judicial –, além de causar uma expectativa equivocada nos principais destinatários desse princípio constitucional, no que concerne aos limites para o exercício da sua autonomia partidária, mostra-se como um fator de desincentivo para que os filiados (ou órgãos de hierarquia inferior) procurem o Poder Judiciário, a fim de protegerem os seus direitos e garantias fundamentais.

Conforme demonstrado ao longo deste Capítulo 4, o ordenamento jurídico pátrio não admite direitos ou garantias fundamentais absolutos, tampouco comporta a existência de instituições públicas ou privadas que possam se estruturar e funcionar à margem dos cânones constitucionais, em especial aquelas instituições que possuem uma relevante função pública como a exercida pelos partidos políticos. Por esses motivos, *a priori* é possível afirmar que todas as "questões *interna corporis*" – atos intrapartidários ou normas previstas em estatutos partidários – poderão ser objeto de intervenção do Poder Judiciário.

No entanto, após a constatação, pela via judicial, de que o ato intrapartidário ou que a norma estatutária sob apreciação não viola a Constituição Federal – única circunstância que autoriza a excepcional sindicabilidade dos atos internos das greis –, adentra-se na seara das "questões *interna corporis*" dos partidos políticos, que é absolutamente indevassável pelo Poder Judiciário, posto que representa o núcleo essencial do princípio da autonomia partidária,

[671] BRASIL. TSE. Consulta n. 060025218. Relatora Ministra Rosa Weber, acórdão de 22-05-2018, DJe em 15-08-2018. Nesse mesmo sentido, nos termos do voto do Ministro Luiz Fux, a Corte asseverou que: "(...) **os atos *interna corporis* dos partidos políticos**, quando potencialmente apresentarem riscos ao processo democrático e lesão aos interesses subjetivos envolvidos (suposto ultraje a princípios fundamentais do processo) **não são imunes ao controle da Justiça Eleitoral**, sob pena de se revelar concepção atávica, inadequada e ultrapassada, em um Estado Democrático de Direito, como o é a República Federativa do Brasil". BRASIL. TSE. RESPE n. 11228. Relator Ministro Luiz Fux, acórdão de 04-10-2016, PSESS em 04-10-2016.

qual seja, o âmbito das escolhas político-partidárias, que, nesta obra, denominarei de discricionariedade partidária.

Para conceber o conceito da discricionariedade partidária, a fim de distinguir os conflitos intrapartidários que não poderão sofrer qualquer intervenção do Poder Judiciário, em alternativa à expressão ambígua difundida pela jurisprudência e doutrina pátria – que denomina situações diametralmente opostas como "questão *interna corporis*" –, busquei inspiração no conceito de discricionariedade oriundo do direito administrativo.[672]

Porém, é importante ressaltar que a discricionariedade partidária – a despeito de algumas semelhanças – não deve ser confundida com o conceito clássico da discricionariedade administrativa, sobretudo em razão de os partidos políticos não serem entes da administração pública, e sim pessoas jurídicas de direito privado dotadas de autonomia constitucional e que exercem algumas funções públicas, como visto no tópico 4.2.1.

Assim, enquanto na discricionariedade administrativa a margem liberdade do administrador público está limitada às possibilidades previstas pela lei e pela Constituição, defendo que, na discricionariedade partidária, a liberdade intrapartidária para praticar as escolhas políticas necessárias para regulamentação das questões *interna corporis* – estruturação, organização e funcionamento interno dos partidos políticos – está delimitada tão somente pelo que a Constituição Federal não proíbe.

Isso porque, conforme explicitado no tópico 4.1, adoto o entendimento segundo o qual – a partir da positivação da autonomia partidária na Carta Magna de 1988 – o controle judicial das questões *interna corporis* tornou-se restrito à observância do texto constitucional. Com efeito, não havendo qualquer obstáculo constitucional para o exercício dessa liberdade interna das greis, adentra-se na zona da discricionariedade partidária.

[672] A discricionariedade administrativa "é a margem de liberdade que remanesce ao administrador para eleger, segundo critérios consistentes de razoabilidade, um dentre pelo menos dois comportamentos cabíveis, perante cada caso concreto, a fim de cumprir o dever de adotar a solução mais adequada à satisfação da finalidade legal, quando, por força da fluidez das expressões da lei ou da liberdade conferida no mandamento, dela não se possa extrair objetivamente, uma solução unívoca para a situação vertente". BANDEIRA DE MELLO, Celso Antônio. **Discricionariedade e controle jurisdicional.** 12. ed. São Paulo: Malheiros, 2012, p. 48.

No que concerne à discricionariedade administrativa, um caso emblemático da discricionariedade do Poder Executivo para realizar atos políticos foi a posição do *Chief Justice* John Marshall no famoso caso *Marbury v. Madison* (1803), no qual a Suprema Corte dos Estados Unidos (*Supreme Court Of The United States* ou *SCOTUS*) estabeleceu que a discricionariedade do Presidente da República para exercer os poderes puramente políticos não poderia ser discutida pelo Poder Judiciário,[673] com base no princípio da separação dos poderes, dando origem à doutrina das questões políticas (*political questions*).

O conceito de "*political questions*", porém, somente foi delimitado pela Suprema Corte americana anos mais tarde, no julgamento do caso *Baker v. Carr* (1962), que tratava da organização dos distritos eleitorais do estado americano do Tennessee, no qual o Justice Brennan – com o objetivo de sistematizar o *self-restraint* exercido pela Corte – asseverou que o relacionamento entre o Poder Judiciário e os ramos coordenados do Governo Federal dão origem a uma "questão política", cuja impossibilidade de controle judicial seria uma decorrência do próprio princípio da separação dos poderes.[674]

A doutrina estadunidense da "questão política" (*political question*), por sua vez, foi adotada pelo STF quase como sinônima de "ato de governo". Um caso emblemático, que evidencia esse entendimento, foi o julgamento da ADPF n. 1 – relativo à (im)possibilidade de veto do Poder Executivo a um projeto de lei aprovado pelo Legislativo –, no qual a Corte decidiu que a discussão do veto estava limitada aos poderes envolvidos no processo legislativo, pois, segundo

[673] No julgamento de *Marbury v. Madison*, o mesmo que inaugurou a doutrina da *judicial review*, o *Chief Justice* John Marshall afirmou que "o tribunal só tem competência para decidir acerca de direitos individuais; jamais para examinar como o Executivo ou os funcionários executivos desempenham seus deveres em tudo a que se aplica a faculdade discricionária. Questões por sua natureza política, ou submetidas ao nuto do Executivo pela Constituição e pelas leis, nunca poderão ser ventiladas neste Tribunal". MARSHALL, John. **Decisões constitucionais de Marshall.** Tradução Américo Lobo. Brasília: Ministério da Justiça, ed. fac-similar, 1997, p. 18.

[674] *"As the Supreme Court has more recently put it, it is the relationship between the judiciary and the coordinate branches of the Federal Government which gives rise to the political question. In this view,* **"The nonjusticiability of a political question is primarily a function of the separation of powers** "(...)". SCHWARTZ, Bernard. **A commentary on the Constitution of the United States** – part I: the powers of government. New York: MacMillan, 1963, p. 463.

aduziu o Ministro Moreira Alves, essa era uma "daquelas questões políticas para as quais não há possibilidade de interferência do Poder Judiciário".[675]

No entanto, anos mais tarde, a jurisprudência da Suprema Corte brasileira evoluiu, passando o STF a admitir a interferência judicial nas "questões políticas" que venham a violar a Constituição Federal de 1988. Nesse passo, os conflitos relativos aos atos *interna corporis* emanados do Poder legislativo, aqueles atos legislativos que dizem respeito ao funcionamento parlamentar e ao regimento interno das Casas Legislativas, passaram a ser considerados sindicáveis pelo Poder Judiciário.

Um caso notório dessa mudança de entendimento foi o julgamento do Mandado de Segurança n. 26.441, impetrado pela minoria parlamentar em face de decisão da Câmara dos Deputados que impedia a instalação de uma Comissão Parlamentar de Inquérito (a "CPI do apagão aéreo"). Naquela oportunidade, o STF rechaçou a preliminar de não conhecimento da matéria de "natureza política" – apresentada pela Casa Legislativa para que fosse reconhecida a sua competência para apreciação da demanda –, por entender que o pedido estava fundamentado no §3º do art. 58 da Constituição Federal.[676]

Conforme preleciona o jurista Carlos Bastide Horbach, é viável o exercício do controle judicial de ato político que saia "da circunferência de regularidade fixada pelo ordenamento jurídico-constitucional", haja vista que o texto da Magna Carta de 1988 – "extenso, notadamente analítico e detalhista" – amplia o parâmetro desse controle e, via de consequência, acaba por diminuir a "categoria de atos *interna corporis*" a serem considerados insindicáveis pelo Poder Judiciário.[677] A despeito de reduzi-los, porém, não se pode dizer que não mais existam atos políticos *interna corporis* insindicáveis.

Nesse sentido, recentemente, foi julgada a Ação Direta de Inconstitucionalidade n. 5874, ajuizada contra o decreto do indulto natalino de 2017, assinado pelo então Presidente da República Michel Temer. Por 7x4, o STF reconheceu

[675] HORBACH, Carlos Bastide. Controle Judicial da atividade política: as questões políticas e os atos de governo. **Revista de Informação Legislativa**, v. 46, n. 182, p. 7-16, abr./jun. 2009, p. 14-15.

[676] *Ibidem*, p. 15.

[677] *Ibid.*

a discricionariedade do Chefe do Poder Executivo Federal para, dentro das hipóteses legais e legítimas, editar um decreto concedendo o benefício natalino.[678] O Ministro Alexandre de Moraes, ao inaugurar a divergência, afirmou que ainda que se discordasse da concessão do indulto, não caberia à Corte adentrar no seu mérito, afinal, "não pode o subjetivismo do Chefe do Poder Executivo ser trocado pelo subjetivismo do Poder Judiciário".[679]

A despeito de o atual entendimento do STF divergir da doutrina das *political questions* estadunidense – dado que admite a apreciação de atos *interna corporis* do Poder Legislativo ou do Poder Executivo na hipótese de violação à Constituição –, converge com a tese defendida nesta obra em favor da discricionariedade partidária, ainda que se admita que a doutrina pátria das "questões políticas", a qual tem como pressuposto a incidência do princípio da separação dos poderes, não se aplica aos partidos políticos.

Afinal, muito embora o "ato político" praticado por um dos Poderes, no legítimo exercício da sua discricionariedade, seja diverso do "ato político-partidário" – considerando que os partidos políticos não compõem a tríade dos Poderes da República –, os parâmetros de controle encontrados no mecanismo dos freios e contrapesos (*check and balances*) podem ser utilizados na fixação dos limites para a intervenção judicial nas questões político-partidárias, com vistas à preservação do núcleo essencial do princípio da autonomia partidária (a discricionariedade partidária).

Cabe mencionar ainda que fixação dos limites para a intervenção do Poder Judiciário na autonomia partidária, assegurada pela Constituição de 1988, a fim de estabelecer quem detém a última palavra sobre as escolhas político-partidárias, possui paralelo semelhante ao desafio – da doutrina administrativista – da palavra final dos "atos políticos" emanados pelos poderes no âmbito da sua discricionariedade administrativa.

Na linha da jurisprudência da Suprema Corte acerca das "questões políticas" dos poderes, admito a *priori* o controle judicial de "questões *interna*

[678] BRASIL. STF. Ação Direta de Inconstitucionalidade 5874. Relator Ministro Luís Roberto Barroso; Redator do acórdão: Min. Alexandre de Moraes. Ata de Julgamento n. 15, de 09-05-2019, DJe n. 103, divulgado em 16-05-2019. (acórdão pendente de publicação).

[679] NOTÍCIAS STF. **STF declara constitucionalidade de decreto de indulto natalino de 2017**. Disponível em: http://www.stf.jus.br/portal/cms/verNoticiaDetalhe.asp?idConteudo=410684. Acesso em: 8 ago. 2019.

corporis" das agremiações que violem o texto constitucional, em especial se houver violação a direitos ou garantias fundamentais, todavia, se a questão versar sobre aquela margem de escolha assegurada pelo princípio da autonomia partidária – a discricionariedade partidária –, não há que falar em intervenção do Poder Judiciário.

Isso porque, conforme dito alhures, adoto o entendimento segundo o qual – após a positivação da autonomia partidária – o controle judicial das questões *interna corporis* tornou-se restrito à observância da Constituição. É dizer, enfim, que o respeito aos preceitos constitucionais, implícitos e explícitos, passou a ser "o recorte na capacidade de auto-organização e funcionamento"[680] das greis, isto é, o fator determinante para identificar a (im)possibilidade de intervenção do Poder Judiciário nos atos intrapartidários.

Com efeito, não havendo qualquer obstáculo constitucional para o exercício dessa liberdade interna, adentra-se na zona da discricionariedade partidária, naquela esfera de escolha político-partidária sobre a qual apenas os próprios partidos políticos – e não o Poder Judiciário – detêm a última palavra.

A discricionariedade partidária – núcleo essencial da autonomia partidária – garante às greis uma irrestrita liberdade política para a realização do juízo de conveniência e oportunidade dos atos intrapartidários (programas, estatutos, resoluções e decisões), para que essas escolhas políticas não sofram qualquer interferência do Poder Judiciário. Assim sendo, argumento que os eventuais conflitos *interna corporis* que decorram desses atos discricionários deverão ser dirimidos pelas próprias instâncias recursais partidárias, as quais, obviamente, deverão respeitar os postulados constitucionais da ampla defesa, do contraditório, do *due process of law* e da legalidade intrínseca.[681]

680 A doutrinadora Eneida Desiree Salgado discorreu acerca do recorte constitucional – que nesta obra denominamos de limites explícitos – para o exercício dessa autonomia partidária: "Ao impor a observância da soberania nacional, do regime democrático, do pluripartidarismo e dos direitos fundamentais da pessoa humana, há um recorte na sua capacidade de auto-organização e funcionamento". SALGADO, Eneida Desiree. Os partidos e o Estado Democrático: a tensão entre a autonomia partidária e a exigência de democracia Interna. *In:* SALGADO, Eneida Desiree; DANTAS, Ivo (coord.). **Partidos políticos e seu regime jurídico**. Curitiba: Juruá, 2013, p. 145.

681 Conforme o magistério de Augusto Aras, nas deliberações políticas os partidos políticos não poderão agir em contrariedade ao disposto em seus próprios "estatutos, o seu ideário programático e a ordem jurídica estabelecida, sob pena de comprometer o fortalecimento da democracia intrapartidária e nacional. **Se isso ocorrer, caberá a devida reparação e controle**

Além disso, a importância dessa distinção, doutrinária e jurisprudencial, entre as questões *interna corporis lato sensu* (sindicáveis) e as questões *interna corporis stricto sensu* (insindicáveis) – que se encontram no âmbito da discricionariedade partidária – revela-se essencial para o próprio Estado Democrático de Direito, na medida em que, em um regime democrático, é desejável que as decisões político-partidárias sejam tomadas no *locus* adequado, qual seja, dentro das próprias esferas intrapartidárias.

Cumpre ressaltar ainda que, a rigor, as decisões e os atos intrapartidários são tomados por meio de deliberações ou das convenções partidárias (principal instância decisória dos partidos) com base no princípio majoritário, isto é, com o apoio da maioria dos convencionais ou filiados, em especial no que concerne às elaborações de normas partidárias ou alterações dos seus respectivos estatutos, o que reforça e legitima a dignidade dos atos intrapartidários e das normas estatutárias.

Sendo assim, faz-se necessário distinguir as questões *interna corporis* em *lato sensu* e em *stricto sensu*. Na primeira hipótese, nas quais as "questões *interna corporis*" violam a Constituição Federal, é possível mitigar o princípio da autonomia partidária para se admitir a intervenção judicial nos atos intrapartidários. Na segunda hipótese, ao contrário, não é dado ao Poder Judiciário examinar o mérito político dos atos ou decisões intrapartidárias, assim como ocorre em relação ao juízo de conveniência e oportunidade dos atos administrativos.

A realização dessa distinção, jurisprudencial e doutrinária, entre as questões *interna corporis lato sensu* (em sentido amplo) e *stricto sensu* (que dizem respeito à discricionariedade partidária), além de afastar a ambiguidade causada pelo uso da mesma expressão para denominar situações diametralmente opostas, também se mostra necessária para a delimitação do controle judicial das questões *interna corporis*, a fim de evitar que o Poder Judiciário avance, indevidamente, nas esferas de escolha puramente políticas das greis.

É dizer que os eventuais desacordos morais sobre determinadas questões político-partidárias, entre as escolhas possíveis à luz da Constituição Federal, deverão ser decididos no interior dos próprios partidos políticos e,

de legalidade intrínseca e aferição da razoabilidade e proporcionalidade (*due process of law*)". (grifo nosso). ARAS, Augusto. **Fidelidade partidária**: efetividade e aplicabilidade. 1. ed. Rio de Janeiro: LMJ Mundo Jurídico, 2016, p. 83.

posteriormente, pelos eleitores quando da escolha ou rejeição de seus candidatos nas eleições. Atualmente, todavia, esses avanços indevidos ocorrem.

Um caso emblemático da invasão dessa discricionariedade partidária pelo Poder Judiciário foi o chamado "caso da verticalização" – abordado de forma mais aprofundada no tópico 3.2 –, no qual, a pretexto de tutelar o eleitor de uma suposta incoerência na formalização de coligações partidárias ideologicamente conflitantes, entre o plano nacional e o estadual ou distrital, o TSE e o STF invadiram a seara da discricionariedade das greis, a fim de imputar uma celebração artificial[682] de coligações, nas eleições realizadas em 2002 e 2006, sem que houvesse, efetivamente, nenhuma violação à Constituição Federal.

A discricionariedade partidária utilizada para definir os critérios de celebração de coligações naquelas eleições gerais, por meio do binômio "conveniência e oportunidade", sofreu uma indevida interferência judicial,[683] porquanto o fundamento utilizado pelas Cortes para justificar a invasão a essa discricionariedade – a suposta violação ao "caráter nacional" dos partidos políticos – não tem absolutamente qualquer relação com a formação de coligações partidárias,[684] a evidenciar que aquelas decisões ocorreram à

[682] Essa "verticalização" forçou que, nas eleições gerais, fosse seguido o mesmo que ocorre no Estado de São Paulo, ou seja, uma bipolarização entre as forças políticas do PT e do PSDB, algo que não era efetivamente reproduzido em grande parte dos estados da Federação brasileira. CAGGIANO, Monica Herman Salem. Coligações partidárias: verticalizar ou não-verticalizar?. **Revista da Faculdade de Direito da Universidade de São Paulo (USP)**, São Paulo: USP, v. 100, 2005, p. 201-207.

[683] É dizer, como asseverou Daniel Falcão, que, "mesmo reconhecendo a boa intenção do TSE em garantir maior coerência ideológica nas coligações partidárias, é forçoso reconhecer que a Corte exacerbou sua função regulamentar, incidindo, conforme será defendido neste trabalho, em atividade ativista". REIS, Daniel Gustavo Falcão Pimentel dos. **O ativismo judicial no Brasil**: o caso da verticalização. 2014. 306 f. Tese (Doutorado em Direito de Estado) – Faculdade de Direito da Universidade de São Paulo – USP, São Paulo, 2014, p. 34.

[684] Ainda segundo Falcão "a Constituição realmente previu o caráter nacional dos partidos, mas, ao mesmo tempo, não dispôs sobre os critérios a serem observados para o respeito a este ditame. Caberia, neste caso, ao legislador ordinário definir estes critérios. (...) A interpretação do art. 5º da LPP pode nos responder se há mesmo a necessidade de o partido respeitar a previsão constitucional de 'caráter nacional' ao celebrar coligações. No nosso entendimento, o texto do art. 5º é nítido no sentido de que a previsão de "ação do partido tem caráter nacional" se refere à atividade partidária sem qualquer subordinação ou mesmo vínculo financeiro com entidade ou governo estrangeiro. (...) a Lei dos Partidos Políticos nos permite dizer que o regime de coligações partidárias não se submete à previsão constitucional e infraconstitucional

revelia da liberdade interna das greis assegurada pelo princípio da autonomia partidária.

Tanto é verdade que o *backlash* legislativo a essa jurisprudência – por meio da Emenda Constitucional n. 52/2006 para fazer incluir, dessa vez de forma expressa, no §1º do art. 17 da CF/88, que a liberdade para celebrar as coligações partidárias estava abrangida pela autonomia partidária – não foi considerado inconstitucional pelo STF, o que certamente teria ocorrido caso a Suprema Corte constatasse que essa emenda abolia direitos ou garantias fundamentais; contudo, a Corte se limitou a dar interpretação conforme à Constituição para projetar a vigência da EC n. 52/2006 para o pleito seguinte.[685]

Nesse "caso da verticalização", por meio da aprovação de emenda constitucional, os partidos conseguiram conter a indevida interferência judicial na sua discricionariedade, garantindo a sua autonomia para a realização do juízo de conveniência e oportunidade nas formações de coligações. Esse desfecho, após um intenso diálogo institucional entre o Poder Legislativo e o Judiciário, evidenciou de maneira notável que a Constituição – mesmo estabelecendo balizas, implícitas e explícitas, para o exercício da autonomia partidária – assegurou às greis essa margem de escolha político-partidária (discricionariedade partidária), que é absolutamente insindicável.

Afinal, ainda que se admita o controle de constitucionalidade de atos intrapartidários ou normas estatutárias que violem a Magna Carta de 1988, conforme advertiu Guilherme Barcelos, não se pode confundir essa noção de "supremacia constitucional" com a ideia de uma "supremacia judicial", ao contrário "há a necessidade de as excentricidades dos juízes se equilibrarem", com o fim de evitarmos a "substituição da legalidade constitucional, instituída por um poder constituinte originário, pela vontade do magistrado".[686]

de obrigatoriedade de os partidos políticos terem caráter nacional". REIS, Daniel Gustavo Falcão Pimentel dos. *Op. cit.*, p. 195-196.

685 A EC n. 52/06 foi objeto de ADI ajuizada pela Ordem dos Advogados do Brasil, contudo, na oportunidade o STF limitou-se a dar interpretação conforme à Constituição para que a sua aplicação se iniciasse após 1 ano de sua vigência, em respeito ao princípio da anterioridade eleitoral. BRASIL. STF (Tribunal Pleno). Ação Direta de Inconstitucionalidade 3685/DF. Relatora Ministra Ellen Gracie, julgado em 22-03-2006, DJe 10-08-2006).

686 Neste ponto, conforme o magistério do autor, revela-se de fundamental importância esclarecer a distinção entre "judicialização da política" e "ativismo judicial": "Enquanto a judicialização da política independe dos desígnios do Poder Judiciário, o ativismo judicial

Nas hipóteses nas quais a Constituição não tenha assumido uma posição clara, que possa servir de parâmetro para a realização do controle de constitucionalidade – seja pela vagueza de algumas cláusulas constitucionais, seja pelo aparente conflito de princípios constitucionais que, *a priori*, se anulariam –, o jurista Jorge Lavocat Galvão aduz que a atuação judicial deverá ser ainda mais cautelosa para "se evitar que todas as decisões políticas da sociedade sejam transformadas em questões constitucionais".[687]

Diante dessas considerações, entendo que o princípio constitucional da autonomia partidária, que assegura essa margem de discricionariedade aos partidos políticos, não poderá ser mitigado pelo Poder Judiciário exclusivamente por um mero juízo de reprovação moral do intérprete – mormente em uma sociedade com profundos desacordos morais razoáveis[688] – com fundamento em princípios e valores abstratos, previstos no texto constitucional, sem que haja efetiva violação à Constituição Federal de 1988.

A postura ativista do Poder Judiciário, que tem proferido inúmeras decisões judiciais que suspendem "a legalidade vigente para dar lugar às convicções pessoais e ao senso de justiça do intérprete", é uma prática considerada pelo doutrinador Georges Abboud como "sempre perniciosa ao Estado Democrático de Direito", razão pela qual o emprego do princípio da separação de poderes, "cujo vetor é a contenção do poder", revela-se um instrumento essencial para domar esses avanços judiciais indevidos no âmbito de atribuições dos demais Poderes da República.[689]

é um fenômeno que deriva de elemento volitivo do intérprete-aplicador, a partir do qual o direito ou a sua autonomia estaria (e assim o é!) a ser substituído pela vontade do próprio, materializada, ao final e ao cabo, por argumentos de moral e política (e/ou de economia, não raro) em detrimento dos argumentos de princípio. A judicialização da política (da vida ou do social), assim sendo, não seria um mal em si. O ativismo, por outro lado, é sempre nocivo, representado, sobremaneira, o soçobrar do Direito em prol das convicções pessoais do intérprete, e dos seus consectários". BARCELOS, Guilherme. **Revisitando as origens da *judicial review***: o nascedouro do controle judicial de constitucionalidade, de Sir Eduard Coke a John Marshall. 1. ed. Florianópolis: Habitus, 2018, p. 242-243.

687 GALVÃO, Jorge Octávio Lavocat. **O neoconstitucionalismo e o fim do estado de direito**. – São Paulo: Saraiva, 2014. – (Série IDP). p. 297-298.

688 WALDRON, Jeremy. **Law and disagreement**. Oxford: Oxford University Press, 2001. p. 147-208.

689 ABBOUD, Georges. **Processo constitucional brasileiro**. 3. ed. rev. atual. e ampl. São Paulo: Thomson Reuters Brasil, 2019, p. 1413.

O protagonismo do Poder Judiciário mostra-se ainda mais danoso na seara eleitoral-partidária, notadamente em razão da interferência direta na escolha daqueles que formarão a vontade do Estado, por meio do exercício dos cargos públicos, no âmbito dos Poderes Legislativo e Executivo. Como assevera Marcelo Peregrino, essa interferência "representa, por definição, um desequilíbrio veemente e perigoso do poder político", haja vista, que "neste ambiente de subversão de funções", as greis têm a sua atribuição constitucional de intermediação social usurpada "por juízes e tribunais munidos de certa retórica sobre a sua neutralidade de independência político-partidária".[690]

O ponto nevrálgico da discricionariedade partidária – enquanto óbice à intervenção judicial em determinadas questões *interna corporis* dos partidos – é a preservação das escolhas essencialmente político-partidárias, asseguradas pelo princípio da autonomia partidária, dentre aquelas escolhas possíveis segundo a Constituição, considerando que não é cabível a intervenção do Poder Judiciário nos atos intrapartidários ou normas estatutárias que não violam a Magna Carta, pois não é possível "transformar os Tribunais em superego da nação ou da própria constituição".[691]

Assim, o reconhecimento da impossibilidade de intervenção judicial nas questões *interna corporis* que estão no âmbito da discricionariedade partidária revela-se de fundamental importância para o aprimoramento da nossa democracia representativa, na medida em que se garantirá que as eventuais más escolhas partidárias não serão simplesmente substituídas pela vontade do Poder Judiciário, mas que estarão diretamente sujeitas à reprovação pelos seus próprios correligionários – durante as convenções e nos processos de eleição intrapartidárias –, e também pela sociedade brasileira, nas eleições subsequentes, com a rejeição dos candidatos da grei nas urnas.

Afinal, aqueles partidos políticos que eventualmente fizerem um mau uso dessa discricionariedade partidária – além de sujeitos a uma censura intrapartidária – sofrerão o ônus político dessas más escolhas por intermédio do controle social realizado pelo eleitorado: seja porque não terão os seus candidatos eleitos, seja pela escassez de recursos públicos, considerando que

[690] FERREIRA, Marcelo Ramos Peregrino. **Da democracia de Partidos à Autocracia Judicial: o caso brasileiro no divã.** 1ª ed. – Florianópolis: Habitus, 2020, p. 334-335.

[691] STRECK, Lênio Luiz. **Jurisdição constitucional e decisão jurídica.** 4. ed. São Paulo: Revista dos Tribunais, 2014, p. 120.

vige uma nova cláusula de barreira ou desempenho para que as greis possam ter direito a receber os recursos públicos (Fundo Partidário e Fundo Especial de Campanhas Eleitorais) e o direito de antena (acesso gratuito ao rádio e a TV).[692]

Portanto, para garantir a concretização de todos preceitos constitucionais envolvidos, além de enfatizar que caberá ao Poder Judiciário intervir em questões *interna corporis lato sensu* que violem a Constituição, mormente para evitar lesão ou ameaça a direito dos seus respectivos filiados ou órgãos de hierarquia inferior,[693] proponho uma distinção daquelas questões *interna corporis stricto sensu* (que não admitem intervenção).

Desse modo, com o objetivo de equacionar a ambiguidade causada pelo uso da mesma expressão, tanto pela jurisprudência quanto pela doutrina, para se referir a duas situações distintas – quando cabível ou não a intervenção judicial nas questões *interna corporis* –, bem como para resguardar as greis da indevida interferência nas suas escolhas legítimas, sugiro o uso da expressão "discricionariedade partidária", conforme o conceito delimitado nesta obra, para denominar aquelas escolhas político-partidárias que não são passíveis de intervenção do Poder Judiciário.

4.4 Controle de Constitucionalidade dos Estatutos Partidários no Âmbito do Tribunal Superior Eleitoral

O princípio da autonomia partidária, previsto no art. 17, §1º, CF/88, assegura aos partidos políticos uma ampla liberdade para a regulamentação das suas questões *interna corporis* – para estruturação, organização e funcionamento –, cuja concretização se dá por meio da aprovação, em convenção, do estatuto partidário, que é o conjunto de normas que regerá as relações intrapartidárias. Conforme preleciona Frederico Franco Alvim, o estatuto partidário é uma

692 BRASIL. Constituição Federal (1988). Art. 17. § 3º – Somente terão direito a recursos do fundo partidário e acesso gratuito ao rádio e à televisão, na forma da lei, os partidos políticos que alternativamente: [...] (Redação dada pela Emenda Constitucional n. 97, de 2017).

693 BRASIL. Constituição Federal (1988). Art. 5º, XXXV – a lei não excluirá da apreciação do Poder Judiciário lesão ou ameaça a direito.

espécie de "contrato social", por intermédio do qual o partido definirá "as particularidades da sua fisionomia e a dinâmica de suas ações".[694]

A despeito de garantir uma ampla autonomia na elaboração dos estatutos partidários, a Constituição Federal dispôs, no art. 17, § 2º, que, após o registo em cartório civil, os partidos políticos deverão ter os seus estatutos homologados pelo Tribunal Superior Eleitoral .[695] Igualmente, quaisquer alterações deverão ser registradas no cartório civil e, posteriormente, anotadas perante o órgão máximo da Justiça Eleitoral.[696] Com efeito, evidencia-se que a chancela do TSE é o *grand finale* para que as normas estatutárias passem a ter validade perante os seus respectivos filiados e órgãos partidários.

Neste último tópico, abordarei duas das competências[697] da Justiça Eleitoral: a administrativa e a jurisdicional, a fim de demonstrar como o controle de constitucionalidade dos estatutos dos partidos políticos é exercido pelo TSE no âmbito dessas competências.

4.4.1 Controle Administrativo de Constitucionalidade dos Estatutos Partidários

A competência do Tribunal Superior Eleitoral para julgar os pedidos de registro de partidos políticos, prevista no art. 22, inciso I, alínea "a", do Código Eleitoral,[698] contempla a atribuição para julgar o pedido de homologação dos

694 ALVIM, Frederico Franco. **Curso de direito eleitoral**. 2. ed. Curitiba: Juruá, 2016, p. 236.

695 BRASIL. Constituição Federal (1988). Art. 17, § 2º Os partidos políticos, após adquirirem personalidade jurídica, na forma da lei civil, registrarão seus estatutos no Tribunal Superior Eleitoral.

696 BRASIL. Lei n. 9.096/1995. Art. 10. As alterações programáticas ou estatutárias, após registradas no Ofício Civil competente, devem ser encaminhadas, para o mesmo fim, ao Tribunal Superior Eleitoral. Parágrafo único. O Partido comunica à Justiça Eleitoral a constituição de seus órgãos de direção e os nomes dos respectivos integrantes, bem como as alterações que forem promovidas, para anotação.

697 Conforme leciona Manoel Carlos de Almeida Neto: "como um espelho daquilo que ocorre com a clássica doutrina da separação dos Poderes, ou melhor, da divisão de funções do Estado, a Justiça Eleitoral, além da sua atividade típica jurisdicional, também exerce, de forma atípica, funções administrativas e legislativas". ALMEIDA NETO, Manoel Carlos de. **Direito eleitoral regulador**. 1. ed. São Paulo: Revista dos Tribunais, 2014, p. 53.

698 BRASIL. Código Eleitoral de 1965 (Lei n. 4.737/65). Art. 22 – Compete ao Tribunal Superior: I – Processar e julgar originariamente: a) o registro e a cassação de registro de partidos políticos, dos seus diretórios nacionais e de candidatos à Presidência e vice-presidência da República.

estatutos e dos programas partidários. Apesar de esse diploma normativo se tratar de lei ordinária, o Supremo Tribunal Federal já decidiu[699] que o Código Eleitoral vigente, na parte dispositiva que disciplina a competência e a organização da Justiça Eleitoral, foi recepcionado como lei material complementar ao art. 121 da Constituição Federal.[700]

Assim, a Suprema Corte decidiu que, muito embora os pedidos de registro de partidos políticos e seus respectivos estatutos sejam formalmente instaurados perante o TSE, o ato homologatório prolatado pelo órgão máximo da Justiça Eleitoral "reveste-se de natureza materialmente administrativa", cuja finalidade é tão somente a verificação dos requisitos constitucionais e legais, os quais, caso sejam plenamente atendidos, "legitimarão a outorga de plena capacidade jurídico-eleitoral à agremiação interessada".[701]

Desse modo, consequentemente, é possível afirmar que a decisão proferida pelo TSE que defere ou indefere os pedidos de homologação estatutária – ato subjacente ao processo de registro de partidos políticos – e os pedidos de anotação de alteração de normas estatutárias solicitadas pelas greis também se trata de uma decisão administrativa prolatada pelo órgão de cúpula da Justiça

[699] BRASIL. STF (Tribunal Pleno). Mandado de Segurança 26604. Relatora Ministra Cármen Lúcia, julgado em 04-10-2007, DJe em 02-10-2008: DIREITO CONSTITUCIONAL E ELEITORAL. MANDADO DE SEGURANÇA IMPETRADO PELO PARTIDO DOS DEMOCRATAS – DEM CONTRA ATO DO PRESIDENTE DA CÂMARA DOS DEPUTADOS. NATUREZA JURÍDICA E EFEITOS DA DECISÃO DO TRIBUNAL SUPERIOR ELEITORAL – TSE NA CONSULTA N. 1.398/2007. NATUREZA E TITULARIDADE DO MANDATO LEGISLATIVO. OS PARTIDOS POLÍTICOS E OS ELEITOS NO SISTEMA REPRESENTATIVO PROPORCIONAL. FIDELIDADE PARTIDÁRIA. EFEITOS DA DESFILIAÇÃO PARTIDÁRIA PELO ELEITO: PERDA DO DIREITO DE CONTINUAR A EXERCER O MANDATO ELETIVO. DISTINÇÃO ENTRE SANÇÃO POR ILÍCITO E SACRIFÍCIO DO DIREITO POR PRÁTICA LÍCITA E JURIDICAMENTE CONSEQUENTE. IMPERTINÊNCIA DA INVOCAÇÃO DO ART. 55 DA CONSTITUIÇÃO DA REPÚBLICA. DIREITO DO IMPETRANTE DE MANTER O NÚMERO DE CADEIRAS OBTIDAS NA CÂMARA DOS DEPUTADOS NAS ELEIÇÕES. DIREITO À AMPLA DEFESA DO PARLAMENTO QUE SE DESFILIE DO PARTIDO POLÍTICO. PRINCÍPIO DA SEGURANÇA JURÍDICA E MODULAÇÃO DOS EFEITOS DA MUDANÇA DE ORIENTAÇÃO JURISPRUDENCIAL: MARCO TEMPORAL FIXADO EM 27.3.2007. MANDADO DE SEGURANÇA CONCEDIDO.

[700] BRASIL. Constituição Federal (1988). Art. 121 – Lei complementar disporá sobre a organização e competência dos tribunais, dos juízes de direito e das juntas eleitorais.

[701] BRASIL. STF (Tribunal Pleno). Recurso Extraordinário 164458 AgR. Relator Ministro Celso de Mello, julgado em 27-04-1995, DJe em 02-06-1995.

Eleitoral, no legítimo exercício de uma das suas funções ou competências, qual seja, no âmbito da sua competência administrativa.

A homologação ou anotação dos estatutos dos partidos políticos pelo TSE, na sua esfera administrativa, conforme leciona o doutrinador Augusto Aras, trata-se do "controle qualitativo externo" exercido pela Justiça Eleitoral[702] – a despeito da autonomia partidária – para aferir se os preceitos constitucionais foram respeitados pelas agremiações partidárias no exercício dessa liberdade *interna corporis*.

Nesse sentido, durante o julgamento do *leading case* no início dos anos 90, o Ministro Torquato Lorena Jardim aduziu que o papel a ser desempenhado pela Justiça Eleitoral – no momento da apreciação da homologação ou da anotação de normas estatutárias – é o de conferir a sua conformidade com a Constituição, ou seja, verificar se as futuras normas partidárias estão em consonância com os preceitos constitucionais para assegurar o exercício da sua função pública, além de tornar "transparente à Justiça Eleitoral e a terceiros interessados, a repercussão externa dos atos de vontade partidária".[703]

Assim, o julgamento do pedido de homologação ou anotação estatutária, realizado pelo TSE, revela-se a pedra de toque do controle de constitucionalidade dos estatutos partidários, haja vista que é o momento no qual as pretensas normas estatutárias serão, de maneira genérica e abstrata, analisadas à luz dos preceitos constitucionais. Nessa oportunidade, a Corte poderá admitir-lhes ou negar-lhes vigência, tornando-as ou não normas de observância obrigatória pelos seus respectivos órgãos partidários e filiados, posto que será esse ato – de homologação ou anotação – que aferirá validade à norma partidária.

Além disso, no que concerne à homologação dos estatutos partidários – conforme visto no tópico 4.2.1 –, esse ato é essencial até mesmo para que os partidos políticos possam exercer as funções tipicamente partidárias, isto é, para que lhes seja conferida a capacidade jurídica de participar do processo eleitoral.[704]

[702] ARAS, Augusto. **Fidelidade partidária**: efetividade e aplicabilidade. 1. ed. Rio de Janeiro: LMJ Mundo Jurídico, 2016, p. 451 e p. 461.

[703] BRASIL. TSE. PET n. 12028 Relator Ministro Torquato Jardim, acórdão de 29-04-1993, DJe em 03-06-1993.

[704] ARAS, Augusto. *Op. cit.*, p. 132.

A natureza administrativa desse ato proferido pelo TSE, quando da homologação ou da anotação das normas estatutárias, poderá suscitar dúvidas quanto à possibilidade da realização do controle de constitucionalidade administrativa dos estatutos partidários, posto que, em recente julgado da lavra do Ministro Edson Fachin, afirmou-se que não caberia à Corte, no âmbito da sua competência administrativa, "resolver incidente de inconstitucionalidade de norma que requer controle judicial difuso ou concentrado".[705]

No entanto, doutrinadores da envergadura de Georges Abboud[706] têm admitido que cabe até mesmo à Administração Pública realizar controle de constitucionalidade, não como uma faculdade, mas como um "dever do agente público, oriundo da vinculação de todos os órgãos públicos à Constituição". Segundo Abboud, essa obrigatoriedade – de examinar a constitucionalidade das leis no exercício da sua atividade –, em vez de promover uma "anarquia administrativa", aumenta a responsabilidade dos órgãos administrativos.[707]

Nessa perspectiva, se é possível e até mesmo recomendável que órgãos tipicamente administrativos realizem o controle de constitucionalidade – tais como os Tribunais de Contas, o Conselho Administrativo de Defesa da Concorrência (CADE) e o Conselho Nacional de Justiça (CNJ)[708] –, com maior razão há que se reconhecer a legitimidade de um órgão jurisdicional para tanto, como é o caso do TSE, que possui, entre as suas atribuições, a função administrativa. Incumbência essa que, aliás, decorre da própria Constituição, notadamente quando determina a obrigatoriedade de homologação estatutária pela Corte.

A despeito de o TSE já ter decidido pela impossibilidade da apreciação de incidente de inconstitucionalidade em pedido de anotação de alteração estatutária – em razão de esse requerimento deflagrar a competência administrativa da Corte –, o Ministro Tarcisio Vieira de Carvalho Neto tem ponderado, de maneira pioneira, que essa natureza administrativa não possui o condão

[705] BRASIL. TSE. Registro de Partido Político n. 0600412-09, Relator Ministro Jorge Mussi, Relator designado Ministro Edson Fachin. Acórdão de 10-12-2019, DJE de 5.3.2020.

[706] ABBOUD, Georges. **Processo constitucional brasileiro**. 3. ed. rev. atual. e ampl. São Paulo: Thomson Reuters Brasil, 2019, p. 1218-1244.

[707] *Ibidem*, p. 1241.

[708] *Ibid.*, p. 1230-1238.

de afastar o emprego das técnicas hermenêuticas no julgamento de anotação ou homologação de estatutos partidários:

> Constitui impropriedade a leitura fragmentada e desconectada do texto constitucional, sobretudo de preceito secundário (parágrafo) em relação à sua norma primária (*caput*), dada a sua condição de subordinação. Nas palavras do eminente Ministro Eros Grau, em judicioso voto, "não se interpreta a Constituição em tiras, aos pedaços. A interpretação do direito é interpretação do direito, não de textos isolados, desprendidos do direito. Não se interpreta textos de direito, isoladamente, mas sim o direito a Constituição no seu todo" (STF, ADI n. 3685/DF, DJde 22.3.2006).[709]

Assim, mesmo no âmbito da sua competência administrativa, entendo que o TSE deverá realizar o controle de constitucionalidade dos estatutos partidários para evitar o vilipêndio de preceitos constitucionais, em especial de direitos e garantias fundamentais que – como visto nos tópicos 4.1 e 4.2 –, a própria Constituição impõe como limites, implícitos e explícitos, para o exercício da autonomia partidária.

Não é por outra razão que a constitucionalista Eneida Desiree Salgado, com relação ao exercício dessa autonomia para a elaboração dos seus respectivos estatutos partidários, assevera que "devem fazer eco a estes comandos constitucionais, que representam exigências do estado democrático de direito, que empresta aos partidos políticos papel protagonista na democracia representativa".[710]

Sendo assim, diante da constatação de que um estatuto partidário ou norma estatutária viola preceitos constitucionais, mormente direitos e garantias fundamentais, resta evidenciado que o TSE possui legitimidade para indeferir – completa ou parcialmente – o pedido de homologação ou anotação, bem como para determinar que a respectiva agremiação providencie a adequação

[709] BRASIL. TSE. RPP n. 141796, Rel. Designado Min. Tarcisio Vieira de Carvalho Neto, DJe em 15-03-2018.

[710] SALGADO, Eneida Desiree. Os partidos e o estado democrático: a tensão entre a autonomia partidária e a exigência de democracia interna. *In:* SALGADO, Eneida Desiree; DANTAS, Ivo (coord.). **Partidos políticos e seu regime jurídico**. Curitiba: Juruá, 2013, p. 145.

do seu estatuto em prazo razoável ou até mesmo para indeferir o seu registro perante a Justiça Eleitoral, a depender da imprescindibilidade da norma para a estruturação da grei.

Todavia, ainda que a *priori* o atual controle de constitucionalidade dos estatutos partidários realizado pelo TSE esteja em consonância com a Constituição, verifico que esse modelo, atualmente regulamentado pela Res.-TSE n. 23.571/2018 – que disciplina a criação, organização, fusão, incorporação e extinção de partidos políticos –, não prevê um procedimento para que os filiados ou órgãos de hierarquia inferior possam impugnar estatutos ou normas estatutárias inconstitucionais que venham a ser homologadas ou anotadas pela Justiça Eleitoral, a revelar a necessidade de aprimoramento dessa Resolução, pela própria Corte, por intermédio do seu poder regulamentar ou normativo.[711]

Um caso emblemático dessa falha no controle de constitucionalidade dos estatutos partidários, isto é, da insuficiência do atual procedimento previsto na Res.-TSE n. 23.571/2018 – que prevê a possibilidade impugnação apenas durante o processo de registro do estatuto partidário[712] – foi a anotação pela Corte, em 2002, de uma norma flagrantemente inconstitucional no estatuto do Partido Renovador Trabalhista Brasileiro (PRTB), tendo em vista que o inciso X, art. 85, do Estatuto prevê a cobrança de uma multa arbitrária igual a 12 vezes o valor da remuneração, percebida em razão do exercício de cargo eletivo conquistado pela grei, de filiados que pretendam se desfiliar.[713]

A título exemplificativo, se utilizarmos como parâmetro a remuneração de um Deputado Federal, atualmente no valor de R$ 33.763,00,[714]

[711] ALMEIDA NETO, Manoel Carlos de. **Direito eleitoral regulador**. 1. ed. São Paulo: Revista dos Tribunais, 2014, p. 101-171.

[712] BRASIL. Res.-TSE n. 23.571, de 2018. Art. 28. Cabe a qualquer interessado impugnar, no prazo de 5 (cinco) dias contados da publicação do edital, em petição fundamentada, o pedido de registro.

[713] PRTB. Estatuto do PRTB. Art. 85, inc. X – Art. 14 (Resolução 004/2002) obedecerá à nova redação dada: "Todos os candidatos às Eleições Gerais, majoritárias ou proporcionais, que disputem cargos eletivos pelo PRTB, deverão assinar formulário de autorização de concordância com pagamento de 10% (dez por cento) sobre suas futuras remunerações como também multas de 12 (doze) meses sobre seus salários caso venham a desfiliar-se do Partido, no decurso de seus respectivos mandatos.

[714] CÂMARA DOS DEPUTADOS. **Conheça o valor do salário de um deputado e demais verbas parlamentares**. Disponível em: https://www.camara.leg.br/

a multa pela desfiliação do PRTB poderá chegar ao significativo montante de R$ 438.919,00, a evidenciar que o objetivo dessa norma estatutária é compelir o filiado a permanecer associado ao partido político, sob pena de ter que arcar com o pagamento de multas expressivas, para a agremiação partidária pela qual se elegeu, em flagrante violação à liberdade de associação, prevista no rol de direitos fundamentais do art. 5º, XX, da Constituição Federal.[715]

Anos mais tarde, em 2017, ao apreciar um pedido de anotação de norma estatutária com teor semelhante à norma do PRTB, apresentado pelo Partido Republicano Progressista (PRP) – desta feita com a previsão de multa na proporção de 12 a 48 vezes o valor da remuneração percebida pelo filiado no cargo eletivo conquistado pela grei –, o TSE indeferiu[716] a anotação requerida pelo PRP, a partir da divergência inaugurada pelo Ministro Tarcisio Vieira de Carvalho Neto:

> O partido pretende ver registrada uma cláusula, segundo a qual quem dele se desfilia deve indenizar o partido na proporção de doze a quarenta e oito vezes o valor de sua remuneração. Eu percebo que essa cláusula que se pretende registrar não é novidade no Direito brasileiro, porque outro partido, o PRTB, se não me falha a memória, tem um dispositivo similar (...) A questão que se coloca é a seguinte: Pode o partido cobrar indenização de um membro que dele se desfilia? (...) entendo que essa cláusula convola em natureza contratual uma relação jurídica que não é de direito privado disponível. Então, a proposta que eu submeto ao Plenário seria a de rejeitar o registro da inclusão dessa cláusula nos estatutos do partido.[717]

noticias/545051-conheca-o-valor-do-salario-de-um-deputado-e-demais-verbas-parlamentares/. Acesso em: 20 ago. 2019.

[715] BRASIL. Constituição Federal (1988). Art. 5º, XX – ninguém poderá ser compelido a associar-se ou a permanecer associado.

[716] BRASIL. TSE. PET 167. Relator Ministro Napoleão Maia julgada em 13-06-2017, DJe em 10-08-2017.

[717] BRASIL. TSE. PET 167. Relator Ministro Napoleão Maia, julgada em 13-06-2017, DJe em 10-08-2017, p. 13.

A despeito de o TSE ter passado a indeferir homologações ou anotações de normas estatutárias com conteúdo semelhante – mesmo que por fundamento diverso ao apresentado na presente obra, qual seja, pela violação a liberdade de associação –, o fato é que essa norma estatutária, anotada desde 2002, permanece vigente no Estatuto do PRTB. Com efeito, ainda que a jurisprudência da Corte tenha evoluído, no sentido de não mais chancelar normas partidárias com igual teor, os filiados eleitos pelo PRTB que pretendam se desfiliar da grei permanecem com o seu direito fundamental vilipendiado pelo estatuto partidário.

Ainda que se admita que as normas estatutárias também estejam sujeitas ao controle difuso de constitucionalidade – matéria que será abordada no tópico seguinte –, é importante lembrar que a competência para apreciar as questões intrapartidárias ou *interna corporis* dos partidos políticos é, atualmente, exercida pela Justiça Comum, limitando-se a competência da Justiça Eleitoral às hipóteses nas quais haja repercussão direta no processo eleitoral, cenário que provoca uma insegurança jurídica ainda maior até que a controvérsia seja, finalmente, decidida pela Suprema Corte.

Desse modo, toda essa quadra evidencia que o atual controle de constitucionalidade dos estatutos partidários, regulamentado pela Res.-TSE n. 23.571/2018, merece ser aprimorado para dispor de procedimento que possibilite a impugnação de norma estatutária que viole a Constituição, mormente que viole direitos ou garantias fundamentais dos filiados ou de órgãos de hierarquia inferior, com base no postulado da inafastabilidade de jurisdição[718] e do direito de petição.[719]

Além disso, considerando que essa decisão administrativa proferida pelo TSE – que homologa ou anota a norma estatutária – não faz coisa julgada, haja vista que "a imutabilidade que caracteriza o trânsito em julgado é predicado exclusivo das decisões judiciais prolatadas no exercício de função

[718] BRASIL. Constituição Federal (1988). Art. 5º. XXXV – a lei não excluirá da apreciação do Poder Judiciário lesão ou ameaça a direito;

[719] BRASIL. Constituição Federal (1988). Art. 5º. XXXIV – são a todos assegurados, independentemente do pagamento de taxas: a) o direito de petição aos Poderes Públicos em defesa de direitos ou contra ilegalidade ou abuso de poder;

jurisdicional",[720] entendo que essa impugnação poderá ser apresentada a qualquer tempo.

Portanto, como proposta de aprimoramento do controle de constitucionalidade dos estatutos partidários, com supedâneo no princípio da inafastabilidade de jurisdição, do direito de petição e da segurança jurídica, sugiro que o TSE – nos estritos limites do seu legítimo poder regulamentar ou normativo[721] – promova a alteração da Res.-TSE n. 23.571/2018 para regulamentar o procedimento de impugnação de norma estatutária que viole a Constituição, sobretudo os direitos e garantias fundamentais, especialmente em razão do reconhecimento pela jurisprudência da Corte –abordado no tópico 4.3 – da eficácia dos direitos fundamentais nas relações intrapartidárias.

No que concerne à legitimidade ativa *ad causam* para apresentar a impugnação a decisão administrativa prolatada pelo TSE – que defere a homologação ou a anotação de norma estatutária violadora de direitos ou garantias fundamentais –, entendo que essa deverá limitar-se aos filiados ou aos órgãos de hierarquia inferior do respectivo partido político, que são as partes diretamente afetadas pelas normas estatutárias inconstitucionais, a fim de preservar as greis da indevida ingerência externa, em respeito ao princípio da autonomia partidária.

Por outro lado, uma vez ajuizada a impugnação à norma estatutária por um dos legitimados ativos, entendo que não caberá a desistência, haja vista que, após a judicialização, a questão *interna corporis* abandonou os limites intramuros dos partidos políticos e se tornou de interesse de toda a sociedade, em atenção ao postulado da indisponibilidade do interesse público, tal como ocorrem nas demais ações de controle concentrado e nas ações eleitorais.

[720] Afinal, conforme asseverou o Ministro Joaquim Barbosa, "o sistema jurídico pátrio não prevê a figura da coisa julgada administrativa". BRASIL. STF. Mandado de Segurança 28301. Relator Ministro Joaquim Barbosa, julgado em 31-08-2011, DJe 06-09-2011, p. 3.

[721] Segundo Rodrigo Martiniano, o poder regulamentar ou normativo da Justiça Eleitoral – em homenagem aos princípios da separação de Poderes e da reserva legal – deve ser desempenhado dentro certos limites. Sendo assim, as resoluções do TSE só poderão ser expedidas segundo a lei (*secundum legem*) ou para suprir alguma lacuna normativa (*praeter legem*), "desde que o ato não venha a ter autonomia completa dentro do ordenamento jurídico". LINS, Rodrigo Martiniano Ayres. **Controle de constitucionalidade das resoluções da justiça eleitoral**. Curitiba: Íthala, 2019, p. 188.

Com efeito, caso haja o pedido de desistência dessa impugnação – para evitar negociações espúrias ou coações às partes hipossuficientes na relação intrapartidária durante a tramitação do processo – reconheço no Ministério Público Eleitoral (MPE) a legitimidade subsidiária para dar prosseguimento à ação.[722]

4.4.2 Controle Judicial de Constitucionalidade dos Estatutos Partidários

A maior parte das ações judiciais provenientes de conflitos *interna corporis* ou intrapartidários, cuja a judicialização tenha como origem a aplicação das normas previstas nos estatutos partidários, encontra-se sob a competência residual da Justiça Estadual Comum, em detrimento da Justiça Eleitoral.[723] No final dos anos 90, foi o próprio Tribunal Superior Eleitoral que – ao apreciar recurso especial eleitoral que versava sobre a validade da intervenção de diretório partidário – decidiu afastar a competência da Justiça Eleitoral para julgar ações que tratassem de conflitos internos dos partidos políticos.[724]

Naquela oportunidade, por considerar que o recurso tinha sido originado por uma ação declaratória de nulidade do ato partidário – de intervenção de órgão de hierarquia superior para a convocação de convenção com vistas a formação de coligação –, o TSE entendeu que "perante a Justiça Eleitoral não há espaço para a propositura de ação de rito comum, manejável a critério de qualquer interessado com vista a obtenção de sentença condenatória,

[722] Alguns meses após a defesa da dissertação, que deu origem a presente obra, essas sugestões foram apresentadas ao TSE em audiência pública: "A acadêmica Ezikelly Silva Barros sugeriu a inclusão de um dispositivo de controle de constitucionalidade no âmbito do estatuto partidário que permita a impugnação de normas que violem os direitos e garantias fundamentais dos filiados ou órgão de hierarquia inferior. Como exemplo, ela citou a proibição de cobrança de multa em virtude de desfiliação, por violar a liberdade de associação." **TSE recebe sugestões de mudanças na norma que trata da vigência e extinção de partidos.** TSE, 29 jun. de 2020. Disponível em: http://www.tse.jus.br/imprensa/noticias-tse/2020/Junho/tse-recebe-sugestoes-de-mudancas-na-norma-que-trata-da-vigencia-e-extincao-de-partidos. Acesso em: 30 jun. 2020.

[723] MEZZAROBA, Orides. **Teoria geral do direito partidário e eleitoral.** 1. ed. Florianópolis: Qualis, 2018, p. 283-284.

[724] BRASIL. TSE. RESPE n. 13456. Relator Ministro José Eduardo Rangel de Alckmin; Rel. designado Min. Marco Aurélio Mendes de Farias Mello, acórdão de 30-09-1996, DJe em 13-11-1996.

constitutiva ou declaratória", isto é, fora do campo específico de atuação da jurisdição eleitoral. Assim, a Corte decidiu pela "incompetência da Justiça Eleitoral e competência da Justiça comum, para onde encaminharemos os autos".[725]

Nesse mesmo sentido é a doutrina de Orides Mezzaroba, segundo a qual, os conflitos *interna corporis* ou intrapartidários não possuem natureza eleitoral para atrair a competência da jurisdição eleitoral. Todavia, o doutrinador pondera que as questões intrapartidárias que envolvam a violação a qualquer princípio de índole constitucional deverão ser apreciadas pela Justiça Comum:

> A Justiça Eleitoral carece de competência para julgar questões que envolvam a organização e o funcionamento dos Partidos Políticos, por não se tratar de matérias de natureza eleitoral, mas, fundamentalmente, pelo fato de serem questões *interna corporis*, que dizem respeito a cada partido. Tal autonomia, no entanto, não garante ao partido imunidade jurídica no caso de ofensa a qualquer princípio constitucional. Havendo violação aos princípios constitucionais, a competência para apreciar e julgar a matéria não será da Justiça Eleitoral, mas sim da Justiça Comum.[726]

Posteriormente, porém, o próprio TSE estabeleceu uma exceção à sua jurisprudência, reconhecendo a competência da Justiça Eleitoral para julgar as ações decorrentes de conflitos *interna corporis* ou intrapartidários naquelas demandas partidárias cujos efeitos "se relacionam aos processos de registro de candidatura"[727] ou que a demanda possua influência direta no processo eleitoral.[728] Com efeito, apenas nessas hipóteses é que caberá à Justiça Eleitoral,

[725] BRASIL. TSE. RESPE n. 13456. Relator Ministro José Eduardo Rangel de Alckmin; Rel. designado Min. Marco Aurélio Mendes de Farias Mello, acórdão de 30-09-1996, DJe em 13-11-1996, p. 14-24.

[726] MEZZAROBA, Orides. **Comentários à Constituição do Brasil.** *In:* CANOTILHO, J.J. Gomes *et al.* 2. ed. São Paulo: Saraiva Educação, 2018, p. 761. (Série IDP)

[727] BRASIL. TSE. Respe n. 22792. Relator Ministro Caputo Bastos, acórdão de 18-9-04, PSESS em 18-9-2004.

[728] COÊLHO, Marcus Vinicius Furtado. **Direito eleitoral, direito processual eleitoral e direito penal eleitoral**. 4. ed. Belo Horizonte: Fórum, 2016, p. 137.

no exercício da sua competência jurisdicional, realizar o controle difuso de constitucionalidade de normas partidárias – homologadas ou anotadas – previstas nos estatutos dos partidos políticos.

Cumpre ressaltar que tanto o controle de constitucionalidade dos estatutos partidários realizado pela Justiça Eleitoral, no âmbito da sua esfera administrativa, quanto o controle difuso de constitucionalidade realizado pelo Poder Judiciário – na Justiça Comum e na Eleitoral – não possuem o condão de vulnerar o princípio da autonomia partidária, pois, conforme dito alhures, essa liberdade interna deverá ser exercida pelos partidos à luz dos cânones constitucionais. Assim sendo, a realização do controle de constitucionalidade se revela um elemento essencial para a manutenção do Estado Democrático de Direito, tendo em vista que se assegurará que essas greis não funcionarão à margem da Constituição.

Por outro lado, a competência limitada da Justiça Eleitoral para a apreciação de conflitos *interna corporis* ou intrapartidários e, via de consequência, para realizar o controle difuso de constitucionalidade das normas previstas nos estatutos partidários, evidencia uma falha significativa nessa modalidade de controle de constitucionalidade. Afinal, é inconcebível que uma Justiça Especializada na temática partidária – desde a criação até a extinção – seja considerada incompetente para julgar as controvérsias intrapartidárias que não possuam efeitos diretos no processo eleitoral, considerando que todas as ações das greis visam, ainda que indiretamente, a sua chegada ao poder por meio das eleições.

Não foi por outra razão que o Ministro Luiz Fux, em sua brilhante passagem pelo TSE, sugeriu a evolução dessa jurisprudência, ao aduzir que, por constituírem associações privadas "umbilicalmente ligadas ao adequado funcionamento do processo democrático, incumbe à Justiça Eleitoral o papel precípuo de apreciar controvérsias advindas no corpo dos partidos políticos".[729]

Assim, segundo o entendimento esposado pelo Ministro Luiz Fux, o reconhecimento da competência da Justiça Eleitoral serviria para propiciar um verticalizado debate acerca da (in)constitucionalidade ou da (i)legalidade das questões partidárias *interna corporis* – a exemplo dos conflitos decorrentes da

[729] BRASIL. TSE. Mandado de Segurança 060145316. Rel. Min. Luiz Fux, acórdão de 21-8-18, PSS 21-8-2018.

dissolução de diretórios pelas instâncias partidárias superiores –, bem como para assegurar uma adequada proteção aos direitos e garantias fundamentais dos seus respectivos filiados.

Todavia, muito embora essa proposta de evolução jurisprudencial, idealizada pelo Ministro Fux, tenha sido aprovada à unanimidade pela Corte, conforme elucida José Jairo Gomes, essa não tem sido a posição adotada pelo Superior Tribunal de Justiça (STJ). Sendo assim, diante desse conflito de competência entre o TSE e STJ, caberá ao Supremo Tribunal Federal dirimir a controvérsia.[730] Apesar de ainda não haver manifestação do plenário da Suprema Corte, o Ministro Ricardo Lewandowski – por meio de decisão monocrática – decidiu, liminarmente, em favor da competência da Justiça Comum:

> Verifico que, conforme demonstrado, a matéria de fundo revela, aparentemente, uma divergência administrativa quanto à possibilidade de o Diretório Nacional dissolver o Diretório Estadual, o que demandaria a simples aplicação do estatuto partidário (art. 61 do Estatuto do MDB). (...) Assim, eventuais querelas existentes entre partido e pessoa natural ou jurídica, entre dois partidos, entre órgãos do mesmo partido ou entre partido e seus filiados devem ser dirimidas na Justiça Comum estadual. A competência da Justiça Eleitoral somente despontará se a situação implicar influência direta em eleição ou processo eleitoral.[731]

A despeito desse entendimento, de caráter provisório, proferido pelo Ministro Lewandowski em favor da competência residual da Justiça Comum, me filio ao entendimento esposado pelo Ministro Fux – também integrante do STF – durante a sua passagem pelo TSE. Afinal, o reconhecimento da competência da Justiça Eleitoral, para o julgamento de demandas decorrentes de conflitos *interna corporis* ou intrapartidários, revela-se uma importante medida de aprimoramento do controle difuso de constitucionalidade dos estatutos partidários, sobretudo em razão da especialidade da matéria partidária por esse ramo do Poder Judiciário.

[730] GOMES, José Jairo. **Direito eleitoral.** 13. ed. rev., atual. e ampl. São Paulo: Atlas, 2017, p. 124.

[731] BRASIL. STF. Conflito de Competência n. 8015. Relator Ministro Ricardo Lewandowski, decisão monocrática de 20-02-2019, DJe 25-02-2019.

Na compreensão de Augusto Aras, "subverte a ordem jurídica" atribuir à Justiça Comum a competência para julgar conflitos intrapartidários, especialmente aqueles que envolvam a validade de normas estatutárias – homologadas ou anotadas pelo TSE em sede de "controle qualitativo externo" –, sob o fundamento de "se tratar de lide não eleitoral", visto que "o ato impugnado é obviamente dirigido à aquisição e manutenção da capacidade eleitoral, com vista à participação em certame regular e investir-se em mandato político:"[732]

> Na ordem jurídica vigente, a importância dos partidos políticos e a sua imprescindibilidade para o funcionamento da nossa democracia representativa impõem que os atos partidários e eleitorais estejam submetidos ao controle de legalidade da célere Justiça Especializada [Justiça Eleitoral], sob pena de incorrer-se em uma *contradictio in terminis*.[733]

Ademais, a omissão legislativa na edição de Lei Complementar, conforme determina a Constituição,[734] levou o STF a recepcionar o Código Eleitoral de 1965, ainda vigente, como "lei material complementar na parte que disciplina a organização e a competência da Justiça Eleitoral",[735] que, por não dispor expressamente sobre a competência para o julgamento de conflitos intrapartidários, dá margem a essas oscilações jurisprudenciais, em evidente prejuízo aos postulados da segurança jurídica, da duração razoável do processo[736]

[732] ARAS, Augusto. **Fidelidade partidária**: efetividade e aplicabilidade. 1. ed. Rio de Janeiro: LMJ Mundo Jurídico, 2016, p. 538.

[733] *Ibidem*, p. 539.

[734] BRASIL. Constituição Federal (1988). Art. 121 – Lei complementar disporá sobre a organização e competência dos tribunais, dos juízes de direito e das juntas eleitorais.

[735] Naquele julgamento, conforme asseverou a Ministra Cármen Lúcia, "O Código Eleitoral, [foi] recepcionado como lei material complementar na parte que disciplina a organização e a competência da Justiça Eleitoral (art. 121 da Constituição de 1988). BRASIL. STF. MS n. 26604, Relatora Ministra Cármen Lúcia, Tribunal Pleno, julgado em 04/10/2007, DJe-187 DIVULG 02-10-2008 PUBLIC 03-10-2008 EMENT VOL-02335-02 PP-00135 RTJ VOL-00206-02 P-00626.

[736] BRASIL. Constituição Federal (1988). Art. 5º. Inc. LXXVIII – a todos, no âmbito judicial e administrativo, são assegurados a razoável duração do processo e os meios que garantam a celeridade de sua tramitação.

e da eficiência administrativa,[737] ante a necessidade de uma lide adicional para definir o juízo competente.

Por fim, ainda que a Suprema Corte decida estabilizar a sua jurisprudência em favor da competência residual da Justiça Comum para julgar os conflitos *interna corporis* ou intrapartidários – ante a ausência de disciplina legal expressa regulamentado essa matéria –, esse possível entendimento acarretará enormes prejuízos aos partidos políticos e aos seus respectivos filiados ou órgãos de hierarquia inferior.

Afinal, é preciso que se diga que a Justiça Estadual não possui especialidade na matéria partidária, além da completa inadequação dos prazos processuais estabelecidos pelo rito ordinário previsto no Código de Processo Civil, que são excessivamente dilatados para reger processos que versam acerca de matérias com repercussões – diretas ou indiretas – no processo eleitoral e até mesmo sobre a própria configuração da eleição.

Aliás, atualmente, encontra-se em trâmite no Congresso Nacional um projeto de lei complementar que visa dar concretude ao disposto no art. 121 da Constituição Federal, isto é, regulamentar de maneira expressa, pela via legislativa, a competência da Justiça Eleitoral para julgar os conflitos *interna corporis* ou intrapartidários. Trata-se do PLS n. 181/2017, de autoria do Senador Romero Jucá.

Contudo, como o PLS n. 181/2017 havia sido proposto especificamente quanto à previsão expressa da competência da Justiça Eleitoral para julgar os conflitos concernentes à disputa de órgãos ou diretórios partidários,[738] ainda remanesceriam sob a competência da Justiça Comum os demais conflitos *interna corporis* ou intrapartidários oriundos das normas previstas nos estatutos dos partidos políticos, tais como a imposição de multas arbitrárias pela desfiliação da agremiação partidária, conforme visto no tópico anterior.

Ao identificar – durante a pesquisa de Mestrado que originou esta obra – que essa significativa falha, no controle difuso de constitucionalidade dos estatutos partidários, persistiria mesmo com a aprovação do referido projeto,

[737] BRASIL. Constituição Federal (1988). Art. 37 – A administração pública direta e indireta de qualquer dos Poderes da União, dos Estados, do Distrito Federal e dos Municípios **obedecerá aos princípios** de legalidade, impessoalidade, moralidade, publicidade e **eficiência** e, também, ao seguinte: [...]. (grifo nosso)

[738] BRASIL. Senado Federal. PLS n. 181, de 2017. Autor: Senador Roméro Jucá, p. 1-2.

tive a oportunidade contribuir com a elaboração da Emenda Aditiva n. 1, apresentada pelo Senador Edison Lobão, então Presidente da Comissão de Constituição, Justiça e Cidadania (CCJ) do Senado Federal,[739] a qual fora aprovada, à unanimidade, na CCJ e incorporada ao PLS n. 181/2017.

Após a aprovação pelo plenário da Câmara Alta, o PLS n. 181/2017 foi encaminhado para a apreciação da Câmara dos Deputados e, muito embora ainda esteja pendente de votação na Comissão de Constituição e Justiça e de Cidadania (CCJ) da Câmara Baixa, o projeto – agora reautuado como PLP n. 493/2018 – já possui parecer favorável da lavra do atual relator, o Deputado Federal Edilázio Júnior.[740]

[739] BRASIL. Senado Federal. PLS n. 181, de 2017. Emenda Aditiva n. 1. Proponente Senador Edison Lobão (MA): "Insira-se o seguinte inciso XXI no art. 35 da Lei n. 4.737, de 15 de julho de 1965 (Código Eleitoral), com redação dada pelo art. 1º do Projeto de Lei do Senado n. 181, de 2017 – Complementar, e, em consequência, dê-se ao art. 2º do PLS a seguinte redação: **Art. 35, XXI – conhecer e julgar as ações que versem sobre as regras previstas nos estatutos partidários, exclusivamente, em relação aos seus respectivos filiados**, observado o disposto no art. 15-A". (grifo nosso)

[740] BRASIL. Câmara dos Deputados. PLP n. 493, de 2018. Relator: Deputado Federal Edilázio Júnior (PSD/MA).

Considerações Finais: Uma Defesa da Discricionariedade Partidária para Garantia de Limites Constitucionais

A presente obra, que se originou de dissertação de mestrado, objetivou realizar um estudo aprofundado sobre o princípio constitucional da autonomia partidária, haja vista que a sua positivação na Carta Política de 1988 foi uma grande conquista para a democracia representativa brasileira. Ao longo dos últimos anos, porém, temos observado um grande tensionamento entre os partidos políticos e o Poder Judiciário no que concerne à definição dos limites constitucionais para o exercício desse importante direito fundamental das greis.

A autonomia partidária, por sua vez, revela-se essencial para que os partidos políticos pátrios, enquanto corpos intermediários entre os anseios de diversos seguimentos sociais e o Estado, usufruam de ampla liberdade *interna corporis* ou intrapartidária para exercer o seu mister de representação social perante o Estado. Não foi por outra razão que, nesta obra, adotei como pressuposto a busca pela sua efetiva concretização dentro das balizas constitucionais, assim como procurei também identificar os limites para a intervenção judicial, tendo sempre como norte a preservação do Estado Democrático de Direito.

No primeiro capítulo, realizei um breve relato acerca do surgimento das agremiações partidárias como meros agrupamentos ou facções e, posteriormente, a sua legitimação enquanto partidos políticos, haja vista o importante papel de mediação que essas instituições passaram a exercer nas democracias contemporâneas. Além disso, revisitei o seu processo de constitucionalização nas principais democracias ocidentais e, de maneira mais verticalizada, busco esclarecer quais foram as circunstâncias históricas que justificaram a concepção desse princípio de índole constitucional.

Inicialmente, utilizei como recorte dois períodos significativos da história dos partidos políticos no Brasil: A Era Vargas (1930-1954) e o Regime Militar (1964-1985), considerando que foi apenas durante a Era Vargas que essas greis foram legalizadas e, posteriormente, constitucionalizadas. Assim, adotei como método investigativo a análise da evolução da legislação eleitoral-partidária, que – após um breve período de estabilidade democrática com o fim do segundo governo Vargas – conduziu-nos até os 21 anos de Regime Militar e, finalmente, à redemocratização em 1985.

Cabe destacar que a análise da evolução da legislação eleitoral-partidária, à luz dos fatos que ocorreram durante esses dois governos autocráticos – a Era Vargas (1930-1954) e o Regime Militar (1964-1985) – levou à comprovação empírica dos efeitos deletérios que as inúmeras intervenções do Estado na organização e no funcionamento dos partidos políticos causaram para a democracia brasileira. Quando não foram extintas e proibidas, essas greis foram incorporadas ao estamento, tornando-se pessoa jurídica de direito público, medidas que eram consideradas estratégicas pelos *establishment* para enfraquecer ou até mesmo aniquilar as forças políticas de oposição, assegurando o controle social para garantir o arbítrio estatal.

Aliás, as pesquisas realizadas nos Anais da Assembleia Nacional Constituinte de 1987-1988 também não deixam margem para dúvidas quanto a ao fato de a origem do princípio da autonomia partidária estar intrinsecamente ligada aos acontecimentos político-partidários que ocorreram nesses dois períodos. Com efeito, restou comprovado que a concepção desse princípio pelo Poder Constituinte Originário visava impedir a perpetuação do *modus operandi* dos regimes autoritários – idealizado pela Ditadura Vargas e aprimorado com maestria e sofisticação pela Ditadura Militar – na era democrática que se iniciava.

A despeito da resistência de alguns poucos Constituintes, manifestada por meio de emendas e destaques apresentados, durante os trabalhos desenvolvidos pela Assembleia, o princípio da autonomia partidária foi positivado na

Carta Política de 1988, com o nítido propósito de assegurar ampla liberdade de regulamentação das questões *interna corporis* aos próprios partidos políticos, a fim de impedir a deletéria intervenção estatal no âmbito interno dessas agremiações, tal como se evidenciara nos governos autoritários de outrora.

Traçado esse percurso, no segundo capítulo, analisei a redação originária do §1º do art. 17 da CF/88 – que assegurava às greis a autonomia para a organização, estruturação e funcionamento, com exceção da obrigatoriedade de os estatutos partidários regulamentarem as normas de disciplina e fidelidade partidária – e, posteriormente, as duas emendas constitucionais que a alteraram. A EC n. 52/2006 e a EC n. 97/2017, ambas oriundas de reação legislativa negativa (*backlash*) às decisões judiciais que restringiram a liberdade intrapartidária, foram aprovadas pelo Congresso Nacional para reafirmar a autonomia das greis para a formação de coligações e a escolha do prazo de duração de órgãos permanentes ou comissões provisórias.

Ademais, examinei os principais aspectos jurídicos do princípio da autonomia partidária a fim definir o seu conceito como um princípio que impede a intervenção Estatal nas relações intrapartidárias, desde que não haja desrespeito às balizas constitucionais, sem abranger, contudo, as relações partidárias externas, tais como a participação no processo eleitoral e as relações com outras greis. Além disso, propus mecanismos para identificar as quatro espécies de autonomia,[741] definir esse princípio como um direito fundamental dos partidos e, por fim, delimitar que sua regulamentação, pela legislação infraconstitucional, sempre deverá preservar o núcleo essencial da autonomia partidária.

No terceiro capítulo, realizei, uma minuciosa análise da jurisprudência do TSE e do STF nos últimos 32 anos de Constituição Cidadã (1988-2020), por meio do estudo de 198 acórdãos – proferidos por essas Cortes – nos quais o princípio da autonomia partidária foi invocado, a fim de compreender quais

[741] Identificamos quatro espécies do gênero autonomia partidária: 1- autonomia partidária ideológica (no que concerne às linhas ideológicas e programáticas adotadas pela grei); 2- autonomia partidária organizacional (a sua organização propriamente dita e funcionamento); 3- autonomia partidária financeira (relativa aos gastos dos recursos do Fundo Partidário); e 4- autonomia partidária eleitoral (relacionada à sua participação no processo eleitoral, tais como: a escolha de candidatos, a celebração de coligações, distribuição do tempo de rádio e TV e a repartição dos recursos do Fundo Especial de Financiamento de Campanha – FEFC).

foram as balizas impostas, por meio da interpretação jurisprudencial, para o exercício desse direito fundamental das greis. Muito embora essa pesquisa tenha sido realizada separadamente, junto ao acervo dos respectivos tribunais, optei por apresentá-la em conjunto para demonstrar como se deu o diálogo institucional entre essas Cortes e, por sua vez, entre o Poder Judiciário e o Poder Legislativo.

Assim, mediante uma análise qualitativa e quantitativa dos *leading cases*[742] selecionados, constatei que o TSE e o STF têm utilizado, como parâmetro decisório para a interpretação do princípio da autonomia partidária, a própria hierarquia legal estabelecida no ordenamento jurídico pátrio – com exceção das hipóteses nas quais as normas previstas na legislação infraconstitucional apenas reiteram esse princípio. Na maioria dos casos analisados, essas Cortes atribuíram menor peso à autonomia em relação às demais normas constitucionais, à legislação infraconstitucional e às Resoluções do TSE.

Para fins de análise qualitativa da jurisprudência, estabeleci, também, os quatro graus de interpretação judicial do princípio da autonomia partidária: i) autonomia plena (grau 1); ii) autonomia máxima (grau 2); iii) autonomia média (grau 3); e iv) autonomia mínima (grau 4). Contudo, é importante esclarecer que não se pretendia determinar o grau de intervenção das normas interpretadas pelas Cortes – considerando que uma norma prevista em legislação hierarquicamente inferior, em alguns casos, poderá ser considerada mais intervencionista do que uma norma prevista em legislação superior –, o que se buscou determinar foi o grau de autonomia que as greis efetivamente possuem, a partir da interpretação judicial desse princípio, empregando a hierarquia posta pela legislação de regência.

A autonomia plena (grau 1) revela-se quando o Poder Judiciário, ao decidir um litígio envolvendo um ato partidário ou norma estatutária, dá prevalência à escolha partidária com base no princípio da autonomia partidária. A autonomia máxima (grau 2) é verificável quando essas Cortes solucionam a controvérsia atribuindo maior peso a outras normas constitucionais em detrimento da autonomia dos partidos. A autonomia média (grau 3) é observada

[742] Para fins desse estudo, foram considerados *leading cases* aqueles casos nos quais novos parâmetros interpretativos, acerca do princípio da autonomia partidária, foram estabelecidos pelo TSE e pelo STF.

naquelas decisões que mitigam esse princípio em favor da legislação infraconstitucional. A autonomia mínima (grau 4), o menor grau dessa escala de interpretação da autonomia, averigua-se nas decisões nas quais a autonomia partidária é sobreposta pelas Resoluções do TSE.

Com relação à análise quantitativa da jurisprudência, estudei os 201 julgados por essas Cortes, nas últimas três décadas, os quais foram identificados de acordo com um, ou mais de um, dos quatro graus da escala interpretação da autonomia partidária.[743] Dos 182 casos julgados pelo TSE, em apenas 57 prevaleceu a autonomia plena (grau 1); 74 casos foram decididos com base no grau 2 (autonomia máxima); 54 casos foram decididos pelo grau 3 (autonomia média); 12 casos foram decididos com base no grau 4 (autonomia mínima); e em 11 casos o grau não pôde ser avaliado.[744]

Na Suprema Corte, dos 19 casos julgados, em 5 o maior peso foi dado à autonomia partidária (grau 1), em 8 prevaleceu alguma outra disposição constitucional (grau 2), em 10 a legislação infraconstitucional teve peso maior que a autonomia partidária (grau 3), em 2 prevaleceram as Resoluções (grau 4) e, em 3 casos, o grau de interpretação da autonomia partidária não pôde ser avaliado.[745]

Demonstrei, ainda, como algumas dessas decisões provocaram uma espécie de "gatilho invisível"[746] denominado de *backlash* legislativo, ou seja, uma reação legislativa negativa que culmina na superveniência de emenda constitucional ou legislação eleitoral-partidária em sentido diametralmente oposto à pretensão do TSE e do STF. Os partidos políticos, até mesmo por gozarem de posição privilegiada no parlamento, rapidamente, conseguem angariar o apoio institucional do Poder Legislativo para alterar o parâmetro normativo dessas decisões judiciais e reafirmar a sua autonomia *interna corporis*.

[743] Em alguns casos, em razão dos múltiplos fundamentos presentes nas decisões analisadas, foi atribuído mais de um grau de autonomia partidária a uma mesma decisão.

[744] O grau de interpretação não foi avaliado nas hipóteses em que, apesar da temática ter sido ventilada no acórdão, emenda, indexação, referência ou na observação – locais nos quais o termo buscado, dos sítios eletrônicos das Cortes, captura a pesquisa – por alguma deficiência processual ou porque o princípio da autonomia não fez parte dos fundamentos do caso julgado.

[745] *Idem*.

[746] FONTELES, Samuel Sales. **Direito e backlash**. Salvador: JusPodivm, 2019, p. 23.

No que concerne ao constante diálogo institucional travado entre o Poder Judiciário e o Poder Legislativo, a partir da tensão causada pela interpretação judicial que impõe limites ao exercício da autonomia partidária, não considero esse fenômeno negativo. Ao fim e ao cabo, ao invés de violar as competências dos Poderes envolvidos, entendo que esse salutar e permanente diálogo legitima as decisões tomadas, com a participação de todos, tornando-as ainda mais duradouras e contribuindo para o aprimoramento da democracia.

Até aqui, pude concluir que a interpretação do TSE e da Suprema Corte sobre o princípio da autonomia partidária é acidentada, repleta de avanços e retrocessos quantos aos limites para o exercício dessa autonomia, não somente pela modificação da composição dessas Cortes, mas sobretudo em razão das alterações realizadas pelo Poder Constituinte Derivado (na redação do §1º do art. 17 da CF/88) e pelas constantes reformas na legislação infraconstitucional, que regulamentam os partidos políticos e o processo eleitoral.

No quarto e último capítulo, que aborda os limites constitucionais para o exercício do princípio da autonomia partidária, muito embora adote com entusiasmo a melhor hermenêutica para garantir a máxima efetividade a esse princípio – mormente diante da comprovação empírica dos efeitos danosos da estatização das agremiações partidárias para a democracia brasileira –, entendo que não é possível defender uma interpretação que transforme esse direito fundamental das greis em um superprincípio ou supertrunfo que autorizaria o vilipêndio a outros preceitos fundamentais.

Nesse sentido, a despeito de reconhecer a amplitude e a extensão desse princípio constitucional, concluí, enfim, que essa autonomia não poderá ser confundida com uma ideia de soberania partidária, porquanto esse princípio não constitui um direito absoluto, afinal, o ordenamento jurídico pátrio não comporta direitos e garantias fundamentais absolutos. Com efeito, o exercício dessa autonomia partidária deverá ser submetido aos limites, implícitos e explícitos, previstos no texto constitucional.

Dito de outro modo, para que se sublinhe a importância, apesar da importância que possui para a preservação da nossa democracia representativa, essa prerrogativa partidária não poderá ser utilizada pelos partidos políticos em uma espécie de supertrunfo – como uma supervantagem em relação aos demais preceitos constitucionais –, que autorize toda sorte de violação aos direitos e garantias fundamentais dos seus respectivos filiados ou órgãos de hierarquia inferior.

Por outro lado, ainda que se admita que o princípio da autonomia partidária não encerra um direito fundamental absoluto, diante dos limites explícitos e implícitos previstos na Constituição, entendo que a interpretação judicial deverá proteger o seu núcleo essencial – que é a discricionariedade partidária –, a fim de evitar o total esvaziamento desse direito fundamental dos partidos políticos, exigindo-se, por parte do intérprete, um ônus argumentativo muito maior para afastar a sua incidência no caso concreto.

Aliás, a limitação constitucional ao exercício dessa prerrogativa partidária torna-se ainda mais evidente quando há violação aos direitos fundamentais dos seus respectivos filiados ou órgãos de hierarquia inferior, seja no processo de tomada de decisão *interna corporis*, seja na apreciação da homologação ou anotação de normas estatutárias que não se coadunem com os preceitos constitucionais, cabendo ao Poder Judiciário intervir quando os limites dessa autonomia forem excedidos pelos partidos políticos.

A natureza jurídica de direito privado das agremiações partidárias brasileiras, consideradas como associações privadas dotadas de autonomia constitucional, não possui o condão de afastar a legitimidade do Poder Judiciário para intervir nas questões *interna corporis* ou intrapartidárias quando há violação à própria Constituição Federal, sobretudo a normas constitucionais que versem sobre direitos ou garantias fundamentais, seja com base no princípio da inafastabilidade da jurisdição, seja pela irradiação direta ou imediata dos direitos fundamentais nas relações privadas.

Ainda que o TSE tenha adotado a Teoria da Eficácia Horizontal para possibilitar a incidência dos direitos fundamentais em questões *interna corporis*, nesta obra, defende que o emprego da Teoria da Eficácia Diagonal se mostra mais adequado em razão da grande assimetria verificada entre as partes, isto é, da relação de manifesta desigualdade política, social e econômica que há entre os partidos políticos e os seus respectivos filiados ou órgãos de hierarquia inferior, com vistas a assegurar a máxima preservação dos direitos e garantias fundamentais das partes hipossuficientes nas relações intrapartidárias.

Na penúltima parte do capítulo quarto, apesar de reconhecer que o Poder Judiciário poderá exercer o controle de constitucionalidade e legalidade das questões *interna corporis* ou de atos intrapartidários, aferi que o limite para a intervenção judicial são as escolhas político-partidárias. Os atos ou normas internas que versem sobre as escolhas políticas tomadas pelas agremiações partidárias que não violam a Constituição Federal, ainda que incômodas ao intérprete – motivadas por um descordo moral ou político – estão protegidos pelo que se denomina discricionariedade partidária.

Com efeito, nesta obra, estabeleci que a discricionariedade partidária – núcleo essencial do princípio da autonomia partidária que, enquanto direito fundamental, não poderá ser completamente esvaziado pelo intérprete – é o limite instransponível para a intervenção do Poder Judiciário nas questões *interna corporis* ou intrapartidárias.

Importante ressaltar que essa pioneira concepção da discricionariedade partidária – enquanto obstáculo para a intervenção judicial nas escolhas político-partidárias –, ao invés de representar um retrocesso, aprimora a nossa democracia, na medida em que a sua adoção garantirá que as eventuais más escolhas partidárias não serão simplesmente substituídas pela vontade do Poder Judiciário, mas que estarão sujeitas diretamente ao controle social dos próprios correligionários, nos processos de deliberação ou eleição intrapartidárias, e do eleitorado nas eleições subsequentes.

Além disso, com o objetivo de equacionar a ambiguidade causada pelo uso da mesma expressão, pela jurisprudência e pela doutrina, para se referir a duas situações distintas – quando cabível ou não a intervenção judicial nas questões *interna corporis* –, bem como para resguardar as greis da indevida interferência nas suas escolhas legítimas, sugiro o uso da expressão "discricionariedade partidária" para denominar aquelas questões político-partidárias que não passíveis de intervenção do Poder Judiciário.

No último tópico do capítulo quarto, com base em todos os pressupostos anteriormente expendidos, concluí que o TSE poderá realizar o controle de constitucionalidade administrativo e judicial dos estatutos partidários. Porém, esse controle deverá se restringir ao exame da compatibilidade das normas estatutárias aos limites – implícitos e explícitos – da Constituição Federal, considerando que é incabível a intervenção judicial na esfera da discricionariedade partidária.

Por fim, apresento sugestões de refinamento do controle de constitucionalidade administrativo e judicial dos estatutos dos partidos políticos, atualmente realizado pela Justiça Eleitoral e pela Justiça Comum, que propiciarão o aprimoramento da organização, estruturação e do funcionamento das agremiações partidárias à luz do texto constitucional e, por via de consequência, fortalecerão a sua missão representativa na democracia brasileira.

No âmbito do controle de constitucionalidade administrativo dos estatutos partidários, realizado exclusivamente pelo TSE, sugiro, enfim, a alteração da Res.-TSE n. 23.571/2018 – que regulamenta os partidos políticos – para a criação de um procedimento de impugnação de normas estatutárias inconstitucionais após a sua homologação ou anotação pela Corte, tendo como legitimados ativos para propositura da ação os seus respectivos filiados ou órgãos de hierarquia inferior e, subsidiariamente, o Ministério Público Eleitoral.

No âmbito do controle de constitucionalidade judicial dos estatutos partidários, coaduno com o entendimento idealizado pelo Ministro Luiz Fux, durante a sua brilhante passagem pelo TSE, acerca da necessidade de evolução jurisprudencial da Corte para o reconhecimento da competência da Justiça Eleitoral para julgar as questões *interna corporis* dos partidos, mesmo em hipóteses nas quais não haja impacto direto no processo eleitoral.

Além disso, recomendo a alteração do Código Eleitoral vigente por meio da aprovação do PLP n. 493/2018, atualmente em trâmite na Comissão de Constituição e Justiça e de Cidadania da Câmara dos Deputados – projeto para o qual tivemos a honra de contribuir com a elaboração da redação do inciso XXI do art. 35 do CE –, a fim de estabelecer, de maneira expressa e definitiva, a competência exclusiva da Justiça Eleitoral para julgar os litígios que versem sobre conflitos *interna corporis* ou intrapartidários.

Desse modo, conforme toda a pesquisa desenvolvida, afirmo que, embora haja uma permanente tensão causada pelas decisões judiciais que mitigam o princípio da autonomia partidária, é possível, e até mesmo essencial, que o Poder Judiciário realize o controle de constitucionalidade dos atos intrapartidários e dos estatutos dos partidos políticos – desde que seja respeitada a discricionariedade partidária – para que o aprimoramento dessas instituições seja feito sob a égide da Constituição Federal, contribuindo sobremaneira para a consolidação da nossa democracia representativa.

Posfácio
Autonomia Partidária e Democracia Constitucional: Critérios para uma Judicialização

Tive o prazer de conhecer a **Ezikelly Barros** na pós-graduação do programa de mestrado e doutorado do Instituto Brasileiro de Ensino, Desenvolvimento e Pesquisa (IDP). A autora cursou minha disciplina "Processo Constitucional Brasileiro", durante a qual ficou clara a sua capacidade de pesquisa, estudo e a clareza na exposição das ideias.

Por isomorfismo, as mesmas qualidades estão agora reproduzidas na obra. Sendo assim, foi motivo de enorme satisfação receber seu convite para posfaciar a obra.

Trata-se de livro que apresenta pioneira sistematização de tema de extrema relevância para o constitucionalismo contemporâneo.

O livro apresenta sua atualidade a partir de suas perspectivas fundamentais: a) a primeira é de teoria do direito, vislumbrando, a partir da teoria estruturante de Friedrich Müller, que o silogismo não é mecanismo interpretativo adequado para solucionar questões complexas; e b) a discricionariedade judicial é conceito vetusto, que não se acomoda mais nas perspectivas de uma democracia constitucional.

A tese trazida ao público leitor está em consonância com o constitucionalismo contemporâneo: a judicialização das questões *interna corporis* dos partidos políticos brasileiros.

Ademais, o livro tem o grande mérito de não adotar uma perspectiva simplória e radical para o enfrentamento do tema, na medida em que não adere de forma irrefletida à autonomia partidária ou à judicialização desenfreada das questões intrapartidárias.

A obra, na realidade, cuida de situar a relevância da autonomia partidária em face do atual modelo de controle de constitucionalidade, buscando construir uma sistematização, tendo em vista a dogmática constitucional e a jurisprudência dos Tribunais Superiores acerca do tema.

Além, vale destacar, de compreender a importância da evolução dos partidos políticos na construção das democracias constitucionais contemporâneas.

Max Weber foi um dos precursores na sistematização institucional dos partidos, conceituando-os como formas de socialização que se fundamentam em recrutamento (formalmente) livre, os quais têm por finalidade proporcionar poder aos seus dirigentes dentro de uma associação e outorgar, por esse meio, a seus membros ativos determinadas probabilidades ideais ou materiais.[747]

Em uma dimensão normativa, Pablo Lucas Verdú, por sua vez, define partido político como o agrupamento organizado, estável, que solicita apoio social a sua ideologia e programa políticos para disputar o poder e participar da orientação política do Estado.[748]

No cenário nacional, merece destaque a definição contida no voto proferido pelo Min. Celso de Mello na Ação Direta de Inconstitucionalidade 1407: "Os partidos políticos não são órgãos do Estado nem se acham incorporados ao aparelho estatal. Constituem, no entanto, entidades revestidas de caráter institucional, absolutamente indispensáveis à dinâmica do processo governamental, na medida em que, consoante registra a experiência constitucional comparada, 'concorrem para a formação da vontade política do povo' (v. art. 21, n. 1, da Lei Fundamental de Bonn)".[749]

[747] Max Weber. *Economia y sociedad*, Mexico: Fondo de Cultura Economica, 2000, p. 228. Desenvolvendo a definição de Max Weber v. Donatella della Porta. *I partiti politici*, Bologna: Il Mulino, 2009, p. 11. Ver: Georges Abboud e Nelson Nery Junior. *Direito Constitucional Brasileiro*, 2. ed., São Paulo: Revista dos Tribunais/Thomson Reuters, 2018, p. 511.

[748] Pablo Lucas Verdú. *Principios de Ciencia Política*, 2. ed. Madrid: Tecnos, 1974, v. III, p. 30.

[749] BRASIL. STF, Pleno, ADIn 1407-DF, rel. Min. Celso de Mello, voto do relator, j. 07.03.1996, m.v., *DJU* 24.11.2000, p. 86.

Em uma democracia constitucional, os partidos políticos sofreram uma constitucionalização [e.g., CF 17], da mesma forma que o texto constitucional lhes confere garantias e impõe deveres e limites de atuação. Assim, a Constituição não exige que apenas a estrutura dos partidos seja democrática, porquanto tal exigência passa a regulamentar inclusive seu funcionamento, que nunca poderá ser desconforme aos ditames constitucionais, mormente aos direitos fundamentais.[750] Outrossim, o reconhecimento constitucional dos partidos políticos é um fato relativamente recente, cujo início ocorreu a partir do pós-Segunda Guerra Mundial. A constitucionalização configura a culminação de uma transição dos partidos políticos, que se inicia na clandestinidade até seu reconhecimento legal e, ao final, sua incorporação ao texto constitucional.[751]

Importante destacar que a constitucionalização dos partidos políticos não foi um fenômeno pacífico. A democracia liberal enxergava óbices para essa constitucionalização na medida em que teria que admitir a existência de forças políticas legítimas extramuros, logo, o Estado Liberal deixaria de ser a única força política legítima; à medida que precisaria conviver com outros entes políticos legítimos que poderiam, inclusive, ser da oposição, esses entes eram os partidos políticos.

No Brasil, a Constituição Federal de 1988, em seu art. 17, constitucionalizou os partidos, que possuem a natureza de pessoa jurídica de direito privado, conforme art. 44, inciso V, do Código Civil brasileiro.[752]

A regulamentação dos partidos políticos tem por objetivo "regular e disciplinar, em seus aspectos gerais, não só o processo de institucionalização desses corpos intermediários, como também assegurar o acesso dos cidadãos ao exercício do poder estatal, na medida em que pertence às agremiações partidárias – e somente a estas – o monopólio das candidaturas aos cargos eletivos".[753]

750 Cf. Francisco Fernandez Segado. *El Sistema Constitucional Español*, Madrid: Dykinson, 1992, p. 145. Georges Abboud e Nelson Nery Junior. *Direito Constitucional Brasileiro. Op. cit.*, p. 511.

751 Francisco Fernandez Segado. *El Sistema Constitucional Español*, cit., p. 135-136. Georges Abboud e Nelson Nery Junior. *Direito Constitucional Brasileiro*, cit., p. 511.

752 BRASIL. Código Civil, Art. 44, V – os partidos políticos. (Incluído pela Lei n. 10.825, de 22.12.2003).

753 BRASIL. STF, Pleno, ADIn 1407-DF, rel. Min. Celso de Mello, voto do relator, j. 07.03.1996, m.v., DJU 24.11.2000, p. 86. Georges Abboud e Nelson Nery Junior. *Direito Constitucional Brasileiro. Op. cit.*, p. 511.

Nesse contexto, a obra ora posfaciada compreende esse fenômeno da invasão do constitucionalismo em relação às greis, ao mesmo tempo que reconhece a importância da autonomia partidária que foi sendo construída. Por essa razão, a dogmática constitucional precisa auxiliar no tracejamento dos limites para a judicialização das questões *interna corporis,* mormente para o controle de constitucionalidade dos estatutos dos partidos políticos.

É diante desse cenário que o público passa a ter acesso a uma obra, cuja qualidade certamente contribuirá para o aprofundamento no debate do direito eleitoral brasileiro, trazendo imensos subsídios para a promoção de uma judicialização mais adequada a respeito do tema e que esteja em sintonia com os direitos fundamentais.

Portanto, cumprimento a prestigiosa Editora Almedina por possibilitar ao público o acesso a tão importante obra e parabenizo a autora pelo belíssimo livro.

Georges Abboud

Livre-Docente, Doutor e Mestre em direito pela Pontifícia Universidade Católica de São Paulo (PUC-SP). Professor de processo civil da PUC-SP e do programa de mestrado em direito constitucional do Instituto Brasileiro de Ensino, Desenvolvimento e Pesquisa (IDP). Advogado e consultor jurídico.

E-mail: georges.abboud@neryadvogados.com.br

REFERÊNCIAS

ABADOUCH, Rafael Parisi. O direito como integridade e a ponderação de princípios: é possível compatibilizar a teoria do direito de Dworkin com a de Alexy?. **Revista da Faculdade de Direito de São Bernardo do Campo**, São Paulo: Faculdade de Direito de São Bernardo do Campo, v. 23, n. 1, 2017.

ABBOUD, Georges. **Processo constitucional brasileiro**. 3. ed. rev. atual. e ampl. São Paulo: Thomson Reuters Brasil, 2019.

ABRANCHES, Sérgio. **Presidencialismo de coalizão**: raízes e evolução do modelo político brasileiro. 1. ed. São Paulo: Companhia das Letras, 2018.

AIETA, Vânia Siciliano. **Partidos políticos**: estudos em homenagem ao Prof. Siqueira Castro. Rio de Janeiro: Lumen Juris, 2006. t. IV. (Coleção Tratado de Direito Político)

ALEXY, Robert. **Teoria dos direitos fundamentais**. Tradução Virgílio Afonso da Silva. 2. ed. São Paulo: Malheiros, 2011.

ALMEIDA NETO, Manoel Carlos de. **Direito eleitoral regulador**. 1. ed. São Paulo: Revista dos Tribunais, 2014.

ALVIM, Frederico Franco. Bases e princípios do direito partidário brasileiro. **Revista Brasileira de Direito Eleitoral – RBDE**, Belo Horizonte: Fórum, ano 5, n. 8, jan./jun. 2013, p. 1-258.

ALVIM, Frederico Franco. **Curso de direito eleitoral**. 2. ed. Curitiba: Juruá, 2016.

ARAS, Augusto. **Fidelidade partidária**: efetividade e aplicabilidade. 1. ed. Rio de Janeiro: LMJ Mundo Jurídico, 2016.

BANDEIRA DE MELLO, Celso Antônio. **Discricionariedade e controle jurisdicional**. 12. ed. São Paulo: Malheiros, 2012.

BARBOSA, Leonardo Augusto de Andrade. **História constitucional brasileira**: mudança constitucional, autoritarismo e democracia no Brasil pós-1964. 3. reimpr. Brasília: Edições Câmara, 2018.

BARCELOS, Guilherme. **Revisitando as origens da *judicial review***: o nascedouro do controle judicial de constitucionalidade, de Sir Eduard Coke a John Marshall. 1. ed. Florianópolis: Habitus, 2018.

BELLO FILHO, Ney de Barros. A eficácia horizontal do direito fundamental ao ambiente. **Cadernos UNDB**, São Luís, v. 4, jan./dez. 2014.

BOBBIO, Norberto *et al.* **Dicionário de política**. Brasília: UnB, 1986.

BONAVIDES, Paulo. **Ciência política**. São Paulo: Malheiros, 2010.

BRAGA, Cláudio Mendonça. **O caráter nacional dos partidos políticos na federação brasileira**. 2009. 146 f. Dissertação (Mestrado) – Faculdade de Direito da Universidade de São Paulo – USP, São Paulo, 2009.

BRANCO, Paulo Gonet. **Juízo de ponderação na jurisdição constitucional**. – São Paulo: Saraiva, 2009. – (Série IDP).

CAGGIANO, Monica Herman Salem. Coligações partidárias: verticalizar ou não-verticalizar?. **Revista da Faculdade de Direito da Universidade de São Paulo (USP)**, São Paulo: USP, v. 100, 2005.

CAMPOS, Francisco. **O estado nacional**: sua estrutura, seu conteúdo ideológico. Brasília: Conselho Editorial do Senado Federal, 2001. (Coleção biblioteca básica brasileira)

CANARIS, Claus-Wilhelm. **Direitos fundamentais e direito privado**. Tradução Ingo Wolfgang Sarlet e Paulo Mota Pinto. 4. reimp. Lisboa: Almedina, 2003.

CANOTILHO, J. J. Gomes. **Direito constitucional e teoria da constituição**. 3. ed. Coimbra: Almedina, 1999.

CHACON, Vamireh. **História dos partidos brasileiros**: discurso e práxis dos seus programas. Brasília: Universidade de Brasília, 1981.

CITADINI, Antonio Roque. **A nova república e os partidos políticos**. São Paulo: Max Limonad, 1986.

CLÈVE, Clèmerson Merlin. **Fidelidade partidária**: impeachment e justiça eleitoral – estudo de caso. 1. ed. 5. tir. Curitiba: Juruá, 2005.

COÊLHO, Marcus Vinicius Furtado. **Direito eleitoral, direito processual eleitoral e direito penal eleitoral**. 4. ed. Belo Horizonte: Fórum, 2016.

COMPARATO, Fábio Konder. **Muda Brasil**: uma constituição para o desenvolvimento democrático. São Paulo: Brasiliense, 1986.

CONTRERAS, Sergio Gamonal. **Cidadania na empresa e eficácia diagonal dos direitos fundamentais**. Tradução Jorge Alberto Araújo. São Paulo: LTr, 2011.

COUTO, Ronaldo Costa. **História Indiscreta da Ditadura e da Abertura – Brasil**: 1964-1985. Rio de Janeiro: Record, 1998.

CUNHA, Sérgio Sérvulo da. A lei dos partidos políticos (Lei n. 9.096, de 19 de setembro de 1995). *In*: VELLOSO, Carlos Mário da Silva; ROCHA, Cármen Lúcia Antunes (coord.). **Direito eleitoral**. Belo Horizonte: Del Rey, 1996.

CUNHA, Sérgio Sérvulo da. Reforma eleitoral-partidária. **Revista de Informação Legislativa**, Brasília: Senado Federal, n. 125, jan./mar 1995.

DELGADO, Tarcísio. **A história de um rebelde**: 40 anos (1966-2006). Brasília: Fundação Ulysses Guimarães, 2006.

ECHEVERRIA, Regina. **Sarney**: a biografia. São Paulo: Leya, 2011.

ELY, John Hart. **Democracia e desconfiança**: uma teoria do controle judicial de constitucionalidade. 1. ed. 2. tir. São Paulo: WMF Martins Fontes, 2016.

FERREIRA FILHO, Manoel Gonçalves. **Comentários à Constituição brasileira de 1988**. v. 1. São Paulo: Saraiva, 1990.

FERREIRA FILHO, Manoel Gonçalves. **Os partidos políticos nas constituições democráticas**: O Estatuto Constitucional dos Partidos Políticos no Brasil, na Itália, na Alemanha e na França. Estudos sociais e políticos n. 26. Edições da Revista Brasileira de Estudos Políticos (RBEP). Belo Horizonte: Imprensa da Universidade de Minas Gerais, 1966.

FERREIRA, Marcelo Ramos Peregrino. **Da democracia de Partidos à Autocracia Judicial: o caso brasileiro no divã.** 1ª ed. – Florianópolis: Habitus, 2020.

FERREIRA NETO, Edgard Leite. **Os partidos políticos no Brasil**. São Paulo: Contexto, 1988.

FIGUEIREDO, Paulo de. Uma Constituição brasileira para o Brasil. **Revista de Informação Legislativa**, Brasília: Senado Federal, n. 8, jan./mar. 1984.

FLEISHER, David Verge. Dimensões do recrutamento partidário. *In*: FLEISHER, David V. (org.). **Os partidos políticos no Brasil**. v.1. Brasília: Universidade de Brasília, 1981.

FONTELES, Samuel Sales. **Direito e backlash**. Salvador: JusPodivm, 2019.

FONTELES, Samuel Sales. **Direitos Fundamentais**. 3ª Ed. Salvador: Juspodivm, 2019.

FONTELES, Samuel Sales. Tutela coletiva e direitos fundamentais: uma hermenêutica de equilíbrio. *In*: VITORELLI, Edilson (org). **Manual de direitos difusos**. 2. ed. rev. atual. e ampl. Salvador: Juspodivm, 2019.

FRANCO, Afonso Arinos de melo. **História do partido político no direito constitucional brasileiro**. Rio de Janeiro: 1948.

GALVÃO, Jorge Octávio Lavocat. **O neoconstitucionalismo e o fim do estado de direito**. – São Paulo: Saraiva, 2014. – (Série IDP).

GASPARI, Elio. **A ditadura envergonhada**. São Paulo: Companhia das Letras, 2002.

GASPARI, Elio. **A ditadura escancarada**. São Paulo: Companhia das Letras, 2002.

GASPARI, Elio. **A ditadura acabada**. Rio de Janeiro: Intrínseca, 2016.

GOMES, José Jairo. **Direito eleitoral**. 13. ed. rev., atual. e ampl. São Paulo: Atlas, 2017.

GONÇALVES, Mônica. **A comissão Afonso Arinos como ensaio técnico da constituinte de 1987-88.** *In*:10º ENCONTRO DA ASSOCIAÇÃO BRASILEIRA DE CIÊNCIA POLÍTICA: pensamento político brasileiro. 2016, Belo Horizonte-MG.

HESSE, Konrad. **Elementos de direito constitucional da República Federal da Alemanha**. Tradução Luís Afonso Heck. Porto Alegre: SAFE, 1998.

HITLER, Adolf. **Mein Kampf** – Minha Luta – Edição Histórica. Tradutor Klaus von Punchen. 510 p. São Paulo, Centauro, 2016.

HOLLANDA. Cristina Buarque de. **Joaquim Francisco de Assis Brasil**: uma antologia política. 1ª ed. Rio de Janeiro: 7Letras, 2011.

HORBACH, Carlos Bastide. Controle Judicial da atividade política: as questões políticas e os atos de governo. **Revista de Informação Legislativa**, v. 46, n. 182, p. 7-16, abr./jun. 2009.

JARDIM, Torquato. **Direito eleitoral positivo**: conforme a nova lei eleitoral. 2. ed. Brasília: Brasília Jurídica, 1998.

KELSEN, Hans. **A democracia**. 2. ed. São Paulo: Martins Fontes, 2000.

KINZO, Maria D'Alva G. **Oposição e autoritarismo**: gênese e história do MDB (1966-1979). São Paulo: Vértice – Editora Revista dos Tribunais, 1988.

KOLLMAN, Ken. **The american political system**. 2. ed. New York: W. W. Norton & Companhy, Inc., 2014.

KRETZ, Andrietta. **Autonomia da vontade e eficácia horizontal dos direitos fundamentais.** Florianópolis: Momento Atual, 2005.

KROTOSZYNSKI, Ronald J. A Comparative Perspective of The First Amendement: Free Speech, Militant Democracy, and the Primacy of Dignity as a Preferred Constitutional Value in Germany. **Tulane Law Review**. V. 78. N. 5. p. 1590-1591.

LAMOUNIER, Bolívar. Antecedentes, riscos e possibilidades do governo Collor. *In:* LAMOUNIER, Bolívar. (org.). **De Geisel a Collor**: o balanço da transição. São Paulo: Sumaré, 1990.

LAMOUNIER, Bolívar; MENEGUELLO, Rachel. **Partidos políticos e consolidação democrática**: o caso brasileiro. Brasília: Brasiliense, 1986.

LEAL, Victor Nunes. **Coronelismo, enxada e voto**: o município e o regime representativo no Brasil. 7ª edição. São Paulo: Companhia das Letras, 2012.

LEVITSKY, Steven; ZIBLATT, Daniel. **Como as democracias morrem**. 1. ed. Rio de Janeiro: Zahar, 2018.

LINS, Rodrigo Martiniano Ayres. **Controle de constitucionalidade das resoluções da justiça eleitoral**. Curitiba: Íthala, 2019.

LOEWENSTEIN, Karl. "Militant Democracy and Fundamental Rights", I e II. *In:* **The American Political Science Review**, vol. XXXI, n. 03 e 04 (jun. e ago. 1937) p. 417-432.

MACIEL, David. **De Sarney a Collor**: Reformas Políticas, Democratização e Crise (1985-1990). São Paulo: Alameda / Goiânia: Funape, 2012.

MADISON, James. O Federalista n. 10. *In:* HAMILTON; Alexander; JAY, John; MADISON, James. **O Federalista.** Tradução Ricardo Rodrigues Gama. 3. ed. 2. tir. Campinas: Russell Editores, 2010.

MAIR, Peter. Os partidos políticos e a democracia: análise social. **Revista do Instituto de Ciências Sociais da Universidade de Lisboa**, Lisboa, v. 38, n. 167, p. 277-293, 2003.

MAKSOUD, Henry. **Proposta de constituição para o Brasil**. São Paulo: Visão, 1987.

MARSHALL, John. **Decisões constitucionais de Marshall**. Tradução Américo Lobo. Brasília: Ministério da Justiça, ed. fac-similar, 1997.

MELLO FRANCO, Virgílio de. **A campanha da U.D.N.** Rio de Janeiro: Zelio Valverde, 1946.

MENDES, Gilmar Ferreira. **Direitos fundamentais e controle de constitucionalidade**: estudos de direito constitucional. 2. ed. rev. e ampl. São Paulo: Instituto Brasileiro de Direito Constitucional, 1999.

MENDES, Gilmar Ferreira; BRANCO, Paulo Gustavo Gonet. **Curso de direito constitucional**. 13. ed. rev. e atual. São Paulo: Saraiva Educação, 2018. (Série IDP)

MEZZAROBA, Orides. **Comentários à Constituição do Brasil**. *In:* CANOTILHO, J.J. Gomes *et al.* 2. ed. São Paulo: Saraiva Educação, 2018. (Série IDP)

MEZZAROBA, Orides. **O partido político no Brasil**: teoria, história, legislação. Joaçaba: Unoesc, 1995.

MEZZAROBA, Orides. **Teoria geral do Direito Partidário e Eleitoral**. 1. ed. Florianópolis: Qualis, 2018.

MIRANDA, Jorge. **Actas dos VIII Cursos Internacionais de Verão de Cascais (9 a 14 de julho de 2001)**. Cascais: Câmara Municipal de Cascais, v. 3, p. 7-22, 2002.

MIRANDA, Jorge. **Direitos fundamentais**. 2. ed. Coimbra: Almedina, 2017.

MIRANDA, Jorge. Divisão de poder e partidos políticos. NOVELINO, Marcelo; FELLET, André (coord). *In*: **Separação de poderes**: aspectos contemporâneos da relação entre executivo, legislativo e judiciário. Salvador: Juspodivm, 2018.

MORAES, Alexandre de. **Jurisdição constitucional e tribunais constitucionais**: garantia suprema da constituição. 3. ed. São Paulo: Atlas, 2013.

MORAIS, Carlos Blanco de. **O sistema político no contexto da erosão da democracia representativa**. Coimbra: Almedina, 2017.

MOREIRA ALVES, Maria Helena. **Estado e oposição no Brasil**: 1945-1984. 2. ed. Petrópolis: Vozes, 1984.

MOTA, Rafael Moreira. **O controle judicial da autonomia partidária**. Rio de Janeiro: Lumen Juris, 2018.

NETO, Lira. **Getúlio**: da volta pela consagração popular ao suicídio (1945-1954). 1. ed. v. 3. São Paulo: Companhia das Letras, 2014.

NETO, Lira. **Getúlio**: do Governo Provisório à ditadura do Estado Novo (1930-1945). 1. ed. v. 2. São Paulo: Companhia das Letras, 2013.

NOVAIS, Jorge Reis. **As restrições aos direitos fundamentais não expressamente autorizadas pela Constituição**. Coimbra: Coimbra, 2003.

PORTO, Walter Costa. A Constituição de 1988 e a nossa cena eleitoral e partidária. *In*: MENDES, Gilmar Ferreira; MUDROVITSCH, Rodrigo de Bittencourt (coord.). **Assembleia Nacional Constituinte de 1987-1988**: análise crítica. São Paulo: Saraiva, 2017. (Série IDP)

PORTO. Walter Costa. **Dicionário do voto**. 3ª ed., rev. e atual. – Rio de Janeiro: Lexikon, 2012.

RECONDO, Felipe. **Tanques e togas**: o STF e a ditadura militar. São Paulo: Companhia das Letras, 2018. (Coleção Arquivos da Repressão no Brasil).

REIS, Daniel Gustavo Falcão Pimentel dos. **O ativismo judicial no Brasil**: o caso da verticalização. 2014. 306 f. Tese (Doutorado em Direito de Estado) – Faculdade de Direito da Universidade de São Paulo – USP, São Paulo, 2014.

REIS, Palhares Moreira. O partido político e a Lei de 1995. *In:* REIS, Palhares Moreira. **Cinco estudos sobre partidos políticos**. Recife: UFPE – Editora Universitária, 1999.

REIS, Palhares Moreira. Os partidos políticos e a experiência brasileira. **Revista de Informação Legislativa**, Recife, v. 29, n. 114, 1992, p. 89-116.

RIBEIRO, Fávila. A lei dos partidos políticos. **Cadernos de Direito Constitucional e Eleitoral**, Tribunal Regional Eleitoral do Estado de São Paulo, São Paulo, n. 36, v. 11, out./nov./dez. 1996.

RIBEIRO, Fávila. **Direito eleitoral**. 4. ed. Rio de Janeiro: Forense, 1997.

SALGADO, Eneida Desiree. Os partidos e o estado democrático: a tensão entre a autonomia partidária e a exigência de democracia interna. *In:* SALGADO, Eneida Desiree; DANTAS, Ivo (coord.). **Partidos políticos e seu regime jurídico**. Curitiba: Juruá, 2013.

SAMPAIO, F. P. Os partidos políticos e a partidocracia. **Diké – Revista Jurídica do Curso de Direito da Uesc**, Ilhéus: Universidade Estadual de Santa Cruz – Uesc, 2002.

SANTANO, Ana Claudia. **Candidaturas independentes**. Curitiba: Íthala, 2018.

SARLET, Ingo Wolfgang. **A eficácia dos direitos fundamentais**: uma teoria geral dos direitos fundamentais na perspectiva constitucional. 13. ed. rev. e atual. Porto Alegre: Livraria do Advogado, 2018.

SARLET, Ingo Wolfgang. **Comentários à Constituição do Brasil.** *In*: CANOTILHO, J. J. Gomes *et al.* 2. ed. São Paulo: Saraiva Educação, 2018. (Série IDP)

SARMENTO, Daniel. **Direitos fundamentais e relações privadas**. 2. ed. Rio de Janeiro: Lumen Juris, 2010.

SARNEY, José. As espatódeas em flor. **Revista do PMDB**, Brasília: Fundação Ulysses Guimarães, n. 20, abr. 2005, p. 33-34.

SARTORI, Giovani. **Partidos e sistemas partidários**. Tradução Waltensir Dutra. Rio de Janeiro: Zahar; Brasília: Universidade de Brasília, 1982.

SCHMITT, Rogério. **Partidos políticos no Brasil**: 1945-2000. 3. ed. Rio de Janeiro: Zahar, 2005.

SCHWARTZ, Bernard. **A commentary on the Constitution of the United States** – part I: the powers of government. New York: MacMillan, 1963.

SEILER, Daniel-Louis. **Os partidos políticos**. Tradução Renata Maria Parreira Cordeiro. Brasília: Universidade de Brasília; São Paulo: Imprensa Oficial do Estado, 2000.

SILVA, Bruno Rangel Avelino da. Representação partidária: entre a democracia interna e a autonomia. *In:* MORAES, Filomeno; SALGADO, Eneida Desiree; AIETA, Vânia Siciliano (org.). **Justiça eleitoral, controle das eleições e soberania popular**. Curitiba: Ithala, 2016.

SILVA, José Afonso da. **Curso de direito constitucional positivo**. 34. ed. São Paulo: Malheiros, 2010.

SILVA, Virgílio Afonso da. **Direitos fundamentais**: conteúdo essencial, restrição e eficácia. 2. ed. São Paulo: Malheiros, 2017.

SIMÕES, Pedro Henrique Moreira. **A intervenção judicial nas decisões internas dos partidos políticos**. Ananindeua: Itacaiúnas, 2016.

SKIDMORE, Thomas E. **Brasil**: de Getúlio a Castelo. 7. ed. Rio de Janeiro: Paz e Terra, 1982.

SOMBRA, Thiago Luís Santos. **A eficácia dos direitos fundamentais nas relações privadas**. 2. ed. São Paulo: Atlas, 2011.

SOUZA NETO, Cláudio Pereira de; SARMENTO, Daniel. **Direito constitucional**: teoria, história e métodos de trabalho. 2. ed. Belo Horizonte: Fórum, 2019.

SOUZA, Maria do Carmo Campello de. **Estado e partidos políticos no Brasil**: 1930-1964. 3. ed. São Paulo: Alfa Omega, 1990.

STRECK, Lenio Luiz. **Jurisdição constitucional e decisão jurídica**. 4. ed. São Paulo: Revista dos Tribunais, 2014.

SUSTEIN, Cass R. Backlash's Travels. **University of Chicago Public Law & Legal Theory**, Working Paper n. 157, 2007.

TAKAYANAGI, Fabiano Yuji. A democracia representativa no Brasil. **Revista da Faculdade de Direito da Universidade de São Paulo**, v. 102, p. 1095-1122, jan./dez. 2007.

TAVARES, André Ramos. **Curso de direito constitucional**. 17. ed. São Paulo: Saraiva Educação, 2019.

TOCQUEVILLE, Alexis de. **A democracia na América**. 2. ed. Belo Horizonte: Itatiaia; São Paulo: USP, 1987.

TRIEPEL, Heinrich. **La constitución y los partidos políticos**: estudio preliminar de Ramón Punset. Traducción Pedro Madrigal Devesa. Coordenación y revisión: Ramón Punset. Madri: Tecnos, 2015.

VALE, André Rufino do. *Drittwirkung* de direitos fundamentais e associações privadas. **Revista de Direito Público**, Brasília: Instituto Brasiliense de Direito Público (IDP), n. 9, jul./set. 2005.

VALE, André Rufino do. **Eficácia dos direitos fundamentais nas relações privadas**. Porto Alegre: SAFE, 2004.

WALDRON, Jeremy. **Law and disagreement**. Oxford: Oxford University Press, 2001.

VARES, Luiz Pilla. **Rosa, a Vermelha**: vida e obra de Rosa Luxemburgo. 2. ed. rev. e aum. São Paulo: Busca Vida, 1988. (Coleção sempre viva) v. 1.

VELLOSO, Carlos Mário da Silva; AGRA, Walber de Moura. **Elementos de direito eleitoral**. São Paulo: Saraiva, 2009.

VICTOR, Sérgio Antônio Ferreira. **diálogo institucional e controle de constitucionalidade**: debate entre o STF e o Congresso Nacional. São Paulo: Saraiva, 2015.

VIOLIN, Tarso Cabral. O regime jurídico dos partidos políticos no Brasil. *In*: SALGADO, Eneida; DANTAS, Ivo (coord.). **Partidos políticos e seu regime jurídico**. Curitiba: Juruá, 2013.

WEFFORT, Francisco Correa. Partidos e representação: o que esperar da Constituinte. **Lua Nova – Revista de Cultura e Política**, v. 3, n. 4, p. 18-23, abr./jun. de 1987.

ZIMMER JÚNIOR, Aloísio. **O Estado Brasileiro e seus Partidos Políticos**: do Brasil Colônia à redemocratização. Porto Alegre: Livraria do Advogado, 2014.